PARTICIPAÇÃO
E DEMOCRACIA
NO BRASIL

Dados Internacionais de Catalogação na Publicação (CIP)
(Câmara Brasileira do Livro, SP, Brasil)

Gohn, Maria da Glória
　　Participação e democracia no Brasil : da década de 1960 aos impactos pós-junho de 2013 / Maria da Glória Gohn. – Petrópolis, RJ : Vozes, 2019.
　　Bibliografia
　　ISBN 978-85-326-6036-7
　　1. Brasil – Política e governo – 1960-2013 2. Democracia – Brasil 3. Manifestações públicas – Brasil – História 4. Movimentos de protesto – Brasil 5. Movimentos sociais – Brasil – História 6. Participação social 7. Sociologia I. Título.

19-24147　　　　　　　　　　　　　　　CDD-303.48481

Índices para catálogo sistemático:
1. Brasil : Democracia : Movimentos sociais : Sociologia　303.48481

Maria Alice Ferreira – Bibliotecária – CRB-8/7964

MARIA DA GLÓRIA GOHN

PARTICIPAÇÃO E DEMOCRACIA NO BRASIL

Da década de 1960 aos impactos pós-junho de 2013

EDITORA VOZES

Petrópolis

© 2019, Editora Vozes Ltda.
Rua Frei Luís, 100
25689-900 Petrópolis, RJ
www.vozes.com.br
Brasil

Todos os direitos reservados. Nenhuma parte desta obra poderá ser reproduzida ou transmitida por qualquer forma e/ou quaisquer meios (eletrônico ou mecânico, incluindo fotocópia e gravação) ou arquivada em qualquer sistema ou banco de dados sem permissão escrita da editora.

CONSELHO EDITORIAL

Diretor
Gilberto Gonçalves Garcia

Editores
Aline dos Santos Carneiro
Edrian Josué Pasini
Marilac Loraine Oleniki
Welder Lancieri Marchini

Conselheiros
Francisco Morás
Ludovico Garmus
Teobaldo Heidemann
Volney J. Berkenbrock

Secretário executivo
João Batista Kreuch

Editoração: Maria da Conceição B. de Sousa
Diagramação: Sheilandre Desenv. Gráfico
Revisão gráfica: Nilton Braz da Rocha / Nivaldo S. Menezes
Capa: HiDesign Estúdio
Ilustração de capa: ©wrangel | Depositphotos

ISBN 978-85-326-6036-7

Editado conforme o novo acordo ortográfico.

Este livro foi composto e impresso pela Editora Vozes Ltda.

Sumário

Apresentação, 7

Parte I – Participação e democracia: quadro referencial teórico e formas históricas, 23

1 Participação social: teorias e conceitos – Clássicos e contemporâneos no Estado democrático de direitos, 25

2 Participação e democracia no Brasil: formas históricas nas últimas cinco décadas, 66

3 Participação e protestos nas ruas brasileiras: de junho de 2013 a junho de 2018, 108

Parte II – Participação, juventude e educação, 173

4 Jovens na política na atualidade – Uma nova cultura política da participação, 175

5 Lutas, movimentos sociais e políticas em educação no Brasil – Um histórico de organização e confrontos, 192

6 Maio de 1968 a maio de 2018: 50 anos de lutas sociais no Brasil – Fatos históricos e marcos referenciais, 228

Considerações finais – Para onde segue a democracia no Brasil?, 247

Referências, 263

Apresentação

No início de 2014 publiquei pela Editora Vozes o livro *Manifestações de junho de 2013 no Brasil e praças dos indignados no mundo*, escrito no "calor da hora", ou seja, em 2013, no olho do furacão das manifestações nas ruas brasileiras e durante as primeiras análises sobre os protestos dos indignados em várias partes do mundo. Transcorrida mais de meia década daqueles acontecimentos, a realidade brasileira alterou-se completamente impactando: a conjuntura política, os atores em cena, os temas da agenda nacional e a situação socioeconômica da grande maioria da população. A democracia passou a ser tensionada, o sistema político e os órgãos institucionais e partidários de representatividade questionados. A política toma as ruas via o ativismo digital – meio principal de convocação e organização de grandes manifestações. Novíssimos atores entram em cena. Um processo de turbulência envolve a sociedade civil gerando polarizações e posições antissistema, dotadas de baixo grau de racionalidade e alto grau de emoção ("contra tudo que aí está", antissistema, anticorrupção, contra o velho, a favor do novo, pela novidade). Neste período um dos pontos que mais nos impressiona é a velocidade das mudanças e a criação de novos cenários e pautas na vida cotidiana nacional, vocalizados por diferentes mídias, muitas delas baseadas ou alimentadas por *fake news*, ou narrativas instantâneas de fatos sem a devida comprovação. Em prazos curtíssimos aconteceram vários fatos inimagináveis há poucos anos atrás.

Por isso, junho de 2013 continua a ser um enigma a decifrar, assim como seus desdobramentos, o sentido e a direção dos processos sociopolíticos em andamento. Balanços reflexivos sobre o que aconteceu e o que tem se passado de fato estão na ordem do dia. Como o país se deslocou de uma agenda política progressista, democrática, de políticas sociais de inclusão social, de conquistas e avanços no plano da cidadania e dos direitos para pautas conservadoras, que ameaçam e retiram direitos conquistados e incluem o país na onda de conservadorismo que assola o mundo na atualidade? Qual a leitura e a análise que se pode fazer sobre a sociedade quando se diz que ela busca a renovação, o novo? Por que e como a maioria da sociedade brasileira apoiou nas urnas a mudança na direção conservadora? Como explicar a concepção de democracia em uma sociedade em que 69% de seus eleitores afirmam que o regime democrático é a melhor forma de governo para o país? (Pesquisa Datafolha, 05/10/2018.) Nossa proposta é ter como ponto de partida a análise do resgate de acontecimentos da realidade brasileira nas últimas cinco décadas, especialmente após a redemocratização e a implementação da Carta Constitucional de 1988 tendo três premissas. Primeira, a democracia é uma forma de governo construída via processos de lutas e confrontos, que tanto pode reafirmá-la como pode desconstruí-la ou destruí-la. Adota-se aqui categorias analíticas de Charles Tilly sobre os processos de democratização e de desdemocratização. Por democracia Tilly entende regimes políticos que "promovem consultas a seus cidadãos, amplas, igualitárias, protegidas e mutuamente vinculantes com relação às ações do Estado" (2013: 48). É possível aos cidadãos exercerem uma cidadania extensiva. O regime entra em fase de desdemocratização quando há conflitos na gestão de recursos públicos que vinculam os cidadãos ao Estado, conflitos entre as próprias elites dirigentes; crise nas redes de confiança etc. O principal suposto de Tilly que adotamos é: "não há condições necessárias para a democratização e a desdemocratização. *Há processos necessários*" (TILLY, 2013: 216 – grifo nosso). Se isso é real, quais os processos implementados por um dado governo, quais seus acertos, equívocos e resultados; quais são os processos ausentes (mas necessários). Segunda premissa – o processo de formação da opinião pública e da vontade política dos cidadãos, nas democracias contemporâneas, interfere diretamente no desenho institucional do modelo democrático vigente. Aqui seguimos Habermas ao afirmar que a democracia em sociedades complexas não deve ser entendida apenas em termos descritivos, como governo da maioria, eleições livres ou concorrência entre partidos. A noção procedimental da democracia revela a centralidade e importância do processo de formação da opinião e da vontade política, considerando as relações intersubjetivas do mundo da vida e conteúdos normativos do Estado democrático (HABERMAS, 1997).

Terceira premissa: a democracia possui aspectos educativos, advindos da participação dos cidadãos(ãs), tanto na esfera pública civil como na esfera pública governamental, dando fundamentos para o exercício de cidadania. O processo educativo resulta na produção de saberes e aprendizado político aos próprios participantes e a sociedade, independentemente de posições ideológicas ou programáticas de qualquer setor ou grupo social. Portanto, este aprendizado poderá gerar concepções e valores que podem reforçar princípios progressistas como gerar ou reforçar princípios conservadores. É a cultura política do país que está em construção. Trabalhamos com o conceito de cultura política de Klaus Eder (1992) porque ele aborda a possibilidade de coexistência de várias culturas políticas. Para ele a cultura política é "o efeito de lutas sociais contínuas, no nível do sistema político [...] definida pelo fato de que existem diversas formas de lidar com o político. [...] Tais formas conduzem à convivência entre diferentes culturas políticas que disputam a articulação do sistema político" (EDER, 1992: 97, 100).

Temos como suposto que a recusa à participação formal em instituições públicas participativas é também uma forma de participação, pela negação do processo em curso e poderá se expressar, por exemplo, via o voto em processos eleitorais, ou grandes manifestações nas ruas, como recusa ao sistema vigente, gerando uma onda antissistema. Por isso, para compreender como as democracias se enfraquecem, entram em recessão, em declínio ou morrem, nos termos de Levitsky e Ziblatt (2018), duas tarefas se impõem: 1ª) realizar uma análise do processo histórico que levou a reconstrução da democracia no país nas últimas décadas. 2ª) Fazer uma análise da conjuntura política e econômica da atualidade, a partir do ponto que essa democracia passou a ser tensionada, analisando-se não só o exercício de suas instituições, mas também a correlação de forças políticas atuantes e as forças da sociedade civil organizadas (como movimentos, organizações sociais etc.) ou desorganizadas – presentes em outras formas de aglutinação, como por exemplo os coletivos socioculturais, especialmente os compostos por jovens, tanto em regiões periféricas das grandes cidades como em regiões de camadas médias e nas universidades. Aqui seguimos Dahl quando afirma a importância da vida associativa com organizações independentes porque "elas são necessárias para o funcionamento dos próprios processos democráticos, para minimizar a coerção governamental, para a liberdade política e para o bem-estar humano" (DAHL, 1982: 1). Isto implica olhar para o Estado e olhar para a sociedade, retomar o tema da participação social e política, em sua dupla dimensão de abrangência: na sociedade civil e na sociedade política/estatal. Para desenvolver estas duas tarefas faz-se necessário um mapeamento das forças sociais, políticas e econômicas que levaram à polarização que tomou conta da sociedade brasileira após 2013, polarização essa que acirrou o clima de medo, indignação e ódio ao outro. Cito novamente Levitsky e Ziblatt que afirmam: "proteger a democracia exige mais que o medo e a indignação. Nós temos que ser humildes e ousados" (LEVITSKY & ZIBLATT, 2018: 21). Cito também a importante contribuição de José de Souza Martins que diz: "Somos uma nação tardia em relação aos parâmetros da democracia, aos valores republicanos e à própria concepção de povo como sujeito de direitos políticos e de soberania" (MARTINS, 2016: 251).

    Este livro não segue a trilha das análises ou debates que acirraram o medo, o ódio ou a desesperança. Ao contrário – a esperança tem de ser resgatada, o diálogo e o debate consequente devem ser os meios mais utilizados para revitalizar a democracia, para fazê-la renascer, e não para enterrá-la porque ela não está morta. Ela é um valor universal como um método legítimo de expressão da vontade coletiva. Neste sentido, inicialmente, o título que eu tinha dado a este livro era: *Como renascem as democracias*, tendo em vista que sua proposta é a de sistematizar subsídios para a compreensão da realidade atual a partir da análise da participação sociopolítica e cultural de diferentes atores, buscando suas bases de apoio, fundamentos, propostas e modelos políticos de desenvolvimento, que sempre existiram. Entretanto, refletindo um pouco mais, concluí que aquele título poderia vir a ser mal-interpretado, na direção oposta do meu objetivo, considerando a atual conjuntura nacional e o impacto que a leitura do livro de Levitsky e Ziblatt (2018) tem causado, com o título *Como as democracias morrem*, e como meu objetivo não é fazer nenhuma contraposição aos referidos autores, adotei outro título, mais abrangente, mas não menos significativo: *Participação e democracia no Brasil – Da década de 1960 aos impactos pós-junho de 2013*. Ele busca contribuir com o debate sobre os rumos da democracia brasileira fazendo mapeamentos do cenário da participação civil na cena pública dos últimos cinquenta anos analisando cenários e fatos. Com isso objetiva-se fornecer elementos à reflexão sobre o cenário político e social brasileiro em 2018/2019, especialmente do ponto de vista da sociedade civil, organizada e não organizada, com destaque para a juventude e o posicionamento de grupos coletivos, movimentos e organizações, e outras formas organizativas. Procura entender os acontecimentos em seus contextos antecedentes, como as escolhas dos diferentes atores em cena foram delineando e definindo os rumos desses acontecimentos, em um contexto de conjuntura nacional e internacional adversas, de retorno às propostas conservadoras.

Em síntese, temos como suposto que para entender o presente em curso e apreender tendências para o futuro temos de retroceder na história; rever o passado onde é possível encontrar outros sentidos deste passado – à luz dos fatos históricos já transcorridos que podem iluminar o futuro imediato. Com isso, o livro faz recortes no tempo, analisando a temática da participação e a construção de processos e democráticos desde a década de 1960, observando seus atores, suas demandas, as ações do poder público em relação a elas, seu *locus* e peso na realidade brasileira, a cultura política que gerou, as conquistas, os avanços e os retrocessos que teve. O livro tem também a preocupação com as categorias teóricas, pois não é possível fazer leitura e interpretação da realidade sem ter uma base conceptual teórica de fundamentação, não só para analisar os acontecimentos, mas também para entender as bases referenciais daqueles que estão na prática, pesquisadores que estão analisando os fatos, e os "formadores" de opinião pública que atuam nas redes e mídias sociais e comunicacionais. Por isso tem um capítulo sobre o conceito e as teorias da participação em um Estado democrático de direito. Desde logo assinalo: o tema da participação é o eixo-chave deste livro e ele é trabalhado de forma ampla, incluindo e articulando a participação da população na sociedade civil (em movimentos, organizações, coletivos, protestos organizados ou desorganizados etc.) e a participação de representantes da população e agentes públicos em instâncias institucionalizadas, normatizadas por órgãos estatais. Este alerta é importante porque, parte da comunidade dos cientistas sociais, especialmente na ciência política, tende a nominar como participação apenas as formas localizadas nas redes de articulação com o Estado.

A participação da sociedade civil estaria localizada nas formas de movimentos ou outras ações coletivas da sociedade e usualmente não tratadas no rol das teorias da participação propriamente ditas. Não concordamos com esta separação.

O livro está dividido em duas partes, compondo seis capítulos; a maioria são inéditos e alguns foram apresentados em congressos científicos nos últimos três anos, ou publicados parcialmente em periódicos e agora revistos e complementados. A primeira parte é composta por três capítulos e objetiva fornecer elementos referenciais e delinear enquadramentos contextuais históricos ao longo das últimas cinco décadas da história brasileira, na temática da participação e da democracia.

O capítulo 1 é mais conceitual e aborda o tema da participação do ponto de vista teórico – a participação, social e política, presente na realidade brasileira tanto na sociedade civil – via movimentos coletivos e outras organizações; como no Estado – via as políticas públicas teorizadas na academia. Inicialmente faz-se um resgate do conceito e das principais abordagens teóricas sobre a participação, baseado principalmente na literatura internacional. A seguir, identificam-se dez abordagens sobre o tema da participação localizando como elas têm sido aplicadas na análise de diferentes formas de participação sociopolítica e cultural, advindas tanto de grupos sociais como de instituições estatais. As questões centrais que orientam a análise são: Como essas abordagens têm tratado o tema da participação? Como elas têm contribuído para o entendimento, ou para dar subsídios à participação da sociedade civil no processo de luta pela inclusão, contra discriminações e desigualdades, e pela igualdade social? Qual a viabilidade das agendas propostas por essas abordagens, na atualidade, quando se observa na realidade o retorno às pautas conservadoras?

Quanto ao conceito de democracia, ele será explicitado pontualmente, quando referenciada no livro, segundo alguns autores selecionados para a análise e não será feito um resgate do debate sobre suas teorias (a exemplo das teorias elitista, pluralista, legalista, participativa, deliberativa, democrática radical, democrática constitucional substantiva etc.); ou discussões sobre seus modelos normativos (republicano, liberal, procedimental etc.), nem sobre suas formas e interpretações (cf. modelos da democracia em HELD, 1995, entre outros).

Essas discussões são extensas e a décadas é trabalhada por cientistas políticos, sociólogos, e filósofos, entre outros. A opção deste livro é concentrar a discussão teórica na temática da participação. Mas estamos cientes de que participação e democracia são conceitos entrelaçados, e algumas vezes até impossível de separá-los, assim como as categorias "direitos" e "cidadania".

O capítulo 2 tem abordagem histórica. Focaliza a participação e a democracia no Brasil nas últimas cinco décadas (1960-2010). Destacam-se fatos políticos e as formas de expressão das demandas da sociedade civil agrupando-os em quatro ciclos, demarcados no tempo histórico. Destacam-se os direitos sociais inscritos na Constituição de 1988, no que se refere à temática dos direitos de indivíduos e grupos coletivos. As demandas e as conquistas dos direitos de cidadania, assim como as transformações ocorridas no período, são analisadas objetivando traçar uma linha transversal no tempo de forma que articule três questões: os diferentes tipos de direitos sociais demandados e implementados; as conquistas e perdas no plano da participação civil nas Instituições Participativas e nas políticas públicas após a Carta de 1988; e as transformações dos atores em cena nas ruas a partir de 2013.

O capítulo 3 focaliza a cena da participação de diferentes atores da sociedade civil em manifestações de atos de protestos nas ruas entre junho de 2013 ao final de 2018, tratando esse período como um novo ciclo de protesto no Brasil, o quinto após os anos de 1960. O olhar sobre os atores destaca as redes de ativismo que têm construído as manifestações nas ruas focalizando: quais são os sujeitos na cena pública, as formas de organização, os repertórios de ação social e política, as estratégias de mobilização, e as demandas.

Analisa o papel dos jovens na cena pública brasileira a partir de 2013 destacando que, naquele ano, os jovens, com suas práticas, *slogans* e críticas souberam sensibilizar e mobilizar outras camadas da população que saíram às ruas para apoiar suas demandas (contra o aumento das tarifas). Rapidamente as manifestações ampliaram o repertório de reivindicações para outros pontos e áreas, gerando questionamentos das políticas públicas, modos de gestão e políticos vigente. O capítulo apresenta os valores e os princípios que fundamentam suas práticas, assim como as matrizes discursivas daqueles jovens, representados especialmente pelo MPL (Movimento Passe Livre), com perfil mais "autonomista". Os desdobramentos das ações de 2013, a partir de 2014, levou ao surgimento de outras correntes político-ideológicas de organização dos jovens, de cunho liberal ou conservador, tais como o VPR (Vem Pra Rua) e o MBL (Movimento Brasil Livre) e outras, também analisadas neste capítulo. As formas utilizadas pelos movimentos autonomistas e pelos novos movimentos políticos conservadores para se organizarem, é uma das questões tratadas.

O capítulo 3 é o mais longo; ele subdivide o período 2013-2018 em quatro momentos A análise concluí que estes momentos são distintos, com alterações significativas entre: os atores/sujeitos sociopolíticos, os repertórios, as correntes político-ideológicas e a cultura política vigente. A ruas se transformam em territórios de cidadania, mas também de avaliação pública dos políticos, governos e partidos; fortaleceram novíssimos movimentos autonomistas, mas também houve espaço para a criação de organizações movimentalistas liberais ou conservadoras, que atuam como movimentos políticos, com práticas de agir, via recursos tecnológicos; mudam e se transformam conforme a opinião pública reage.

A segunda parte deste livro é composta também por três capítulos e focaliza um setor fundamental da sociedade brasileira a partir de 2013: os jovens e a educação. A juventude, já caracterizada por suas ações no capítulo 3, tem um destaque no capítulo 4 – o mais breve deste livro e objetiva contextualizar a emergência dos jovens na cena pública como um ator sociopolítico relevante neste século de forma um tanto quanto contraditória – ora ignorado, ora incluído em projetos e políticas voltadas para inclusão social – via formação profissional para entrada no mercado de trabalho; ora atuando em novos coletivos, movimentos ou organizações, de variados perfis ideológicos. O capítulo parte de um resgate do próprio conceito de juventude, concluindo que temos que falar no plural, juventudes.

O recorte dos jovens levou-nos à necessidade de um resgate histórico das lutas e movimentos no campo da educação, tema desenvolvido no capítulo 5, denominado "Lutas, movimentos sociais e políticas em educação no Brasil – Um histórico de organização e confrontos". Um novo protagonismo na cena da participação, com os estudantes secundaristas visando delinear o cenário que vem a seguir: a análise sobre as ocupações das escolas públicas pelos secundaristas em 2015-2016. Os estudantes são pesquisados nas ocupações de escolas públicas propriamente ditas, da educação básica, especialmente os do Ensino Médio, objeto de inúmeras reformas no campo da educação após 2013. Nos eventos de 2015-2016 destacam-se as demandas, práticas e princípios dos estudantes, suas relações com os jovens de 2013, e o comportamento das autoridades públicas envolvidas nos conflitos e negociações.

O 6º e último capítulo analisa o "Maio de 68", e não foi colocado ao final aleatoriamente. Ele simboliza uma década na qual a juventude tornou-se sujeito e categoria histórica de ação, em várias partes do mundo, em prol de mudanças na sociedade, seus costumes e suas instituições; ou de resistência à ditadura, luta pela redemocratização da sociedade, mas também do surgimento de novas formas de expressão da cultura. O capítulo aborda as ações coletivas que transformaram 1968 num marco histórico relevante destacando a França e o Brasil. Indaga-se sobre o impacto e os efeitos de 1968 e seu papel na transformação na sociedade brasileira a ao longo de cinco décadas. Nessa trajetória focaliza-se a questão dos direitos, e como uma nova cultura política foi sendo construída. Os referenciais teóricos que tem embasado as análises na academia no período e os valores e as ideologias que têm alimentado os ativistas, tratados no capítulo 1 são resgatados para o caso da abordagem dos autonomistas. O capítulo 6 é também uma contribuição ao resgate da memória de 1968 e às celebrações realizadas em 2018 pelos 50 anos do "Maio de 68". Mas não é um olhar saudosista, as memórias de 1968 são fortes no imaginário social em várias partes do mundo e, no caso brasileiro, inúmeras comparações podem ser feitas, desde que se observe que a realidade atual é totalmente diversa.

As considerações finais destacam os pontos mais relevantes do livro buscando dar elementos para a grande questão: a partir dos cenários delineados, como retomar as ações para o fortalecimento da democracia no Brasil e a preservação de direitos fundamentais visando reunir consensos em uma sociedade tão dividida? Como resistir à onda conservadora e, ao mesmo tempo, rever a agenda progressista, em seus acertos e erros, e construir perspectivas de melhorias para todos e não apenas para grupos específicos? Quais as possibilidades, para além da resistência (palavra que virou sinônimo de *hashtag* (#) nas redes virtuais), de tornar a democracia expressão de novas possibilidades e potencialidades democráticas?

Finalizando, assinalo as novidades deste livro, dadas pela: atualidade do tema, articulação da abordagem dos temas da participação e dos movimentos sociais. Busca-se a articulação de campos que tratei de forma separada em outras publicações, unindo a sociologia e o olhar sobre a sociedade, instituições, movimentos etc. com a ciência política – via análise do Estado e suas formas de gestão, na temática da participação institucionalizada; e o campo da educação, tanto práticas históricas como abordagens teóricas.

Reitero que essa postura de busca de articulação é relevante porque durante as últimas décadas houve uma separação entre a pesquisa sobre o campo institucional, especialmente na arena estatal/governamental, e os que pesquisam os movimentos ou ações coletivas em geral na sociedade civil, como dois campos separados. Vários autores das chamadas IPs (Instituições Participativas) se tornaram assessores ou consultores dos próprios órgãos públicos, ou realizaram pesquisas "encomendadas" por eles, fazendo parte também do grupo de "ativismo institucional", temporário. Sposito diz a respeito:

> Um movimento pode gerar institucionalidades, mas ele não se confunde com a própria institucionalidade [...] [o tema da] democracia participativa conduz, hoje, a uma pauta importante de investigação que não pode, entretanto, se confundir com a pesquisa sobre movimentos sociais e ação coletiva: os temas da participação, da gestão democrática, das relações entre sociedade e Estado não recobrem e não se superpõem ao da pesquisa sobre a ação coletiva e militantismo (SPOSITO, 2016: 121-122).

Concordo plenamente que não se pode *confundir*, mas não se pode ignorar ou separar completamente os dois campos. Há de se entender as relações, de cooperação, conflitos, confrontos, enfrentamentos etc.

Acrescente-se ainda que este livro incorpora 50 anos de vivência da autora como pesquisadora na temática da participação social. Em 1968 eu era estudante de graduação na Escola de Sociologia e Política de São Paulo, situada na região da Rua Maria Antônia, palco de grandes acontecimentos dos estudantes. Pesquisei exaustivamente vários movimentos populares no final da década de 1970, 1980 e 1990, os quais deram origem ao meu mestrado, ao doutorado e à tese de livre-docência, publicados em livros (GOHN, 1982, 1985, 1991), assim como *papers* apresentados na Associação Nacional de Pesquisa e Pós-Graduação (ANPOCs), na Sociedade Brasileira de Sociologia (SBS), na Associação Internacional de Sociologia (ISA), na Associação Latino-americana de Sociologia (Alas), na Latin America Studies Association (Lasa), e outras, sempre em GTs sobre os movimentos e a participação social, muitos dos quais estive na coordenação. Todos agregaram vivências e experiências. Nas duas décadas do presente século, ampliei os estudos para vários tipos e campos de movimentos sociais e para o campo da participação institucionalizada. Isso tudo contribuiu para a elaboração deste livro.

Concluo esta longa apresentação com agradecimentos ao CNPq (Conselho Nacional de Pesquisa) pelo apoio institucional e financeiro por meio de uma bolsa de pesquisa-PQ 1 A.

Parte I

PARTICIPAÇÃO E DEMOCRACIA: QUADRO REFERENCIAL TEÓRICO E FORMAS HISTÓRICAS

1
Participação social: teorias e conceitos
Clássicos e contemporâneos no Estado democrático de direitos

Em trabalhos anteriores já contemplamos análises teóricas de temáticas correlatas à participação em instâncias institucionalizadas, focalizando principalmente as representações advindas de movimentos sociais em suas ações coletivas (GOHN, 2014a, 2016a, 2016b). Neste momento, a temática da dupla dimensão da participação se impõe por ser ela mais ampla, e possibilita-nos o olhar sobre as ações da sociedade e do Estado. Trata-se de um campo de análise vasto que pode ser observado tanto do ponto de vista das práticas civis efetivas como do ponto de vista de estudos e pesquisas dos analistas. A análise de diferentes abordagens leva-nos a observar como a participação tem sido teorizada ao focalizar a sociedade civil, por meio de vias e canais institucionais de participação de controle social dos cidadãos; como a partir das teorizações sobre o Estado e suas instituições, por meio de políticas de controle social dos governantes sob os cidadãos.

Duas questões-chave são norteadoras na análise do tema da participação neste capítulo. Primeira: como tem sido pensado o tema da participação social, por diferentes autores(as), de vários paradigmas e correntes teóricas, ao analisarem a luta de segmentos da sociedade para resolver seus problemas, materiais (lutas econômicas) ou simbólicos/culturais (lutas contra discriminações). Segunda: como estas correntes têm contribuído para o entendimento ou para dar subsídios no desenrolar dos acontecimentos participativos, sociopolíticos e culturais, no Brasil, nas últimas décadas.

Sabe-se que o tema da participação tem uma longa tradição de estudos e análises nas ciências sociais. No plano da realidade ela pode ser observada nas práticas cotidianas da sociedade civil, quer seja nos sindicatos, movimentos ou outras organizações sociais; assim como, nos discursos e práticas das políticas estatais, no campo das ações das Instituições Participativas, com sentidos e significados completamente distintos.

Concordamos com o entendimento de Milani (2008), sobre a localização dos processos participativos no processo social, a saber:

> a participação é parte integrante da realidade social na qual as relações sociais ainda não estão cristalizadas em estruturas. Sua ação é relacional; ela é construção da/na transformação social. As práticas participativas e suas bases sociais evoluem, variando de acordo com os contextos sociais, históricos e geográficos (MILANI, 2008: 560).

Segundo o *Dicionário do Pensamento Social do Século XX*, organizado por W. Outhwaite e T. Bottomore, participação

> é um conceito ambíguo nas ciências sociais, pode ter um significado forte ou fraco. [...] O princípio da participação é tão antigo quanto a própria democracia, mas se tornou imensamente mais difícil em consequência da escala de abrangência do governo moderno, bem como pela necessidade de decisões precisas e rápidas – como omissão é motivo de protesto por parte dos que exigem maior participação (OUTHWAITE & BOTTOMORE, 1993: 558).

Participação é também uma das palavras mais utilizadas no vocabulário político, científico e popular da modernidade, associada a vários adjetivos que buscam qualificá-la e diferenciá-la, tais como, participação comunitária, popular, institucional, cidadã, cívica, democrática etc. Dependendo da época e da conjuntura histórica ela aparece associada a outros termos como democracia, representação, direitos, organização, conscientização, cidadania, solidariedade, exclusão etc. Vários foram os teóricos que fundamentaram o sentido atribuído à participação. Segundo Lavalle:

> "Participação" é, a um tempo só, categoria nativa da prática política de atores sociais, categoria teórica da teoria democrática com pesos variáveis segundo as vertentes teóricas e os autores, e procedimento institucionalizado com funções delimitadas por leis e disposições regimentais. A multidimensionalidade ou polissemia dos sentidos práticos, teóricos e institucionais torna a participação um conceito fugidio, e as tentativas de definir seus efeitos, escorregadias. Não apenas em decorrência de que a aferição de efeitos é operação sabidamente complexa, mas devido ao fato de sequer existirem consensos quanto aos efeitos esperados da participação, ou, pior,

quanto à relevância de avaliá-la por seus efeitos (LAVALLE, 2011: 33).

No passado já publicamos texto afirmando que se pode analisar a participação segundo três níveis básicos:

> o conceitual, o político e o da prática social. O primeiro apresenta um alto grau de ambiguidade e varia segundo o paradigma teórico em que se fundamenta. O segundo, dado pelo nível político, usualmente é associado a processos de democratização (em curso ou lutas para sua obtenção), mas ele também pode ser utilizado como um discurso mistificador em busca da mera integração social de indivíduos, isolados em processos que objetivam reiterar os mecanismos de regulação e normatização da sociedade, resultando em políticas sociais de controle social. O terceiro, as práticas, relaciona-se ao processo social propriamente dito; tratam-se das ações concretas engendradas nas lutas, movimentos e organizações para realizarem algum intento, ou participar de espaços institucionalizados na esfera pública, em políticas públicas. Aqui a participação é um meio viabilizador fundamental (GOHN, 2016b: 16-17).

Este capítulo focalizará o primeiro nível – o teórico-conceptual visando resgatar os fundamentos das teorias utilizadas pelos pesquisadores, tanto para explicar a temática da participação na sociedade civil, via movimentos e coletivos sociais, como os sentidos utilizados para explicar a participação da sociedade nas políticas públicas, na interação com o Estado e seus órgãos de gestão.

Antes de entrarmos no debate contemporâneo sobre as abordagens da participação vamos registrar alguns antecedentes históricos que nos possibilitam localizar e entender as fontes de vários referenciais da atualidade.

Antecedentes

Em termos cronológicos, a rigor temos de localizar na Grécia as origens do tema da participação do cidadão, direta, ideal. Mas o estudo científico sobre a participação remonta ao século XVIII, com as formulações de J.J. Rousseau; de teóricos do liberalismo como John Stuart Mill, G.D.H. Cole e A. de Toqueville; seguidas no século XIX pelos socialistas utópicos (em especial Owen e Fourrier), os socialistas libertários (principalmente Proudhon e Kroptkin). Marx e Engels deram origem a uma tradição analítica que gerou um dos paradigmas da participação política. No século XX o leque de autores que seguiram esta última corrente amplia-se, destacando-se Rosa Luxemburgo, ao teorizar sobre a participação das massas, e Antonio Gramsci, ao analisar os conselhos de fábrica da Itália. Após 1950, Gorz, Mandel, Poulantzas e outros deram continuidade àquele paradigma.

Os primeiros intelectuais que se interessaram pelo tema da participação em termos da atuação dos indivíduos em associações foram os pluralistas ingleses do início do século XX, tais como G.D.H. Cole, H. Laski, J.N. Figgis e, mais tarde Paul Hirst, na década de 1990. A teoria de Cole sobre a participação assenta-se sobre pressupostos de Rousseau, ou seja, a vontade, e não a força, é a base da organização social e política. Ele preconiza a necessidade de os homens atuarem via associações para satisfazer suas necessidades. Cole sustentava que seria apenas pela participação em nível local e em associações locais que o indivíduo poderia aprender a democracia. Ele propôs, já na sua época, a criação de uma série de instrumentos de participação ao nível local tais como, cooperativas de consumidores, conselhos de utilidades (para o abastecimento de gás, p. ex.), guildas cívicas para cuidar da educação, saúde etc. Cole formulou ainda a proposta de uma estrutura política para desenvolver os processos participativos, que ia da comuna local à comuna nacional, passando pelo nível regional (cf. COLE, apud PATEMAN, 1992: 55). É bom recordarmos também que as associações foram incluídas entre os direitos fundamentais da pessoa humana. Nos tempos modernos quem primeiro se utilizou deste direito foi a incipiente burguesia do século XIII. As camadas populares tiveram que lutar para adquirir a extensão deste direito. Em 1791, a Lei Chapelier, na França, proibiu as associações por temer a força dos grupos subordinados que participavam de sua organização. Somente no século XIX este direito foi obtido e incorporado em várias Constituições no mundo.

Alexis de Tocqueville em sua obra *A democracia na América*, exaltou a comuna como a grande força dos homens livres onde "o povo é a força dos poderes sociais" (TOCQUEVILLE 1998: 72). Entretanto, mesmo se referindo a um sistema que existiu nos Estados Unidos no século XIX, o que se observa é um intrincado sistema de participação representativo que ia da comuna ao poder central, passando pelos condados. Acreditando na democracia como uma maneira de ser da sociedade, e poder do "império da lei", a soberania do povo é vista como uma forma de governo, e o Estado social democrático como inevitável. Para evitar a centralização, o despotismo, e o individualismo, Tocqueville recomenda um esforço na "formação dos próprios cidadãos como portadores de um caráter livre. [...] 'uma nova ciência política que inclua em suas tarefas educar' a democracia mediante a formação de homens independentes e capazes, no pleno sentido do termo, de autogoverno" (apud COHN, 2000: 256, 258, 259).

A participação nas abordagens clássicas das Ciências Sociais

Na Sociologia o tema da participação é encontrado como noção, categoria ou conceito desde os primórdios de seu desenvolvimento. Isto porque se trata de uma formulação clássica na teoria da ação social tanto na versão weberiana como na parsoniana. Essas vertentes tiveram grande importância entre os pesquisadores latino-americanos até os anos de 1960. Sua presença foi mais forte no período da teoria da modernização e o tipo de participação preconizado era a participação comunitária. Nos anos de 1970, dado o regime político militar vigente em grande número de países latinos, a participação voltou a ser teorizada no sentido de participação popular da sociedade civil. A partir do final da década de 1980 a participação ganhou, ao longo das décadas, o estatuto de uma medida de cidadania e está associada a uma outra categoria que é a da exclusão social.

> Algumas vezes, "participação" é olhada como um componente da definição de integração. Se alguém é apto a participar, ele está integrado. O contrário, para não participantes é sugerido o signo da exclusão. Em outros casos, "participação" é considerada como um fator de integração. Aprendendo a participar, um indivíduo pode ser integrado. Nesta segunda abordagem, participação toma o significado de luta contra a exclusão (STASSEN, 1999).

Segundo esse autor, resulta que temos duas posições: participação como um componente de definição – onde os termos são participação e não participação; e participação como fator de integração – onde se destacam os termos integração/exclusão. A exclusão é definida como não participação e participação torna-se fator de não exclusão. Stassen conclui que não concorda com estas abordagens e procura demonstrar a tese de que há participação quando há um sentimento de que os indivíduos têm valor e são necessários para alguém, quando ele percebe sua própria contribuição, quando eles percebem que tem um lugar na sociedade, que eles são úteis, quando eles são valorizados por alguém. Para tal os indivíduos necessitam de um meio ambiente consistente do ponto de vista de relacionamentos, contatos e laços sociais.

A área da ciência política fez da participação, desde os anos de 1960, um tema clássico. Cumpre registrar os estudos de Pizzorno sobre a participação política. Para ele, "a participação política é uma ação em solidariedade para com o outro, no âmbito de um Estado ou de uma classe, em vista a conservar ou modificar a estrutura do sistema de interesses dominante" (PIZZORNO, 1971: 21). Usualmente considera-se a participação política como um processo que se relaciona ao número e à intensidade de indivíduos envolvidos na tomada de decisões. Isto porque, desde o tempo dos antigos gregos, a participação consistiu idealmente no encontro de cidadãos livres debatendo publicamente e votando sobre decisões de governo. Ela se articula com a questão da democracia em suas formas direta e indireta (representativa).

O *Dicionário de Política* organizado por Bobbio, Matteucci e Pasquino (1986) reconhece que uma gama variada de atividades, que vão do voto às reuniões de apoios a candidatos políticos, é designada como "participação política". Entretanto, alerta-se que o substantivo e o adjetivo que compõem a expressão participação política se prestam a interpretações diversas. E nesse alerta encontramos um certo entendimento sobre o que é participação quando se afirma que "o termo participação se acomoda também a diferentes interpretações, já que se pode participar, ou tomar parte nalguma coisa, de modo bem diferente, desde a condição de simples espectador mais ou menos marginal à de protagonista de destaque" (BOBBIO et al., 1986: 888). Disto resulta que podemos ter três formas de participação política: a presencial – forma menos intensa e marginal, com comportamentos receptivos ou passivos; a ativação – onde um indivíduo desenvolve uma série de atividades que lhe foi delegada de forma permanente; e participação na decisão política.

Em termos de manifestações concretas, o tipo de participação política mais citado e valorizado nas democracias, pela ciência política, até poucos anos atrás, era o voto. Segue-se a participação nas atividades político-partidárias. Entretanto, teóricos como Giacomo Sani, reconheceram, décadas atrás, que

> têm adquirido certo relevo formas novas e menos pacíficas de participação, nomeadamente as manifestações de protesto, marchas, ocupação de edifícios etc. Segundo alguns observadores, encontráramo-nos, aqui, em face de uma revitalização da participação política que, abandonados os velhos esquemas, se articularia agora em outros canais (SANI, apud BOBBIO; MATTEUCCI & PASQUINO, 1986: 888).

Ainda segundo Sani, a participação social em estruturas de governança envolve a inserção direta de indivíduos e/ou organizações sociais nos processos de tomada de decisão política.

Autores como Almond e Verba (1963, 1989) se destacaram também na ciência política aliando a temática da participação com a formação da cultura cívica e política de uma sociedade. É importante fazer este resgate na atualidade porque a participação cívica, fundada numa cultura cívica, nacionalista tem sido conclamada pelos governos conservadores que assumiram o poder em vários países, a exemplo do Brasil a partir de 2019.

Cumpre destacar ainda, como registro, uma outra área do conhecimento onde a categoria da participação é uma ideia-força. Trata-se da Educação, especialmente as pedagogias desenvolvidas após os anos de 1960 por Paulo Freire, ou seguidores das teorias de Samuel Alinsky nos Estados Unidos. "Participação na criação do conhecimento, de um novo conhecimento, participação na determinação das necessidades essenciais da comunidade, participação na busca de soluções e, sobretudo, na transformação da realidade. Participação de todos aqueles que tomam parte no processo de *educação e de desenvolvimento*" (FAUNDES, 1993: 32).

Observa-se no resgate das concepções acima que várias objetivam fortalecer a sociedade civil para a construção de caminhos que apontem para uma nova realidade social, sem injustiças, exclusões, desigualdades, discriminações etc. O pluralismo é a marca destas concepções de participação na qual, os partidos políticos não são os únicos atores importantes, há que se considerar também os movimentos sociais e os agentes de organização da participação social, os quais são múltiplos. Uma gama variada de experiências associativas é considerada relevante no processo participativo tais como grupos de jovens, de idosos, de moradores de bairros etc. Por isso tem-se que aliar as análises da ciência política com as análises sociológicas para o entendimento da participação. Os entes principais que compõem os processos participativos são vistos como "sujeitos coletivos" – não se trata, portanto, de indivíduos isolados e nem de indivíduos membros somente de uma dada classe social. A participação tem caráter plural em termos de classes, camadas sociais e perfis político-ideológicos. Nos processos que envolvem a participação popular, os indivíduos são considerados como "cidadãos". A participação articula-se, nesta concepção, com o tema da cidadania. A participação envolve também lutas pela divisão das responsabilidades dentro de um governo. Essas lutas possuem várias frentes tais como, a constituição de uma linguagem democrática não excludente nos espaços participativos criados ou existentes, o acesso dos cidadãos a todo tipo de informação que lhe diga respeito, e o estímulo à criação e desenvolvimento de meios democráticos de comunicações.

Milani (2008) destaca uma das formas de participação, a participação social cidadã assinalando:

> a participação social cidadã é aquela que configura formas de intervenção individual e coletiva, que supõem redes de interação variadas e complexas determinadas (proveniente da "qualidade" da cidadania) por relações entre pessoas, grupos e instituições com o Estado. A participação social deriva de uma concepção de cidadania ativa. A cidadania define os que pertencem (inclusão) e os que não se integram à comunidade política (exclusão); logo, a participação se desenvolve em esferas sempre marcadas também por relações de conflito e pode comportar manipulação (MILANI, 2008: 560).

Abordagens sobre a participação de grupos organizados da sociedade civil a partir do século XX

Nas ciências sociais o cenário e os tipos de abordagens sobre a participação social e política são muitas e seguem paradigmas teórico-metodológicos distintos, gerando correntes explicativas diferenciadas. Uma indagação recorrente nas abordagens é a questão do engajamento. Como e por que as pessoas participam ou se engajam em ações coletivas, tanto da sociedade civil como nas formas de participação institucionalizadas na sociedade política? Há diferentes respostas porque elas têm abordagens peculiares, que levam a enfoques e conclusões distintas, mas o tema das desigualdades e injustiças é um dos fundamentos explicativos mais recorrentes. O engajamento é também um indicador de mudanças políticas e culturais na sociedade, assim como revela novidades e mudanças no setor das tecnologias comunicacionais que contribuem para o entendimento de mudanças nas relações sociais. Por isso adota-se, neste capítulo, o tema do engajamento como chave e eixo para sistematizar abordagens teóricas, a partir das últimas décadas do século XX, que influenciaram a produção brasileira e latino-americana sobre o tema da participação. Faremos breves pontuações sobre como essas abordagens deram suporte, influenciaram as demandas, movimentos e políticas públicas ao longo das últimas décadas, no Brasil.

Sistematiza-se, a seguir, dez abordagens explicativas mais usadas sobre o tema do engajamento que gera participação sociopolítica dos cidadãos a saber: 1) escolha racional; 2) proximidade aos centros de poder e a posição social dos indivíduos na sociedade; 3) mobilização política institucional; 4) identidade coletiva; 5) teoria crítica e reconhecimento de direitos; 6) engajamento militante ou neomarxista; 7) decolonial; 8) abordagem relacional ou do cyberativismo; 9) de gênero a partir de grupo de mulheres; 10) autonomistas. A ordem numérica não corresponde à ordem cronológica de seu surgimento. Pontuaremos algumas de suas características e alguns de seus autores.

A *primeira* abordagem, da escolha e cálculo racional, tem suas origens entre pesquisadores norte-americanos e entende a participação como um cálculo entre custos e benefícios, ou seja, o indivíduo participa na esfera pública segundo os custos e os benefícios que poderá obter. Prioriza-se a observação do comportamento das pessoas e suas escolhas segundo seus cálculos racionais. Ela foi importante nas décadas de 1960 e 1970, especialmente na América do Norte (BECKER, 1960; OLSON, 1999; McADAM; McCARTHY & ZALD, 1977, 1996); no Brasil ela foi utilizada por alguns analistas no estudo de sindicatos, na década de 1970. Na década de 2010 está sendo retomada e modernizada na prática social de algumas organizações movimentalistas, a exemplo do Movimento Brasil Livre (MBL), e do Vem Pra Rua (VPR), como forma de organização de bases estruturais que organizam, via on line, os protestos e manifestações nas ruas. As organizações movimentalistas (a serem tratadas no capítulo 3) inspiram-se em ideais neoliberais ou conservadores. Parte delas tem pautas que fazem retroceder direitos sociais adquiridos, a exemplo das propostas para não se abordar questões de gênero nas escolas de ensino básico do país.

Alguns autores aprofundaram a corrente da escolha racional levando à *segunda* abordagem, que prioriza a posição social dos indivíduos. Inicialmente, uma vertente desta abordagem priorizou a posição dos indivíduos em relação às estruturas de poder, sendo que essa posição depende da renda, escolaridade, sexo, etnia, profissão etc. (MILBRAITH, 1965; BRADY; VERBA & SCHLOZMAN, 1995). A abordagem deixa de ter caráter exclusivamente economicista para incorporar aspectos sociais. Bourdieu (1983, 1989), deve ser incluído neste grupo porque, para ele as disposições para o engajamento político estão ligadas às desigualdades das condições de origem e dos capitais sociais, econômicos, culturais e políticos dos agentes sociais. A posição de classe de origem e a socialização familiar e escolar, que transmite ao sujeito valores, normas e regras, configuram um conjunto de capitais que o predispõem para o engajamento político. Segundo Brenner (2016), para Bourdieu,

> os sujeitos situados nas posições inferiores de classe estariam mais predispostos ao engajamento, devido à busca por diminuir a desigualdade de acesso aos bens sociais e culturais disponíveis na sociedade. O engajamento serviria como forma de acesso aos capitais que estão interditados a essa camada da população (BRENNER, 2014: 37).

Esta abordagem fundamentou vários estudos sobre a teoria da modernização na América Latina na década de 1960. Uma vertente mais contemporânea dessa abordagem focaliza a posição social dos indivíduos na sociedade, seus atributos e características nas trajetórias, que os tornariam propensos ou não ao engajamento, como a trajetória familiar ou escolar e a socialização política nestes espaços. Outros autores dessa mesma corrente entendem que na sociedade contemporânea os espaços de socialização dos indivíduos são diversos e, por isso, outros fatores poderiam explicar a participação para além de recursos oriundos da socialização política familiar e escolar (SILVA & RUSKOWSKI, 2016). Dentro dessa abordagem, recentemente, há ainda autores que destacam as redes de compartilhamento e solidariedade, porém afirmam que as retribuições pessoais são condicionantes do engajamento (SAWICKI & SIMÉANT, 2011; FILLIEULE,

2015; GAXIE, 2015). Neste sentido, retomam Olson e os custos *versus* benefícios.

Nas últimas três décadas do século XX, críticas diretas à primeira abordagem, do cálculo racional, levaram a uma *terceira* abordagem, a da mobilização política institucional que focaliza os repertórios de grupos e indivíduos e suas articulações com aspectos macros, dada uma certa estrutura de oportunidades políticas existentes em dados contextos. A combinação de repertórios com estruturas de oportunidades políticas viabiliza que demandas ganhem a cena pública (TILLY, 1978; TARROW, 1994; DIANI, 2003). As oportunidades políticas, os símbolos e códigos construídos no processo de mobilização são vistos como recursos, instrumentos, meios para certos fins, num ambiente onde se têm oportunidades e constrangimentos. Este ambiente tem força de configuração nos processos de litígios e contenções.

Charles Tilly, expoente desta abordagem, afirmou que a ênfase na análise institucional e no papel das organizações e instituições junto aos movimentos sociais é importante, menos como organizações de movimentos, e mais como redes de articulações que suportam e criam as estruturas de oportunidades. Para ele, as ações estatais ao impactarem o nível local geram resistências, legitimando ou deslegitimando o repertório das disputas. Tilly, ao longo de sua carreira acadêmica, redefiniu o conceito de repertório no plano da luta política afirmando:

> A palavra repertório identifica um conjunto limitado de rotinas que são aprendidas, compartilhadas e postas em ação por meio de um processo relativamente deliberado de escolha. Repertórios são criações culturais aprendidas, mas eles não

descendem de filosofia abstrata ou tomam forma como resultado da propaganda política; eles emergem da luta (TILLY, 1995: 26).

Vários autores denominam esta abordagem como a do processo político ou dos institucionalistas, porque é colocada grande ênfase no papel das instituições, na participação institucional. O fator gerador básico das mudanças está no sistema político institucionalizado e por isso esta abordagem irá polemizar com a de outros autores, adeptos de correntes que destacavam mais aspectos culturais e identitários de grupos mobilizados da sociedade civil, críticos das abordagens estruturais. É importante destacar que esta abordagem tem sido muito utilizada na América Latina, e no Brasil influenciou e formou vários de seus pesquisadores. Após a Constituição Brasileira de 1988, com os processos de gestão participativa na fase de redemocratização, até 2010, ela predominou no estudo das Instituições Participativas então criadas. Recentemente tem-se destacado o ativismo institucionalizado construído, focalizando nas instituições públicas o papel do ativista institucional – aquele indivíduo que poderá atuar dentro ou fora das instituições, como funcionário ou não, como fomentador da ação coletiva. Essas mudanças políticas deram vigor à abordagem dos "institucionalistas". Toda base conceptual teórica dessa abordagem está ancorada, na atualidade, à teoria do confronto político – *Contentiuos Politics*, tendo como autores referenciais os já citados: Tilly, Tarrow e McAdam (2006) e Diani (2004). No Brasil destacam-se, na produção recente, vários pesquisadores dentre eles: Abers (2016), Carlos (2017), Avritzer (2012, 2013), Luchmann e Borba (2008), Oliveira (2010), Fung e Wright (2001) e outros.

A *quarta* abordagem, a da identidade coletiva, dá centralidade aos fatores culturais, à identidade dos participantes, às suas redes de pertencimento e compartilhamento de valores, ao engajamento militante, institucional ou extrainstitucional dos indivíduos e grupos. Destaca a inserção do indivíduo em redes de solidariedade/engajadas como fator explicativo da participação. As trajetórias dos indivíduos – familiar, escolar, profissional são consideradas como espaços de socialização política. A ênfase em aspectos da cultura leva ao aprendizado nas lutas e confrontos, ao desenvolvimento de identidades, e a um acúmulo de suas forças sociopolíticas e culturais. As teorias decorrentes dessa abordagem foram nomeadas como "Novos Movimentos Sociais" destacando-se autores que a conceberam ou debateram sobre ela, aperfeiçoando-a, tais como: Touraine (1965), Melucci (1980), Cohen, (1985), Coehn e Arato (1992), Claus Offe (1988), Klaus Eder (1999), Donnatella Dela Porta (2006) e outros. Melucci conceitua identidade coletiva como "uma definição interativa e compartilhada produzida por um número de indivíduos (ou grupos em um nível mais complexo) preocupados com a orientação de suas ações em um campo de oportunidades e restrições nas quais a ação toma lugar [...]" (MELUCCI, 1996: 70). Sposito (2014) sintetizou os aspectos da identidade coletiva que Melucci propôs. Diz ela:

> Melucci (1995) propôs três aspectos constitutivos da identidade coletiva: um primeiro reside na formulação dos quadros comuns de conhecimentos sobre os fins, os meios e o ambiente da ação: por que e para que estamos juntos; em que circunstâncias estamos juntos. O segundo elemento é a capacidade de ação e de relação entre os sujeitos envolvidos. Compreende a vida interna do grupo

e sua ação para fora. O terceiro elemento da identidade coletiva se constrói também na presença de investimentos emocionais. O indivíduo se reconhece pertencendo a um grupo, mobilizando não só elementos cognitivos, como também os afetos. A identidade não se constitui somente a partir de dimensões cognitivas, os indivíduos são "afetados" pela presença do outro (SPOSITO, apud CARRANO & FÁVERO, 2014: 118).

A ação coletiva decorrente de um grupo social é mediada pela apreensão cognitiva dos atores diante das condições estruturais postas em questão. Portanto, trata-se de uma abordagem construtivista, e a identidade é relacional e construída, no tempo e no espaço. Ela representa a identificação do "nós" e do "outro", e, dentro de um conflito social, permite se autoidentificar e identificar o inimigo. Nesse sentido, Melucci retoma a conceituação de Touraine sobre os movimentos sociais. A abordagem da identidade teve ampla repercussão na América Latina, especialmente no Brasil na década de 1980 quando emergem na cena pública inúmeros novos movimentos sociais (no capítulo 2 retoma-se esta abordagem). Esses movimentos pautarão questões de gênero, raça, idade etc. Ou seja, as desigualdades serão questionadas mais do ponto de vista das diferenciações e discriminações sociais e menos sob o aspecto socioeconômico. Della Porta busca suprir esta lacuna e assinala a respeito: "Por meio de uma identidade multifacetada, que avalia positivamente as diferenças, o movimento consegue combinar, em um esquema de referência comum contra o neoliberalismo, as preocupações e reivindicações de sindicatos e ecologistas, feministas e grupos religiosos, camponeses do Sul e jovens dos centros sociais" (DELLA PORTA, 2006: 168). A abordagem das múltiplas identidades que nos auxilia na análise dos avanços no processo de luta das mulheres, negros e homoafetivos nas décadas de 2000 e 2010 no Brasil. Para avaliarmos o vigor da abordagem da identidade tem-se que incluir outra teoria fundamental, a do reconhecimento (HONNETH, 2003; FRASER, 2001), pois foram políticas de reconhecimento que fortaleceram os movimentos supracitados (cf. tb. PAIVA, 2012).

Na *quinta* abordagem, a da teoria crítica e do reconhecimento de direitos, a temática da participação surge vinculada ao eixo da justiça social, especialmente em Axel Honneth (2003). O reconhecimento é analisado como motivação moral para aqueles que se engajam em lutas, sem que esta motivação deixe de lado o fato de ser uma luta social, vista como "um processo prático no qual experiências individuais de desrespeito são interpretadas como experiências cruciais típicas de um grupo inteiro, de forma que elas podem influir, como motivos diretores da ação, na exigência coletiva por relações ampliadas de reconhecimento" (HONNETH, 2003: 257). Ele busca os fundamentos intersubjetivos das transformações culturais e jurídicas das sociedades modernas, busca compreender o papel do sentimento de injustiça para a eclosão das lutas sociais, especialmente após a década de 1960, com auxílio da psicologia social de Mead e da psicanálise de Winnicott. Busca os fundamentos morais do conflito social contemporâneo, de modo a demonstrar a limitação das análises sociopolíticas que se renderam, especialmente ao utilitarismo, assim como ao pragmatismo e ao estruturalismo. Destacam-se as questões do reconhecimento de direitos sociais a grupos e povos discriminados em dois campos básicos: o das diferenças, diversidades sociais, as desigualdades, injustiças sociais etc. e o campo relativo a questões da redistribuição de bens ou direitos, como forma de compensar as injustiças historicamente acumuladas. Registre-se também que na teoria crítica destaca-se, na temática da participação, a contribuição de Habermas (1985) ao tratar da ação comunicativa e da noção de esfera pública. Para Habermas, a democracia não deve ser entendida apenas em termos descritivos, como governo da maioria, eleições livres ou concorrência entre partidos ou as prescrições normativas do Estado de direito. Ele destaca na esfera pública ambientes informais como bares, cafés, praças, teatros, escolas, e outros espaços de convivência, onde há abertura para interação comunicativa. Ao definir o que seria processo democrático e o conceito de democracia deliberativa, Habermas preconiza a ampliação da participação da sociedade em processos decisórios para o desenvolvimento da cultura democrática propondo um modelo político de mediação entre as esferas informais – que ele denomina como mundo da vida, e as esferas formais – de decisão institucional. Para ele, no processo de formação da opinião e da vontade política, deve-se considerar as relações intersubjetivas do mundo da vida e conteúdos normativos do Estado democrático. A participação, tanto nas esferas públicas informais como nas institucionalizadas é, portanto, um elo importante na formação da própria opinião pública, campo fundamental de atuação das redes e mídias sociais, a ser tratada adiante, na oitava abordagem. Articular estas duas dimensões – mundo organizacional/racionalidade normativas – com o mundo da vida e suas subjetividades é um grande desafio, e alguns analistas aplicam erroneamente a abordagem de Habermas porque partem da existência de lógicas distintas e incompatíveis entre estas duas dimensões, ou "dois mundos distintos". Esses analistas veem dois universos de referências orientando a ação dos atores do sistema político-administrativo e dos movimentos sociais originadas no/do mundo da vida, e com isso não captam a intersubjetividade. Registre-se ainda que para Habermas, "o direito é um sistema de saber e, ao mesmo tempo, um sistema de ação. Ele tanto pode ser entendido como um texto de proposições e de interpretações normativas, ou como uma instituição, ou seja, como um complexo de reguladores da ação" (HABERMAS, 1997a: 111).

A *sexta* abordagem é a do engajamento militante. Aqui temos duas versões quase que opostas. A de Fillieule (2015) baseada no interacionismo simbólico que tem como meta avaliar o engajamento dos indivíduos em suas carreiras como militantes; e a abordagem do engajamento militante de fundamento marxista, a mais antiga das correntes até aqui apresentadas. Pode ser observada na abordagem de pensadores marxista contemporâneos, especialmente seguidores de E. Hobsbawm. Sabe-se que na abordagem marxista o conceito de participação não é encontrado de forma isolada, mas articulado a duas outras categorias de análise que são: lutas de classes, contradições, conflitos e movimentos sociais. A análise dos movimentos sociais sob o prisma do marxismo refere-se a processos de lutas sociais voltadas para a transformação das condições existentes na realidade social, de carências econômicas e/ou opressão sociopolítica e cultural. Não se trata do estudo das revoluções em si, também tratado por Marx e alguns marxistas, mas do processo de luta histórica das classes e camadas sociais em situação de subordinação. As revoluções são pontos deste processo, quando há ruptura da "ordem" dominante, quebra da hegemonia do poder das elites e confrontação das forças sociopolíticas em luta, ofensivas ou defensivas. A produção inicial de Manuel Castells, Jordi Borja, Jean Lojkine etc., na década de 1970, inseriam-se nesta abordagem porque partiam das crises suscitadas devido as carências no plano da oferta de meios coletivos de consumo na área social, gerando contradições urbanas e movimentos sociais. Posteriormente estes autores alteraram seus referencias, especialmente Castells, a ser retomado na sétima abordagem. A corrente dos historiadores liderada por Hobsbawm, E.P. Thompson e G. Rudé, e outros, constituíram a corrente contemporânea de estudo sobre a participação em movimentos sociais na Europa. Nessa abordagem os fatores macroeconômicos e políticos tem centralidade e a política passou a ser enfocada do ponto de vista de uma cultura política, resultante das inovações democráticas relacionadas com as experiências nos movimentos sociais. No século XXI o marxismo ressurge renovado com destaques às lutas contra a globalização e a participação de novos movimentos sociais (LINERA, 2009; HARVEY, 2011; ZIZEK, 2012); a participação em lutas contra o sistema-mundo (WALLERSTEIN, 2014), ou aliado à luta ecológica (LOWI, 2011); ou ainda a lutas contra-hegemônicas e a participação institucionalizada, como assinala Gaventa (2006), o qual indaga sobre o caráter da participação institucionalizada, questionando se a mesma representa engajamento real para transformar modelos de exclusão e injustiça social, alterando relações de poder ou se apenas legitima o *status quo* (GAVENTA, 2006: 23, apud ALUND & SCHIERUP, 2018). A abordagem marxista é uma das poucas, dentre as apresentadas neste capítulo, que assinala a importância do nível econômico, as forças econômicas do mercado, o poder do sistema financeiro, todos elementos fundamentais para se compreender os níveis de desigualdade socioeconômica na sociedade brasileira, assim como em outros países capitalistas. No Brasil há um número grande de analistas dos movimentos clássicos, tanto sindicais como de luta pela terra ou pela moradia, que seguem o modelo marxista ou neomarxista de análise da realidade (cf. ANTUNES, 2011; BOITO JR., 2018).

A *sétima* corrente a destacar o tema da participação se inspira nas abordagens da descolonização ou decolonização destacando-se as obras de Quijano (2005), Escobar (2004), Tapia (2010), Swampa (2010), Mignolo (2010), e outros. Segundo Ballestrin (2013), a perspectiva de análise decolonial assume uma miríade ampla de influências teóricas, atualizando a tradição crítica de pensamento latino-americano, oferece releituras históricas e problematiza velhas e novas questões para o continente. A "opção decolonial apresenta contribuições epistêmica, teórica e política – para compreender e atuar no mundo, marcado pela permanência da colonialidade global nos diferentes níveis da vida pessoal e coletiva" (BALLESTRIN, 2013: 92). Trata-se de uma visão onde o relato da história colonial e das formas de exploração ocorridas na América Latina se faz a partir da versão do colonizado, ou dos "condenados da terra" – expressão de Frantz Fanon criada no século passado ao analisar o processo de colonização na África e América Central, na Martinica, sua ilha de origem. Esta abordagem será retomada com vigor a partir da década de 2000 na América Latina como a teoria pós-colonial, neocolonial ou decolonial. Ela teve sua elaboração inicial na Europa em relação ao tema da colonização, especialmente na África e as formas coloniais ainda lá existentes (cf. SPIVAK, 2008). Embora mais ampla, pois não é uma teoria específica sobre a participação ou movimentos sociais, as várias abordagens da teoria neo ou decolonial transformaram-se em eixo central de pesquisas e várias frentes de produção intelectual que conferem especificidade à América Latina, especialmente na temática da luta dos povos indígenas (cf. QUIJANO, apud LANDER, 2005). Segundo essa abordagem, a colonialidade é a face oculta da modernidade eurocêntrica, que impôs sentimentos de inferioridade. Ser "moderno" foi inculcado como o sendo o indivíduo "civilizado", e os nativos da colônia seriam "bárbaros" e "atrasados". Com isto, para os teóricos desta corrente o problema central da América Latina seria a descolonização do saber e do ser (enquanto repositório de práticas e valores que mantêm e reproduzem subjetividades e conhecimentos), saberes estes que "são mantidos por um tipo de economia que alimenta as instituições, os argumentos e os consumidores" (MIGNOLO, 2009: 254). Na mesma linha de argumentos, Sirvent (2008) afirma que um dos grandes problemas sociais contemporâneos é: o fenômeno da naturalização da injustiça, a exploração e a pobreza nas mentes da população, inibindo o desenvolvimento do pensamento crítico. Com isto, o poder dominante foi se transformando em nosso sentido comum. Sirvent preconiza a necessidade de se construir poder por meio do conhecimento e isto implica "construir categorias para pensar a realidade que possam gerar ações de mobilização coletiva em confrontação com os significados que desmobilizam e paralisam" (SIRVENT, 2008: 22). E construir categorias é tarefa e desafio aos cientistas sociais. Na América Latina a Clacso será uma das grandes incentivadoras das abordagens neocoloniais. No Brasil essa abordagem influenciará decisivamente o debate denominado Sul-Sul, já no século XXI.

A *oitava* abordagem é a *relacional* presente nos estudos sobre redes e cyberativismo. A questão relacional nas redes e mídias sociais demarcou novos rumos e abordagens na temática da participação social e política dos indivíduos tendo em vista seu potencial de alavancar as relações entre grupos e indivíduos. Ela tem bases no interacionismo simbólico desenvolvido desde as décadas de 1920 e de 1930. Mas ela transformou completamente o foco nas relações diretas, face a face, dado pelos interacionistas, para o foco nas relações virtuais, on line, das redes e mídias sociais. Embora, já em 1932, Moreno definia que uma rede social pode apresentar um conjunto de vínculos entre os atores, será no final do século XX que a questão das redes politiza-se, adentra o espaço da política e potencializa força social e política na esfera pública para muito além das teias de relações comunitárias e de solidariedade que falava Moreno, embora o fator agregador dos indivíduos nas redes continua sendo a base de valores morais compartilhados. Bruno Latour diz que o "social [*das redes*] normalmente constituído é agrupado com participantes já aceitos, chamados de atores sociais, membros de uma mesma sociedade" (LATOUR, 2012: 352). As microrrelações ganharam plano de destaque na formação das opiniões, na estruturação das ações coletivas na esfera privada e na esfera pública. Segundo Gindre,

> O ciberativismo, ativismo on line ou ativismo digital é uma forma de ativismo pela internet caracterizada pela defesa de causas, reivindicações e mobilizações. Muitos autores o consideram uma nova fronteira para a participação política, pois, a partir de um computador, os indivíduos rapidamente conseguem agregar pessoas à causa que defendem. Inicialmente, era uma estratégia

muito utilizada por ONGs e entidades civis, hoje, com a expansão do acesso à internet, é cada vez mais utilizado pelo cidadão comum (GINDRE, 2016: 11),

A abordagem relacional das novas mídias teve precedente não só no interacionismo simbólico das primeiras décadas do século XX. Também teve contribuição da teoria crítica, citada acima, na teoria da ação comunicativa de Habermas. Registra-se também o trabalho de J. Jasper (1997, 2011, 2016), no qual busca-se ampliar o escopo analítico na análise das ações coletivas para além da moralidade, abrangendo também o papel das emoções nas mobilizações. Para Jasper a identidade, pertencimento etc. não podem ser reduzidos à dimensão cognitiva, pois há fatores emotivos que os permeia. As emoções não são respostas automáticas, não racionais, ou inatas, inerentes aos indivíduos, mas são culturalmente construídas. Não devem ser confundidas com os sentimentos dos indivíduos. São formadas diferentemente em cada contexto. Jasper, em conjunto com Goodwin e Poletta constroem tipologias sobre as emoções que podem ser úteis na compreensão e análise das reações de amor e ódio tão presentes nas manifestações nas ruas brasileiras na atualidade (cf. GOODWIN; JASPER & POLLETTA, 2001, 2004). Eles destacam quatro grupos de emoções: emoções reflexivas, laços afetivos, humores e emoções morais. No processo de participação social destacam-se as emoções construídas a partir de laços afetivos, pois: "não nos organizamos apenas para perseguir nossos interesses materiais, mas para ajudar aqueles que amamos e punir aqueles que odiamos – afeições que podem surgir durante o curso do conflito ou mesmo instigá-lo" (GOODWIN; JASPER & POLLETTA, 2004: 418).

Cumpre registrar autores contemporâneos, como Manuel Castells, que foram fundamentais nas pesquisas e fundamentações teóricas sobre a participação da sociedade civil, nas décadas de 1960 e de 1980 na Europa, América Latina etc. e que se transformou em um dos pilares para o entendimento do potencial das redes e mídias sociais nas novas formas de relações comunicacionais. Castells, na década de 1970, ancorava-se na abordagem estrutural marxista. Suas pesquisas sobre as contradições urbanas foram relevantes para o entendimento da emergência de novos ciclos de movimentos sociais na América Latina. Mas as mudanças no cenário global, ao longo das décadas de 1980-1990, com o desenvolvimento das novas tecnologias, levaram Castells a priorizar o estudo das redes comunicacionais. Os antigos estudos sobre as redes do final dos anos de 1970 sobre as estruturas internas dos sistemas de comunicações, especialmente dentro de organizações, foram revolucionados por Castells ao aliar essas redes ao plano das novas tecnologias de informação e comunicação. Entre 1997 e 1999, Castells publicou a famosa tríade sobre o "poder da identidade", e a importância da internet e das novas tecnologias de informação e comunicação no estudo do associativismo civil, especialmente nos movimentos sociais que atuam e se articulam no que ele denomina de "sociedade em rede" (CASTELLS, 1996, 1997, 1998).

Portanto, as redes sociais, ao passarem a ter centralidade nas pesquisas que Castells desenvolve a partir da década de 1990, demarcam a agregação de novos aportes teórico-metodológicos. Paulatinamente ele passou a atentar para a importância dos processos de subjetividade na participação dos cidadãos, na construção dos protestos coletivos, focando as redes e mídias sociais. As emoções, estudadas por clássicos das ações coletivas ou teóricos da psicologia social, ou contemporâneos como Maturana e Varela, ganharam destaque nas análises de Castells, que continuou a atentar para os fatores macros, sem descuidar dos micros. De fato, o que se observa em Castells e outros estudiosos do tema da participação, via movimentos, protestos, revoltas etc. é o destaque de fatores relacionais. O poder das mídias e das redes de comunicações aguçou o interesse pelo entendimento das relações pessoais entre os indivíduos e grupos, as relações cotidianas, para muito além de relações profissionais, de solidariedade classista ou outra no plano macroestrutural. Nas interações e na subjetividade, estudando a dinâmica interna das diversas redes, identificam-se inter-relações que podem atribuir força, dinamismo e intensidade às ações de um grupo. Os movimentos sociais constituem redes e eles também modificam sua estrutura e funcionamento. Cumpre registrar ainda a importante contribuição que Melucci deu à abordagem relacional quanto às *interações via redes*. Mische, por exemplo, afirmou que os estudos de Melucci "focavam no intenso comprometimento e solidariedade gerados pela localização dentro de determinados *clusters* ou redes" (MISCHE, 2011: 86).

Concordando com o suposto de Castells de que a rede mundial de computadores é uma tecnologia "maleável, suscetível a ser profundamente alterada por sua prática social, com uma série de resultados potenciais" (CASTELLS, 2003: 10), concluímos que as comunicações virtuais acabaram transformando profundamente a forma como as pessoas do século XXI se comunicam, se organizam e interagem social, cultural, política e economicamente. Isso tudo influenciará as formas de participação social e política existentes. Várias questões estão para ser decifradas nesse mundo novo que o uso das novas tecnologias está desenvolvendo e diz respeito às novas formas de cidadania digital. Um mundo onde, em princípio, todos podem participar e todas as formas de expressão políticas, culturais têm espaço, das mais progressistas às mais conservadoras e repressoras. O uso e controle das redes e mídias sociais, seus efeitos e impactos na sociedade, é uma questão posta no debate atual sobre os rumos e possibilidades da participação virtual.

Relembramos o alerta de Stassen (1999), que disse: para participar os indivíduos têm que desenvolver a autoestima, mudar sua própria imagem e as representações sobre a sua vida. Ter apenas um emprego não resolve o problema da participação porque os indivíduos devem ter também motivações. Para tal eles precisam estar articulados às redes societárias, desenvolver interações frequentes e contínuas com seus pares. Stassen diz ainda que, os mecanismos informais de integração social nas redes societárias que criam identidades são mais importantes que as políticas sociais de empregos precários e assistencialistas; a dimensão sociorrelacional é fundamental para motivar a participação e combater a exclusão dos excluídos – definidos nas estatísticas como aqueles com determinadas rendas mínimas, ou sem rendas, não se tornam incluídos ou mais participativos via a mera integração em uma nova frente de trabalho. As medidas preconizadas por vários analistas, inclusive nos projetos governamentais, usualmente estão baseadas em concepções técnicas, que dependem do crescimento/comportamento da economia, redução do custo da força de trabalho, aumento da flexibilização dos empregos e da organização do trabalho, treinamentos, pesquisas, financiamento de serviços etc. Tratam-se de medidas de caráter institucional e todas centradas no campo da inserção profissional, no mercado da produção. A qualquer oscilação dos mercados, os empregos somem, os incluídos tornam-se excluídos porque sempre estiveram na condição de desiguais.

A *nona* abordagem, de gênero, a partir de grupo de mulheres, também denominada de "feministas" teve antecedentes desde o século XIX, mas foi a partir da década de 1960 que construiu um arcabouço teórico-conceptual. Ela passou por várias etapas e teve várias ênfases – desde a libertação das convenções sociais e a moral dos anos de 1960 (SAFFIOTI, 1969), a luta contra discriminação das mulheres no mercado de trabalho (SOUZA-LOBO, 1991), o papel da mulher na sociedade (SCOTT & TILLY, 1994) e no campo da educação (LOURO, 1997); a questão de gênero (CASTRO, 1992; COSTA & BRUSCHINI, 1992), a mulher na política (PERROT, 1998; YOUNG, 1996; AVELAR, 2002; ALVAREZ, 2004); a violência contra as mulheres (LIMA, 2013); as reivindicações do próprio corpo (BUTLER, 1997), o problema do reconhecimento com ética (FRASER, 2001), a questão da subjetividade (RAGO, 2013), a luta contra o assédio moral e sexual (ELUF, 1999) etc. A participação das mulheres foi além das lutas pela identidade porque criaram-se novos sujeitos políticos e históricos (PINTO, 1992), que demandou identidade, novos direitos (em todos os campos). A participação das mulheres não se resumiu a entrada nas universidades, no mercado de trabalho ou no exercício de atividades até então exclusivas dos homens. Ela clamou por igualdade de gênero, não só para as mulheres, mas para todas as formas de ser humano, todas as possibilidades de ser mulher. Abriu as portas para a participação e demandas de todos os homoafetivos, lutou para quebrar barreiras de raça e cor. De todos os movimentos sociais que participaram da cena pública nos últimos cinquenta anos, o das mulheres foi um dos que mais avançou, no sentido de combate às desigualdades, talvez o que mais questionou as diferenças sociais e exigiu respeito às diferenças culturais; ainda que dados da Unesco de 2018 registrem que a igualdade de gênero não foi conquistada em nenhum país do mundo, e no Brasil, além de discriminações advindas de heranças de culturas do machismo, haja uma grande sub-representação das mulheres na política. Teóricos de algumas das abordagens sobre a participação tratadas acima, como Hobsbawm (1995) e Touraine (2007), reconhecem que o século XX foi o século da mulher, elas são a grande esperança de avanços nas lutas pela igualdade. Em junho de 2018, a ONU comemorou os 25 anos da Declaração de Ação de Viena, um tratado dos países-membros que estabelece os direitos das mulheres como "uma parte indivisível dos direitos humanos".

A *décima* abordagem sistematizada neste capítulo trata de uma forma de participação que não é nova, mas tem sido reelaborada e ganhou muitos adeptos na última década em várias partes do mundo. Trata-se da abordagem sobre a participação adotada pelos autonomistas (DAY, 2005; DE CINTIO, 2010). Ela tem como suporte teorias e ideais advindos de outros aportes como o socialismo libertário e no novo humanismo holístico (HESSEL, 2011; DUSSEL, 2002; SPIVAK, 2008; WALSH, 2005), que cresceu e espalhou-se entre os ativistas da cibercultura. Machado (2007) afirma que os movimentos sociais que atuam em rede são uma categoria específica porque a horizontalidade, a não hierarquização e a interconexão entre várias redes e seus atores sociais se distinguem de outros formatos já conhecidos de organizações coletivas. Essa característica potencializou os grupos autonomistas que tem a horizontalidade nas relações como um pressuposto fundamental.

A abordagem centrada no tema da autonomia e do socialismo libertário ressurge com vigor em práticas coletivas, em junho de 2013 no Brasil (a ser tratado no capítulo 3), mas ela é também uma bandeira histórica do movimento dos povos indígenas – o mais amplo e intenso em termos de América Latina. As teorias do autonomismo ou socialismo libertário – já estavam presentes na história das lutas sociais no Brasil desde o início do século XX, em associações anarquistas – e foi denominada como anarcossindicalismo, num período que nem existiam sindicatos formais; os protestos dos autonomistas foram denominados como "contracultura" e minimizado na década de 1960. Na década de 1980, quando ocorreu o ciclo dos "novos movimentos sociais" (que se subdividem no campo popular – os movimentos de bairros urbanos, com demandas locais, e no campo dos movimentos por identidades (sexo, raça, etnia etc.), o tema da autonomia também esteve presente (cf. SADER, 1988). Mas tratava-se de autonomia em relação aos partidos (tanto os que dominavam o *status quo* como os partidos de esquerda (então tidos como clandestinos) e autonomia em relação ao Estado de plantão – o governo militar vigente. Por isso alguns analistas denominaram "De costas para o Estado" (EVERS, 1983). Essa "estratégia" da autonomia não tem nada a ver com a matriz do autonomismo que atualmente tem forte presença entre inúmeros movimentos e coletivos sociais, advindos do anarquismo, socialismo utópico ou individualismo do século XIX e início do XX.

Na realidade, as matrizes discursivas dos autonomistas podem ser localizadas desde o século XVI em R. Erasmo (2002) e Thoreau (1975) com a desobediência civil, em La Boetie (2006), e o discurso da servidão voluntária; em Proudhon (1981), Kropotkin (1979), assim como em Rousseau (1968) e nos socialistas utópicos, Owen E. Fourrier, (1977), Nietzsche (1957). A reorganização da sociedade deveria ocorrer através de associações livres de contato. As mudanças econômicas deveriam ter primazia em relação às políticas. As *sociedades de ajuda mútua* seriam os principais meios de realizar a mudança social sem violência, dado seu caráter. Seu objetivo deveria ser a ação e a cooperação econômica e não associação para a propaganda política. O sistema que caracterizaria esta nova sociedade foi denominado por Proudhon de Mutualista quando aborda a questão do bem comum e os efeitos educativos da participação a partir do desejo de liberdade, igualdade, justiça e independência A ideia de autonomia surge a partir destes desejos, de um governo que não é governo. Além do mutualismo, outras correntes do anarquismo também estão presentes nas atuais manifestações, como a da desobediência civil, acima citada. Sabe-se que o anarquismo e o socialismo libertário têm várias correntes. E não são só os anarquistas clássicos. As matrizes discursivas dos autonomistas da atualidade podem ser localizadas também nas elaborações da década de 1960, nos libertários e autonomistas de "Maio de 68", como Castoriadis (1975, 1981) e Daniel Cohn-Bendit (1981, 1988). "Maio de 68" na França foi uma expressão destes grupos e ideais. A Internacional Situacionista, de G. Debord (1995) vai também na linha dos autonomistas e é um pensamento forte na atualidade, assim como o pensamento de Marcuse (1967). Também Foucault (1981), Giorgio Agambem, Antonio Negri (2005), N. Chomsky (2011) e outros tratam ou dão subsídios para entender as multidões nas ruas e seus anseios de liberdade e autonomia.

No Brasil, Eder Sader (1988), seguindo a trilha de Castoriadis, afirma que o sujeito autônomo é aquele capaz de reelaborar determinações externas em função daquilo que define como sua vontade. Entra aqui dimensões do imaginário dos sujeitos em cena, de reelaborar, via as representações construídas sobre suas experiências, algo além daquilo que está dado ou posto. Neste sentido estes sujeitos são agências de construção do novo, os significados atribuídos às suas condições de vida são exercícios de interpretação fundamentais para mudanças na realidade social e para si mesmo.

Pelo exposto até aqui observa-se que há várias interpretações para o conceito de autonomia, mas a definição enquanto autodeterminação e autodefinição (BÖHM; DINERSTEIN & SPICER, 2010), para a análise dos movimentos sociais é bastante usual. Essa definição implica algum tipo de autonomia em relação ao Estado, levando a focalizar o que se rejeita nessa relação e o que o movimento propõe (tarifa livre, p. ex.).

> Com isso emergem três possibilidades analíticas: negação do Estado em si leva à construção de práticas sociais e políticas próprias; a rejeição das formas de funcionamento do Estado e suas instituições leva a formas de organização alternativas e de ação com foco no confronto político extrainstitucional; e, por fim, a negação daquilo que o Estado produz em termos de políticas públicas leva a construções institucionais por meio dos quais se busca a produção da política e das políticas públi-

cas permeadas pela visão de mundo do movimento (OLIVEIRA & DOWBOR, 2018).

Não se pode esquecer também que o tema da autonomia está posto no debate sobre a democracia, a exemplo de Habermas (1997b) e suas proposições sobre a democracia deliberativa, quando trata da autonomia política, ou pública e a autonomia privada, ou a discussão da autonomia como autoafirmação de si ou autocontrole. Nesse último caso ele explora as relações entre autonomia e a identidade. Segundo Reis (2004), Habermas coloca a autonomia dos agentes num contexto comunicacional e tem a ver com a relação entre sujeitos, em suas interações estratégicas e conflituosas inerentes à política. Consideramos essas concepções bastante complexas, mas elas são fundamentais para se entender as práticas dos "autonomistas" na atualidade.

Portanto, neste novo século, os autonomistas ganharam foco e centralidade nas lutas sociais. Apesar de sua heterogeneidade, em termos de tendências e correntes internas, observa-se que são muito atuantes, na prática e na produção teórica, e não podem ser excluídos dos estudos sobre a participação sociopolítica, quer seja sobre os movimentos sociais, quer seja sobre os impactos que geram sobre as formas de participação institucionalizada (cf. DAY, 2005; AUGUSTO; ROSA & RESENDE, 2016; WILLIAMS, 2017; FITZGERALD & RODGERS, 2005, entre outros). Eles estiveram presentes nas manifestações de estudantes no Chile, em 2011, e no Brasil, em junho de 2013, e nas ocupações dos estudantes secundaristas em 2015-2016. Em todos estes casos as teorias "autonomistas" tiveram grande vigor. Elas têm recriado as utopias, movem os estudantes e incendeiam as paixões dos jovens, nas respectivas gerações. Contestam o *status quo*, propõem um novo modelo de sociedade, destacam os indivíduos e suas ações e criticam o marxismo (cf. AUGUSTO; ROSA & RESENDE, 2016).

Conclusões e possibilidades das análises para o caso brasileiro

Pode-se observar nas diferentes abordagens aqui apresentadas que o tema da participação tem sido fundamental para explicar processos de inclusão social, contra as injustiças, pelo reconhecimento de direitos (antigos e novos), advindos tanto das lutas, movimentos, campanhas, protestos etc. de setores da sociedade civil como de processos engendrados no interior do Estado, operacionalizados por instituições que promulgam dadas políticas públicas. Dentre estes processos, no Brasil nas últimas três décadas, destacam-se as abordagens feministas e as conquistas dos movimentos das mulheres, dos coletivos de mulheres afrodescendentes e vários avanços nas questões no universo dos homoafetivos. Não obstante estas conquistas, a sociedade brasileira, especialmente os jovens, dá sinais de descrença na política e nos políticos. A via autonomista, retratada na décima abordagem, tende a crescer entre os jovens. Práticas e estratégias de sobrevivência para o bem comum estão longe das preocupações da maioria, mas os teóricos da decolonização têm alertado para isso.

De uma forma geral, a maioria das abordagens sobre a participação e as teorias tratadas neste capitulo não focaliza diretamente, ou prioritariamente, a questão da desigualdade social. A maioria focaliza o plano sociocultural, de inclusão social a partir de diferenças; algumas confundem diferença com desigualdade. Sabe-se que a luta contra as desigualdades deve ter como foco políticas de igualdade (de renda, acesso à educação, condições de saúde, de vida, trabalho etc.) porque a igualdade não é oposta às diferenças, mas sim às desigualdades. Valença e Gomes (2002) também corroboram esta análise quando afirmam: "a desigualdade não é o mesmo que diferença. A diferença reflete a diversidade da espécie e de suas formas de organização política e de expressão cultural. A diferença, que pode ser bem-vinda, difere assim da desigualdade". Souza Santos (2003) aprofunda esta análise articulada das categorias desigualdade e exclusão. Ele afirma que elas têm na modernidade significado distinto porque a desigualdade implica um sistema de integração hierárquico, de integração social.

Portanto, observa-se que a maioria das análises não apresenta caminhos para uma agenda que indique formas de superação das desigualdades sociais, especialmente no plano econômico, porque a questão vai além da vontade do ato de participar, protestar, ou ser incluído em uma instituição participativa, como ativista ou beneficiário de algum programa ou projeto social. O cerne da questão das desigualdades incide em questões estruturais, diretamente no plano econômico – a forma de apropriação/distribuição da renda gerada na sociedade – e no plano político, do poder – a vontade efetiva de governar priorizando as necessidades básicas, e não os interesses de poucos. A abordagem marxista e/ou neomarxista, do ativismo de classes, foca questões estruturais, macroeconômicas, mas pouco dialoga com outras abordagens que focam questões culturais. Terry Eagleaton (2005) faz uma boa síntese sobre as tendências das abordagens teóricas no início do século XXI que pode nos ajudar a refletir e talvez compreender alguns dos dilemas conceptuais para analisarmos o que se passa na sociedade e na política na atualidade. Resumindo suas ideias, ele conclui que a contracultura dos anos de 1960 e de 1970 transformou-se no pós-moderno dos anos de 1980-1990. A busca de construção da identidade: pessoal, coletiva, grupal etc. passou a ser preocupação de teóricos e formuladores de políticas públicas, cunhando a expressão "políticas de identidade". No passado já publicamos a respeito afirmando que a identidade política demandada por movimentos sociais foi apropriada por agentes estatais e transformada em política de identidade (GOHN, 2005). De um lado, uma conquista; de outro, perdas porque as identidades passaram a ser outorgadas, de cima para baixo, dividindo grupos culturais, sociais etc. Muitos passaram a competir entre si para ter acesso a verbas e apoios oficiais. A solidariedade foi esgarçada. Eagleaton também assinala que as críticas ao marxismo levaram à rejeição das análises estruturais, à ideia de universalidade, totalidade, de sujeito na história, e segundo ele a própria ideia de política foi sendo abolida; as grandes narrativas foram eliminadas nas abordagens de Foucault, Baudrillard, Jean-François Lyotard e outros. São observações relevantes porque, ao observarmos a produção sobre temas sociais, como o da participação, de fato, a ideia de um único sujeito demiurgo da história, salvador, foi questionada e abolida por muitos, e passou-se a focar nos atores. Mas a política não foi abolida enquanto prática, foi combatida enquanto representação, pois construíram-se narrativas que confundiam política com políticos, maus políticos ou malfeitos na política. Eagleton também assinala que a utopia também foi negada. As análises do contexto histórico foram sendo marginalizadas. O pragmatismo reinante nas novas abordagens não dá espaço para o resgate de processos sócio-históricos importantes e, as relações sociais são reduzidas a relacionamentos sociais e culturais. Com isso fica difícil apreender e analisar transformações sociais no cenário neoliberal atual, transformações essas que têm levado, cada vez mais, às mudanças nas condições do trabalho, à perda de direitos sociais conquistados, à erosão da capacidade de resolução dos conflitos sociais pelo Estado, e ao questionamento da política partidário-representativa. Exceto em relação às utopias – que acho que não morreram, e o Movimento Passe Livre do MPL, a ser tratado adiante, está aí para nos demonstrar, eu concordo com o restante das observações de Eagleaton. Discordamos apenas quando ele afirma "que a idade de ouro da teoria cultural há muito já passou". O que observamos ao sistematizarmos as diferentes abordagens teóricas, neste capítulo, nas duas primeiras décadas do presente século, é a ampliação da cultura como instrumento de luta e resistência na vida pública, via as novas mídias sociais. E o caráter dessas lutas é dado por diferentes tendências ideológicas, de progressistas a reacionários, conservadores, liberais, esquerda e direita. São lutas culturais para influenciar e capturar a opinião pública e desenvolver novas culturas política. Nos anos de 1960, a pauta era a dos direitos civis, revoltas estudantis, das campanhas antiguerra e antinuclear, pela paz, movimento das mulheres, da liberação sexual etc. Estas pautas não desapareceram, ampliaram-se e incorporaram demandas que extrapolam grupos específicos organizados e abrangem toda a sociedade, como no caso das demandas das mulheres.

O que se conclui até aqui é: na realidade há uma disputa de poder entre as diferentes narrativas advindas das abordagens. Esta conclusão nos remete também à responsabilidade dos acadêmicos de produzir abordagens que focalizem o tema das desigualdades sociais no plano econômico articuladas às abordagens culturais identitárias.; que estabeleçam diálogos transversais e conexões explicativas, e não sejam tão autocentrados, comtemplando apenas a realidade segundo seus pontos de vista.

No Brasil falta também articular as teorias às especificidades locais. Pela bibliografia apresentada pode-se observar que a maioria das abordagens foi desenvolvida em outros países, em outros contextos. Mesmo a decolonial, que surgiu na análise de problemas da colonização na África (SPIVAK, 2008), foi desenvolvida em alguns países da América Latina tendo como sujeitos protagonistas básicos os povos indígenas. Sem dúvida, no conjunto da América Latina, a opressão aos povos indígenas é o maior destaque, não só na história colonial, mas até hoje, entretanto, na história do Brasil, embora os povos originários também fossem de nações indígenas, a escravidão dos povos africanos foi muito forte e deixou marcas profundas. As políticas de inclusão dos negros via cotas raciais, resgate de direitos culturais, combate ao racismo, reconhecimento de identidades originárias etc. têm proporcionado avanços históricos, mas elas, leis e decretos, por si sós, não resolvem completamente as desigualdades sociais. Para um país com população de maioria negra, esta especificidade não pode ser ignorada ou subvalorizada, ela deve ter um papel de maior relevância nas teorias decoloniais. Por isso este livro tem como uma das premissas básicas a análise dos contextos e o desenrolar dos acontecimentos nos mesmos.

Resta-nos a esperança da amplificação da atuação das mulheres para todos os cidadãos, independente do gênero, especialmente quando estimulam a participação em coletivos culturais, movimentos etc. Elas têm conseguido estabelecer diálogos e inter-relações entre várias formas de manifestação das desigualdades, quer seja de gênero, raça, etnia, geracional, nacionalidade, religião etc., a exemplo da proliferação de coletivos de mulheres negras em regiões periféricas de São Paulo. Castells (2018) também nos dá uma esperança ao afirmar: "a experiência histórica mostra que do fundo da opressão e do desespero surgem, sempre, movimentos sociais de diferentes formas que mudam as mentes e, através delas, as instituições". Oxalá este capítulo, que buscou em vários teóricos clássicos e contemporâneos a análise sobre o tema da participação, e as várias abordagens sobre o engajamento das pessoas nos processos participativos, possa gerar algumas ideias para novas agendas sobre como tratar as desigualdades socioeconômicas juntamente com o respeito às diferenças socioculturais.

2
PARTICIPAÇÃO E DEMOCRACIA NO BRASIL: FORMAS HISTÓRICAS NAS ÚLTIMAS CINCO DÉCADAS

O entendimento dos processos de participação, tanto na sociedade civil como nas políticas públicas nos conduz ao entendimento do processo de democratização da sociedade; o resgate dos processos de participação leva-nos às lutas sociais que têm sido travadas pela sociedade para ter acesso aos diretos sociais e à cidadania. Neste sentido, a participação é, também, luta por melhores condições de vida e aos benefícios da civilização.

Este capítulo objetiva apresentar o cenário participativo no Brasil da década de 1960 a 2010 e está subdividido em quatro ciclos de protestos políticos, movimentos e lutas sociais brasileiras, e as formas de participação da sociedade civil. Importante destacar que utilizamos a categoria "ciclo de protesto político" como um período possível de ser datado onde se observam novos repertórios das formas de ação coletiva, com novas formas, práticas e *performances* de contestação; produzem narrativas com símbolos e significados novos à questão em tela. As práticas e os discursos de um ciclo criam enquadramentos de significados (*frames*), apoiados em conjuntos de valores, visões de mundo e ideologias específicas (cf. TILLY & TARROW). Enfatiza-se na análise dos ciclos tanto a participação dos cidadãos(ãs) na sociedade civil (em movimentos, protestos, coletivos, organizações etc.) como a participação das pessoas em IPs (Instituições Participativas), abordando, portanto, a questão da participação também no plano institucional, pois a mesma se tornou relevante a partir da Constituição de 1988. O capítulo destaca também as várias formas e denominações que surgem no histórico de participação (comunitária, popular, institucional, cidadã, cívica etc.) citadas no capítulo 1. Destaca-se no período em análise os avanços e recuos, para dar elementos explicativos para a discussão sobre o pós-junho de 2013, período a ser tratado no capítulo 3, quando será abordado o 5º ciclo de protestos e participação.

1º ciclo (anos de 1960): da explosão do povo nas ruas à resistência à repressão

Este 1º ciclo será tratado brevemente aqui somente com alguns apontamentos, porque será dedicado um capítulo específico aos anos de 1960, ao final deste livro, ao abordar os protestos de 1968. Sabe-se que a década de 1960 tem três momentos distintos no Brasil. Primeiro, a intensa participação de estudantes, trabalhadores e outros grupos sociais, em greves e manifestações que antecederam o golpe militar de 1964; segundo, após o golpe, setores específicos da sociedade civil participaram de lutas de resistência como as greves em Osasco e Contagem, o movimento estudantil em 1968, a resistência cultural nas artes, a atuação focal de inúmeros grupos clandestinos de esquerda etc. (cf. WEFFORT, 1972; ALVES, 1984; RIDENTI, 2000; GASPARI, 2002; REIS FILHO, 2014; SANDER, 2018 e outros). O terceiro momento será a partir de dezembro de 1968, com o AI5 e a repressão a todas as formas de participação.

Deve-se registrar que, ao longo da década de 1960, houve a inscrição da participação da população em políticas públicas, como *participação comunitária*, de cunho reformista e integrador, estimulada por programas oficiais, tanto antes como depois de 1964. Essa forma de participação da população civil, especialmente entre os grupos populares, na vida pública, inseria-se em propostas de ajuda econômica e social do governo norte-americano para a América Latina, efetuada entre os anos de 1961 e 1970, na chamada Aliança para o Progresso. Como aponta Victor Vincent Valla, o programa reformista previa formas de participação voltadas para incluir populações no processo de industrialização e urbanização de países capitalistas periféricos e dependentes, de modo a ampliar o mercado consumidor, aumentar a coesão social e atalhar, preventivamente, soluções revolucionárias como a tomada do poder pelos trabalhadores em Cuba, no ano de 1959, e a instauração do socialismo em 1961 (VALLA, 1986). Durante esse período são cunhadas e encaminhadas, sob a influência de órgãos de cooperação internacional, especialmente missões norte-americanas, diversas modalidades de participação, como "modernização", "integração de grupos marginalizados", "mutirão" e "desenvolvimento comunitário". Durante a ditadura militar no Brasil (1964-1984), foi criada pelo Exército a estratégia das Ações Cívico-Sociais, de atendimento às carências das populações "marginalizadas" do desenvolvimento econômico. O termo corrente era participação cívica, objeto também de uma disciplina obrigatória no *curriculum* escolar, a Educação Moral e Cívica.

2º ciclo da participação (lutas e movimentos na década de 1970): a organização pelas bases

No Brasil, a partir da década de 1970, inicia-se um novo ciclo de lutas sociais, de resistência ao regime militar, numa conjuntura de forte controle social, vigência do Ato Institucional n. 5, prisão e perseguição a todos que se opunham ao regime político a partir de 1964. Essa resistência se intensifica a partir da segunda metade da década de 1970 buscando brechas para a restauração da democracia. Movimentos pela Anistia a exilados e presos políticos, movimentos advindos das Comunidades Eclesiais de Base, movimentos do novo sindicalismo do ABCD paulista e outras regiões, movimentos populares de mulheres em bairros da periferia por creches, ou de moradores por transportes coletivos, ou por postos de saúde, tudo isso criou o contexto de um novo ciclo de lutas na sociedade brasileira.

No 2º ciclo emerge outra categoria de participação, completamente oposta da que foi estimulada por políticas públicas na década de 1960, no campo do associativismo civil, que foi a *participação popular*, em bairros e regiões da periferia das grandes cidades, em busca de condições mínimas de sobrevivência no meio urbano, de luta por direitos sociais básicos, em uma conjuntura política totalmente desfavorável.

Os grupos inseridos nessa forma se aliam a outros grupos, de intelectuais e de oposição política ao regime militar, para lutarem pela redemocratização do país. Essa forma é fundamentalmente distinta da forma anterior, a participação comunitária estimulada, por não estar mais vinculada ao processo de integração marginal ao desenvolvimento capitalista e sim à reivindicação de direitos sociais básicos, que resultaram, após 1984, no processo constituinte que levou, após 1988, a reformulação do Estado e formulação e implementação de políticas públicas (cf. VALLA & STOTZ, 1989; SADER, 1988; VALLA, 1993; DOIMO, 1984, 1995 e outros).

É importante registrar também que o associativismo civil emergente na década de 1970, encontrado em novas associações comunitárias de bairros, comunidades eclesiais de base, grupos de oposição sindical etc. já continha diferentes formas e visões de mundo do processo de mudança e transformação social. Dentre essas visões já existia o grupo dos "autonomistas", que ressurge com outras bases a partir da década de 2010. O trecho de E. Sader, na *Revista Desvios*, ilustra essa presença na cena brasileira ao final dos anos de 1970 e ao longo dos de 1980:

> [...] a autonomia popular é nosso objetivo e também nosso meio. Nós lutamos por uma transformação social pela qual a população se assenhore dos seus meios de vida. Mas para que isso se dê é preciso que se constitua uma vontade coletiva nesse sentido. Nós queremos contribuir para isso. Queremos hoje tomar as experiências dos conselhos populares, as iniciativas de base para participar de fato na administração pública, as práticas fabris que buscam alterar as relações de trabalho, e queremos torná-las conhecidas, estimular seu

> desenvolvimento, discutir suas dificuldades, procurar os meios para superá-las, ver a forma como podem se inserir na conjuntura política geral (SADER. *Desvios*, n. 2, 1983: 11-12).

A democracia direta e participativa, exercitada de forma autônoma, nos locais de moradia, trabalho, estudo etc. era tida como o modelo ideal para a construção de uma contra-hegemonia ao poder dominante. Participar das práticas de organização da sociedade civil significava um ato de desobediência civil e de resistência ao regime político predominante.

Neste período, como bem analisou Sader (1988), novos atores entraram em cena destacando-se os movimentos sociais populares urbanos reivindicatórios de bens e serviços públicos e por terra e moradia, assim como parcelas dos então chamados novos movimentos sociais, em luta pelo reconhecimento de direitos sociais e culturais modernos: raça, gênero, sexo, qualidade de vida, meio ambiente, segurança, direitos humanos etc. O polo de identificação destes diferentes atores sociais era a reivindicação de condições econômicas de sobrevivência, igualitárias, assim como mais liberdade e justiça social. O campo dos novos atores ampliou o leque dos sujeitos históricos em luta, pois não se tratava mais de lutas concentradas nos sindicatos ou nos partidos políticos. Houve, portanto, ampliação e pluralização dos grupos organizados que redundaram na criação de movimentos, associações, instituições e ONGs.

No Brasil, dada a especificidade do regime militar e as gritantes condições de sobrevivência das camadas populares, os primeiros estudos sobre os movimentos populares nos anos de 1970 foram analisados mais sob a ótica estrutural/marxista, apoiando-se em M. Castells e outros, resgatados ou desenvolvidos a partir de leituras de Gramsci. Castells foi o autor referencial para um grande número de pesquisadores brasileiros, dentre os quais eu me incluo, que se dedicavam à pesquisa dos movimentos populares urbanos, dado seus estudos sobre a questão urbana e suas contradições. Carlos N. Coutinho afirma que nos anos de 1970 o termo sociedade civil tornou-se sinônimo de algo bom e positivo e contrapunha-se ao Estado, este era identificado como sinônimo de poder militar. Portanto, sociedade civil era o contrário de militar. Coutinho afirma: "esse deslizamento conceitual – muitas vezes apresentado como a verdadeira teoria gramsciana – não provocou, no momento da transição, maiores estragos, embora tenha contribuído para obscurecer o caráter contraditório das forças sociais que formavam a sociedade civil brasileira" (COUTINHO, apud SEMERARO, 1999: 10).

Os dois ciclos, da década de 1970 e início da de 1980, têm em comum a visão da luta por direitos básicos, com eixo focado na questão da igualdade ou recuperação dos direitos sequestrados, pela via do fortalecimento da sociedade civil; pela via da construção/reconstrução da cidadania, recuperando a democracia. Por isso a luta pelas Diretas Já foi tão importante e simbólica. Os movimentos sociais, com suas inúmeras frentes e demandas, eram também movimentos de lutas civis.

O paradigma de orientação das práticas vigente nos trabalhos diretos com a população, nos movimentos populares, especialmente nas periferias das grandes cidades, nos anos de 1970 e de 1980 estruturava-se segundo os fundamentos da Educação Popular freiriana quais sejam:

> a valorização da cultura popular, a centralidade atribuída ao diálogo, à ética e à democracia no processo de construção de relações sociais mais

justas; a necessidade de ter como referência constante, ao longo de qualquer processo pedagógico ou de mudança social, a realidade da vida dos educandos e a forma como eles encaram esta realidade – a relação entre conhecimento e politização, entre educação e movimentos sociais; o estímulo à participação dos educandos em todas as fases do processo educativo; a atenção ao pequeno, ao miúdo, ao cotidiano; a tentativa de fazer com que o ensino seja também pesquisa, uma investigação curiosa sobre a realidade (*Tempo e Presença*, n. 272, 1993. Cedi).

A literatura brasileira que tratou do tema da participação nos movimentos sociais populares na década de 1970 e primeiros anos da de 1980 é considerada por alguns pesquisadores como uma primeira fase ou onda. A participação era uma forma de resistência popular ao Estado autoritário e ao capitalismo. Esses movimentos – associados pela literatura às classes populares – eram encarados como os principais protagonistas nos processos de democratização. A partir de meados dos anos de 1980, as análises se deslocaram para retratos mais detalhados das relações entre estilos de vida, autonomia, espaço social e movimentos sociais. Também nessa época, a teoria dos novos movimentos sociais despontava e se fazia sentir como fonte de inspiração. A sociabilidade urbana e suas modificações nos estilos de vida apareceram como fatores explicativos fundamentais para a compreensão das experiências políticas. De certo modo, essa primeira etapa da literatura se esforçou para entender a complexa dinâmica que conecta o espaço público, o Estado e as mobilizações (GOHN, 1990; JACOBI, 1987; NUNES & JACOBI, 1980, apud SOUZA, 2017: 131).

Outro ponto a destacar na literatura brasileira no início deste período era um tom um tanto quanto normativo, dada a análise que privilegiava as estruturas e buscava os efeitos destas no impulsionamento dos atores sociais. Mas havia também o engajamento de muitos pesquisadores com os movimentos populares, e isso fez com que a própria vivência das experiências levasse a focalizar cada vez mais a ação coletiva dos atores, que buscavam justamente mudar as estruturas e não apenas reagindo a suas determinações.

O 3º ciclo da participação na década de 1980: Diretas Já e o processo constituinte

O terceiro ciclo de movimentos no Brasil, tanto do ponto de vista das práticas efetivas como da produção acadêmica, ocorre a partir de 1980 no período de transição para a democracia, com as alterações na conjuntura política e o retorno de eleições para governos estaduais.

Nos primeiros anos da década de 1980 no Brasil o grande destaque no campo da participação na sociedade civil foi o crescimento dos movimentos populares urbanos, via as chamadas organizações de base – de perfil variado que incluía também as CEBs (Comunidades Eclesiais de Base), da Igreja Católica –, e o avanço na organização no mundo do trabalho, com a criação de centrais sindicais. Entretanto, os movimentos sociais culturalistas/identitários, mulheres, negros, LGBT (que ainda não se apresentavam com esta sigla), e outros, já estavam atuantes e tinham, muitas vezes, vozes mais altas na mídia tradicional que os populares (noticiados em mídias próprias, como o jornal *O São Paulo*, ligado à Cúria Metropolitana de São Paulo), ou mídias alternativas (jornais *Movimento*, *Opinião* etc.). Alguns movimentos identitários, como o das mulheres, passaram a ter prioridade em algumas agências de apoio à pesquisa, como a Fundação Ford. A ANPOCs concentrava em grupo de trabalho específico, os principais pesquisadores brasileiros sobre o tema dos movimentos sociais na época (literatura esta que está ainda a merecer uma avaliação). Resulta dessa conjuntura o surgimento de inúmeros movimentos de gênero, de afrodescendentes, centrais de sindicatos e movimentos sociais, a exemplo da construção da Anampos (Associação Nacional Movimentos Populares), Conam (Central Nacional de Movimentos Populares), CUT (Central Única dos Trabalhadores); movimentos no campo com a criação oficial do MST (Movimento dos Trabalhadores Sem Terra), a luta pelas "Diretas Já" em 1984, a fase da Constituinte de 1985-1988 etc.

No cenário brasileiro articulavam-se lutas específicas – de bairros, localizadas, e lutas nacionais que clamavam pelo fim do regime militar e a volta das eleições para presidente. O movimento Diretas Já é o ponto culminante desta fase. Faremos uma longa citação de texto de Maria do Carmo Albuquerque por considerarmos que ele bem resume o período que queremos destacar: 1984-1988:

> O movimento pelas Diretas Já (1984) deve ser considerado outro importante marco para a contextualização da participação na sociedade brasileira. Mesmo com a derrota da emenda que asseguraria eleições diretas para presidente ainda em 1984, o que só viria a acontecer em 1989, a mobilização para discutir os rumos do país foi emblemática na luta pela construção da cidadania brasileira. A atuação dos movimentos sociais em relação à democracia sofreu uma importante mudança neste

contexto, já que a institucionalidade democrática passou a ocupar as suas pautas de discussão. A participação popular também se fez presente durante a convocação para a nova Constituinte, em novembro de 1986. Inúmeros fóruns de debate foram consolidados, das mais diversas áreas, com o objetivo específico de legitimar institucionalmente a participação popular. O movimento "Participação Popular na Constituinte" conseguiu legalizar a aprovação das emendas populares e, entre elas, as emendas Criança Constituinte e Criança Prioridade Nacional, que foram a redação inicial dos art. 225 e 227 da Constituição Federal de 1988. Este movimento também deu lugar "a uma grande diversidade de arranjos entre os movimentos populares de luta por moradia [...] [aos quais] agregaram-se ONGs, representantes de setores profissionais e universitários e técnicos do poder público comprometidos com a democratização do planejamento e da gestão, em uma ampla coalizão, denominada Movimento Nacional pela Reforma Urbana, que originou uma rede chamada Fórum Nacional pela Reforma Urbana". [Sintetizando, pode-se dizer que, no processo constituinte houve.] Um vigoroso movimento de participação popular na Assembleia Constituinte que propiciou o surgimento de uma nova sociedade civil democrática, articulando movimentos populares e associações profissionais que contribuíram para a sistematização das reivindicações populares. Reivindicações convertem-se assim em propostas de políticas públicas que visaram garantir, através do novo ordenamento constitucional, a universalização de direitos que jamais houvera na sociedade brasileira. Desta forma foram elaboradas "emendas populares" à Constituinte, articulando forças sociais que coletaram

> centenas de milhares de assinaturas em torno de propostas de políticas públicas como a liberdade sindical, a reforma agrária, a reforma urbana, a criação de um sistema único de saúde, a criação de políticas públicas de Assistência Social e de atenção à criança e ao adolescente. A natureza participativa deste processo de elaboração de políticas públicas, bem como a necessidade de enfrentar a tradicional impermeabilidade, autoritarismo e centralismo do Estado brasileiro, marcaram as propostas elaboradas com exigências de descentralização e de criação de instrumentos de participação e controle social sobre estas políticas, nos âmbitos federal, estadual e municipal (ALBUQUERQUE, 2006: 11-12).

O 3º ciclo trouxe, inicialmente, um outro eixo paradigmático de apoio às abordagens teóricas sobre a participação social e os movimentos sociais – o eixo culturalista identitário, abordado no capítulo 1. Ele pode ser observado nos estudos sobre os novos movimentos sociais, focados no eixo das identidades, com a utilização de abordagens desenvolvidas por Alberto Melucci (1976, 1980), Alain Touraine (1965, 1970, 1973, 1977, 1978, 1984), Claus Offe (1983, 1985, 1988), Habermas (1981) e outros, já destacados. A abordagem das identidades (atribuídas ou adquiridas) destaca aspectos da cultura advindos de diferentes tipos de pertencimentos tais como: a um dado território, grupo étnico, religião, faixa etária, comunidade ou grupo de interesses etc. Os vínculos criados e as ações desenvolvidas são frutos de processos de reflexividade – os sujeitos participantes constroem sentidos e significados para suas ações a partir do próprio agir coletivo. A ação dos sujeitos é relevante. No Brasil a influência maior desta corrente nos estudos sobre os movimentos foi, inicialmente, a obra de A.

Touraine e, posteriormente, os textos de A. Melucci. Nos anos de 1990, destacam-se Arato e Coehn (1992), com as discussões sobre a sociedade civil, a partir de J. Habermas (1981). Em *Teoria da ação comunicativa* (1985), Habermas identifica os novos movimentos sociais com a resistência defensiva aos processos de extensão da racionalidade técnica dentro de todas as esferas da vida social; e diz ainda que, ao mesmo tempo, eles demandam alto nível de justificativo racional na esfera moral e cultural. Para Habermas, os novos problemas sociais têm a ver com qualidade de vida, igualdade de direitos, autorrealização individual, participação e direitos humanos. Contrastando com a velha política dos trabalhadores, a nova política dos novos movimentos sociais advém basicamente da nova classe média, da geração dos jovens, e dos grupos sociais com mais alto grau educacional. Os novos movimentos estão localizados na esfera sociocultural e a ênfase de suas atividades é sobre temas como: motivações, moralidade e legitimação. Estas análises, feitas no cenário europeu dos anos de 1960 a 1980, contrastam com o cenário brasileiro de movimentos predominantemente populares, especialmente urbanos, nos anos de 1970-1980. Na década de 1980 os movimentos populares rurais retornam à cena política, em luta contra o "cativeiro da terra" (cf. MARTINS, 1986). Talvez isso explique porque Habermas foi "redescoberto", ou teve uma aplicação maior nos estudos sobre os movimentos sociais, no Brasil, só na década de 1990, quando aqui, na realidade brasileira, já predominavam os "novos movimentos sociais" (gênero, afrodescendentes, ambientalistas etc.), os quais de fato emergiam ou eram liderados basicamente por representantes pertencentes às camadas médias da população, e não como nos anos de

1970 e de 1980, quando eram os movimentos populares os atores principais em cena na sociedade civil.

Entretanto não podemos nos esquecer de que a renovação no cenário da participação social da sociedade civil nos anos de 1970 e 1980 não ocorreu apenas no campo popular. Se este campo surgiu e se expandiu contrapondo-se a exclusividade que era dada ao sujeito trabalhador, advindo do campo da produção, como o sujeito "por excelência" com potencial para realizar mudanças históricas, movimentos sociais não populares, advindos de outras camadas sociais, especialmente as camadas médias, deram origem a movimentos e organizações das mulheres, dos ambientalistas, pela paz, dos homossexuais etc. Eles também já tinham iniciado uma trilha de lutas independente do mundo do trabalho e se firmando como agentes de construção de identidades e força social organizada. Eles se contrapunham às visões totalizantes, macrossociais, que só destacavam os sujeitos sociais como forças de reprodução do capital, focalizando-se as leituras da realidade em termos da esquerda, da luta de classes. Importante registrar também que o encontro entre o tema da justiça social – presente nos movimentos da esquerda, com os movimentos de defesa das diferenças culturais, ou dos direitos de forma mais ampla, que os novos movimentos demandavam, só vai ocorrer depois da saída dos militares do poder, já na "era da globalização". Esse encontro de focos ou ênfases foi assinalado por Della Porta (2006), na Europa, já na década de 1970.

Portanto, a chegada dos novos movimentos identitários ao final da década de 1970 e ao longo dos anos de 1980 ajudaram a construir novos significados à política, localizando-a no cotidiano, retirando sua exclusividade no campo do mundo do trabalho assim como, sua representação institucional, do poder enquanto instância centralizada no Estado. Foucault, Castoriadis, Deleuze, Guatari, e muitos outros, com recortes diferentes, ajudaram a fundamentar teoricamente a novidade daquelas ações, denominadas como "novos movimentos sociais". Posteriormente, já no século XXI, estes movimentos serão nominados como de defesa de diferenças culturais, ou de políticas de identidade cultural. O termo "ator social" entrou para o vocabulário das ciências sociais, esvanecendo – num primeiro momento, o termo "sujeito social". Quando muito se falava em "novos sujeitos históricos".

4º ciclo de movimentos no Brasil: nova fase da participação institucionalizada ou cidadã pós-1988

O 4º ciclo participativo ocorre após a aprovação da nova Constituição, em 1988, quando o foco de muitas investigações se desloca do movimento dos atores da sociedade civil para a atuação de múltiplos atores nas políticas públicas, e para a construção de novos canais de *participação institucionalizada*, previstos na nova Constituição. A conjuntura política brasileira oferece-nos, portanto, elementos para entendermos a adesão dos pesquisadores às teorias institucionalistas, pois, até então, os movimentos mais representativos estavam organizados no seio da própria sociedade civil.

Marcos Nobre, em 2004, indicava a importância de se examinar os movimentos sociais dos anos de 1970 e 1980 pelos resultados institucionais que alcançaram. Diz ele:

> o aparelho estatal se abriu para suas agendas e reivindicações, ao mesmo tempo que essas conquistas sociais e políticas se viram filtradas e dirigidas em boa medida pelos limites de nego-

> ciação impostos pela lógica estatal. Dito de outra maneira, a conquista de novos espaços de participação e de deliberação teve, como contrapartida, antes de mais nada, a "tradução" das reivindicações em formas concretas de institucionalização. Com isso, torna-se possível mais uma vez explicar a ligação intrínseca entre movimentos sociais e o surgimento de novos tipos de direitos [...] entre os quais os chamados "direitos culturais", parecem apontar para um novo modelo de cidadania (NOBRE, 2004: 29).

De fato, com a saída dos militares do poder, a partir de 1985, começa a se alterar o significado antes atribuído à sociedade civil. Com a progressiva abertura de canais de participação e de representação política, a partir das pressões populares, promovido pelos novos governantes, os movimentos sociais (especialmente os populares) perderam paulatinamente a centralidade que tinham nos discursos sobre a participação da sociedade civil. Passa a haver uma fragmentação do que denominou-se como "sujeito social histórico", centrado nos setores populares, fruto de uma aliança movimento sindical + movimento popular de bairro (trabalhadores e moradores), até então tidos como relevantes para o processo de mudança e transformação social. Surge uma pluralidade de novos atores, decorrentes de novas formas de associativismos que emergem na cena política, já assinalado no 3º ciclo. A autonomia da sociedade civil deixa de ser um eixo estruturante fundamental para a construção de uma sociedade democrática porque com a saída dos militares e o retorno dos processos eleitorais democráticos, a sociedade política, traduzida por parcelas do poder institucionalizado no Estado e seus aparelhos, passa a ser objeto de desejo das forças políticas organizadas. Novos e antigos atores sociais fixarão suas metas de lutas e conquistas na sociedade política, especialmente nas políticas públicas (cf. mais em GOHN, 2005: 30-35). Os novos atores que emergiram na cena política necessitavam de espaços – instituições próprias, para participarem de novos pactos políticos que redirecionassem o modelo político vigente. A sociedade civil organizada, que teve um papel central na mudança do regime político, passa a ter seu papel reequacionado porque, do ponto de vista da construção dos direitos, o 4º ciclo vai além da demanda, luta-se pela implementação do direito conquistado, direitos estes que estiveram nas demandas de 1968. Betinho alertava: "a sociedade civil tem um papel central, o poder está na sociedade civil, não no Estado. O Estado é instrumento".

No 4º ciclo um novo eixo paradigmático de suporte teórico às pesquisas sobre os movimentos e ações coletivas cresce e se fortalece pós-1988: o das abordagens das teorias "institucionalistas", ou teoria da mobilização política, já abordado no capítulo 1. É interessante destacar que estas teorias não tinham muita divulgação ou adeptos no Brasil até então, com raras exceções tais como Renato Boschi (1983), C.N. Santos (1981) etc. Sonia Alvarez, em artigo publicado no exterior sobre o Brasil, em 1992, também fez esta observação.

Dada a importância da Constituição para a configuração do 4º ciclo, ela será tratada nos próximos tópicos, assim como seus impactos na década de 1990, alongando a análise deste ciclo em relação aos anteriores.

A participação na Constituição de 1988

Como ponto de partida compartilho da avaliação de alguns analistas que julgam a Constituição Brasileira de 1988 avançada por causa da parte que cuida dos direitos e garantias individuais, bem como dos direitos sociais, enfocado neste livro. A Carta de 1988 introduziu inovação já nos seus Princípios Fundamentais ao dizer que "todo poder emana do povo". Ela introduziu o referendo, o plebiscito e a iniciativa popular. O referendo e o plebiscito foram usados raríssimas vezes em 30 anos (1988-2018), a exemplo de, em 1993, quando a população manteve o presidencialismo como sistema de governo; e em 2005 um referendo rejeitou a proibição de comercialização de armas de fogo, prevista no Estatuto do Desarmamento. Ocorreram alguns plebiscitos locais sobre a criação de estados e municípios. O art. 14 da Constituição prevê projetos de lei de iniciativa popular. Em 1999 foi aprovada pelo Congresso Nacional a primeira lei resultante de iniciativa popular, a Lei 9.840, que ficou conhecida como Lei Anticorrupção. Em 2005 outra lei de iniciativa popular foi aprovada: a Lei 11.124, que instituiu o Sistema e o Fundo Nacional de Habitação de Interesse Social. Em 2010 teve-se aprovada a Lei da Ficha Limpa, resultado de iniciativa popular liderada pelo MCCE – Movimento de Combate à Corrupção Eleitoral que coletou 1,6 milhão de assinaturas no país. Em fevereiro de 2012, o Supremo Tribunal Federal (STF) considerou essa lei válida para as eleições subsequentes ao ano de 2010.

Há várias dificuldades e empecilhos para que a participação pela via da proposição de leis pela iniciativa popular ocorra de fato. Um projeto para ser acolhido tem de contar com pelo menos 1% do eleitorado, o que significava 1,4 milhão de pessoas em 2013. Há propostas em discussão para na atualidade diminuir para 0,5% do eleitorado, assim como a necessidade de mecanismos eficazes para a validação das assinaturas. Em síntese, em quase 30 anos, somente poucos projetos foram aprovados.

Há consenso entre os analistas que a conquista maior na Carta de 1988 foi a consagração das liberdades democráticas: de opinião, de manifestação e de organização. Não teríamos tido o povo nas ruas, em junho de 2013, sem a nova Carta. Ela também deu garantias individuais referente à criminalização do racismo, abolição e banimento da pena de morte, livre-exercício religioso, repúdio à tortura e tratamentos desumanos e degradantes. Os dispositivos da Ordem Social (art. 194, 204) possibilitou a organização de sistemas nacionais de gestão participativa das políticas sociais. Por meio da aprovação posterior de leis federais específicas de cada área (Lei Orgânica da Saúde, Estatuto da Criança e do Adolescente, Lei Orgânica da Assistência Social, Estatuto da Cidade etc.), criaram-se espaços de negociação e cogestão destas políticas, tais como o SUS (Sistema Único de Saúde – com participação da comunidade na gestão democrática), o Suas (Sistema Único de Assistência Social), o FAT (Fundo de Apoio ao Trabalhador), a punição sobre o racismo, direito das minorias (2007), Lei da Imprensa (2009), Lei da Anistia (2010), cotas raciais, Ficha Limpa (2010), Lei Maria da Penha (2012), Lei de Acesso à Informação (2012), Lei sobre a União Homoafetiva (2011) etc. A sociedade civil organizada desempenhou papel fundamental para a constituição e aprovação de todas estas leis. Portanto, não restam dúvidas – a Constituição de 1988 restaurou a democracia e a ampliou.

Sabe-se também que a Carta Magna foi muito abrangente, abriu inúmeras frentes, deixou lacunas e foi posteriormente sendo "emendada". Em 2008, por ocasião da comemoração dos 20 anos de sua promulgação, ela tinha tido 62 emendas e havia outras 1.600 propostas de alterações no Congresso. A imprensa noticiou, naquele ano, a digitalização e publicação pelo Senado dos 71,7 mil formulários que chegaram ao Congresso na época da Constituinte. Entretanto, deve-se observar que, grande parte das demandas da sociedade não tinha se concretizado em 2008 (cf. "Sugestões à Constituição se mantêm atuais após 20 anos". In: *Folha de S. Paulo*, 07/10/2008: A4), e nem cinco anos depois, em outubro de 2013, quando da comemoração de 25 anos da nova Carta. Dentre estas demandas citam-se: reforma agrária, combate à corrupção, saúde, educação de qualidade, questão salarial dos políticos etc.

Em 2013, o número de emendas foi para quase 80, sendo que 48% dos artigos foram alterados. 70% dos acréscimos ou remodelações que dizem respeito a acréscimos são dispositivos que tratam de políticas públicas sociais. Mas os princípios fundamentais sofreram poucas alterações. Observa-se ainda que, no aniversário dos 25 anos, quando se completou 1/4 de século, a forma de expressão e a colocação das demandas se alteraram: elas foram às ruas, nas manifestações de junho de 2013, no que diz respeito aos serviços sociais que o Estado deve prestar à população, especialmente a mobilidade urbana via os transportes, a educação pública (demandava-se de qualidade padrão Fifa) e a saúde pública (deveria ter prioridade e não ser sem subfinanciamento).

Em 2018, ao completar 30 anos, a Constituição foi alvo de 1.189 propostas de emenda constitucional (PECs), que tramitam na Câmara dos Deputados, e outras 2.210 propostas ficaram pelo caminho, não aprovadas. Segundo levantamento publicado em 23 de setembro de 2018, feito pelo jornal *O Estado de S. Paulo* junto ao site Lei de Acesso à Informação, as principais mudanças foram feitas nas políticas públicas (80,5%).

Faltam ainda inúmeras modificações para desburocratizar a máquina pública e seus processos. Os municípios têm sérias limitações para realizarem inovações em suas gestões – uso de mídias on line, por exemplo, que emperram porque a Constituição, ao mesmo tempo que "empoderou" os municípios como entes federativos, enfraqueceu-os e fortaleceu o poder central. Isso ocorre porque, se por um lado a Constituição de 1988 significou a possibilidade de fortalecimento de um pacto federativo, por outro também é verdade que as instituições, por conivência ou por incapacidade, não foram capazes de reequilibrar o centralismo da União. Segundo vários analistas, não se vê no poder central vontade política de criar um equilíbrio federativo efetivo, que reestabeleça a capacidade financeira dos 27 estados-membros e dos 5.507 municípios brasileiros, de maneira a criar um padrão mínimo de igualdade e qualidade na prestação de serviços (cf. análises de ABRUCIO & COSTA, 1999; COUTO, 1998; ARRETCHE, 2000).

Década de 1990: a participação social cidadã como princípio e modelo de gestão pública

Ao longo dos anos de 1990 o campo da sociedade civil ampliou-se na prática e nos discursos a seu respeito. O descentramento do sujeito e a emergência de uma pluralidade de atores conferiu a um outro conceito, o de cidadania, a mesma relevância que tinha o conceito de autonomia nos anos de 1980. A questão da cidadania já estava posta nos anos de 1980, tanto nas lutas pela redemocratização, que levaram ao movimento Diretas Já, à Constituinte e à nova Carta Constitucional de 1988, destacando a questão dos direitos civis e políticos, como nas lutas populares por melhorias na qualidade de vida urbana, onde a cidadania ganhou novo contorno como cidadania coletiva, e extrapola a demanda pelos direitos civis para incluir outros direitos como os direitos sociais básicos, elementares, de primeira geração, já equacionados desde a Revolução Francesa, contidos nas demandas por casa, abrigo e comida; como direitos sociais modernos, relativos a condições de trabalho, educação, saúde etc. A cidadania nos anos de 1990 foi incorporada nos discursos oficiais e ressignificada na direção próxima a ideia de participação civil, de exercício da civilidade, de responsabilidade social dos cidadãos como um todo, porque ela trata não apenas dos direitos, mas também de deveres, ela homogeneíza os atores. Estes deveres envolvem a responsabilização dos cidadãos em arenas públicas, via parcerias nas políticas sociais governamentais.

No novo cenário a sociedade civil se amplia para entrelaçar-se com a sociedade política colaborando para o novo caráter contraditório e fragmentado que o Estado passa a ter nos anos de 1990. Desenvolve-se o novo espaço público denominado público não estatal, onde irão situar-se conselhos, fóruns, redes e articulações entre a sociedade civil e representantes do poder público para a gestão de parcelas da coisa pública que dizem respeito ao atendimento das demandas sociais. Essas demandas passam a ser tratadas como parte da "questão social" do país. Com a mudança da conjuntura econômica, o desemprego tornará o ponto central da questão social, expressa em miséria e exclusão social. O modelo econômico então vigente, subordinado aos ditames do mercado globalizado, não priorizou uma agenda de crescimento da economia via expansão do emprego industrial (ao contrário, só reduziu o contingente de mão de obra empregada devido a informatização, reengenharias administrativas e a própria crise fiscal das empresas); o setor que cresceu foi o da economia informal, passível de arranjos, onde os custos e os direitos trabalhistas são descartados, e as organizações da sociedade civil – novas e antigas – são incorporadas como agentes de intermediação no atendimento das demandas sociais. A demanda básica dos setores populares passa a ser o emprego, e como não há trabalho – formal ou informal – para todos, criam-se programas de atendimento emergencial: cestas básicas, bolsas trabalho. Não dava mais para resolver o problema de sobrevivência dos pobres com "sacolões" ou "sopões", como nos anos de 1980, porque não se trata mais de complementar baixos rendimentos, mas de atender demandas de grandes contingentes dessa população que não têm mais emprego, que obtém ínfimos rendimentos em ocupações eventuais, no setor informal.

De uma forma quase generalizada ocorreu uma inversão na construção da agenda do ser cidadão. O atendimento das demandas sociais passa a ser ordenado segundo critérios da administração pública, a maioria elaborados em instâncias federais que priorizam os acordos internacionais de pagamento da dívida, ajustes fiscais acertados com o FMI etc. Ou seja, tratam-se de instâncias não acessíveis à participação da sociedade civil, seguindo princípios de restrições e contingenciamentos de verbas, negociações políticas entre os partidos da base aliada que compõem o governo etc.

Na nova conjuntura, do ponto de vista teórico, N. Bobbio foi, inicialmente, uma referência importante porque ele propõe um modelo de teoria democrática fundado na articulação de formas da democracia direta com formas da democracia representativa. Com o desenrolar dos anos de 1990, novos autores ou abordagens passaram a ser modelos teóricos referenciais, como Putnam (1996), para os defensores da sociedade civil enquanto capital social; ou Boaventura de Souza Santos (2002a, 2002b, 2003), Francisco de Oliveira (1999) e outros, no debate sobre a teoria e as formas da emancipação social, ou sobre a democracia representativa *versus* a deliberativa e a democracia participativa. Os projetos políticos referenciais desses autores são diferentes e o fator que demarca essa diferença é o sentido que atribuem à mudança e ao processo de transformação social. Boaventura alertava que um novo conteúdo democrático só será definido a partir de rupturas com o sistema político atual, com uma nova forma política do Estado, que realize uma refundação democrática da administração pública, assim como uma profunda democratização no terceiro setor de forma a conciliar cidadania e comunidade. Assim, chega-se ao final do século XX com vários analistas clamando sobre a importância da participação da sociedade civil não apenas para ocupar espaços antes dominados por representantes de interesses econômicos, encravados no Estado e seus aparelhos. A demanda da participação era para democratizar a gestão da coisa pública, para inverter as prioridades das administrações no sentido de políticas que atendam não apenas as questões emergenciais, a partir do espólio de recursos destinados às áreas sociais.

Aos poucos a participação dos cidadãos nas políticas públicas se transformou em modelo de gestão a partir dos anos de 1990. Uma nova categoria ganha hegemonia, a *participação social*, de todos, geral e não mais apenas a participação popular de povos da periferia. O "princípio participativo" implementado foi:

> apoiado por atores tão diversos quanto o Banco Mundial, a Ocde, a União Europeia, as Nações Unidas, muitas organizações não governamentais e integrantes do Fórum Social Mundial (ROJO, MILANI & ARTURI, 2004; MILANI & KERAGHEL, 2005). [...] Empiricamente e no plano local, os anos de 1990 corresponderam à institucionalização da consulta da população em geral, de associações, dos sindicatos, dos *experts* e de segmentos empresariais no processo de formulação de projetos de desenvolvimento e de políticas públicas. Como ressalta Draibe (2002) ao analisar o caso brasileiro, as políticas assistenciais e de combate à pobreza, por exemplo, conheceram, do ponto de vista de sua armação institucional, dois eixos importantes de mudanças: a descentralização do poder decisório e de recursos, bem como a ampliação e a institucionalização da participação. Na Europa e na América Latina, esse movimento vem tendo como consequências, *inter alia*, a legitimação da voz política e o desenvolvimento da *expertise* de muitos atores não governamentais (MILANI, 2006: 554-555).

Ainda segundo Milani, os modelos construídos tendem a

> incluir, por exemplo, estratégias de descentralização, a adoção de mecanismos de responsabilização dos gestores (*responsiveness* e *accountability*), a gestão pública por resultados, o incremento do controle social, além de dispositivos de participação social que visam chamar cidadãos e organizações cívicas para atuarem como atores políticos da gestão pública (MILANI, 2008: 553).

Cumpre lembrar também que o período pós-Constituição de 1988 foi marcado por reformas no Estado brasileiro, com privatizações significativas e uma política federal de contenção de gastos e priorização do ajuste fiscal. Ao lado dessas reformas aparece também a criação de agências reguladoras, trazendo um novo papel de regulação ao Estado. Com essas reformas ao longo da década de 1990 ocorreu também, no Brasil, um forte refluxo na implementação das políticas aprovadas na Constituição.

> Uma "contrarreforma" neoliberal passa então a frear a aprovação das leis que viriam a regulamentar as novas políticas constitucionais de direitos. Estabelece-se uma forte disputa entre os setores democráticos presentes na sociedade e em diversos governos subnacionais e os setores que defendem as novas reformas. Além da morosidade e do retrocesso na aprovação da legislação de garantia de direitos, o orçamento nacional é fortemente ajustado às novas exigências dos mecanismos internacionais que buscam equacionar o pagamento da dívida externa. Uma nova legislação (Lei de Responsabilidade Fiscal (LRF)) busca inserir os municípios nas políticas de ajuste, limitando as suas possibilidades de atender às novas demandas por direitos atribuídas aos municípios pelo processo de descentralização (MARANHÃO & TEIXEIRA. In: ALBUQUERQUE, 2006: 111).

Portanto, a passagem dos anos de 1980 para os anos de 1990 foi o momento em que diferentes forças políticas procuraram desenvolver propostas de um novo padrão de relação entre Estado e sociedade, cada uma delas afirmando como deveria ser a construção democrática no Brasil. A participação adquiriu sentidos diversos, de um lado trata-se de uma força que interpela o Estado na aposta da democratização das políticas públicas, de outro não passa de um instrumento que legitima a população como "público-alvo" de políticas compensatórias. Isso ocorre porque, como bem aponta Raichelis (2000),

> os anos de 1990 foram palco de mudanças profundas no Estado e na organização dos atores sociais. Os canais de participação e formulação de políticas públicas em torno aos direitos conquistados coexistiram com políticas federais e locais de desresponsabilização do Estado, implementadas a partir da Reforma do Estado neoliberal que tomou lugar nos anos de 1990. A década foi palco ainda da criação de várias organizações não governamentais (parte delas com o intuito de realizar "parcerias" com governos) e do aumento de iniciativas da chamada "responsabilidade empresarial", por meio de vários institutos e fundações. Por outro lado, além da participação que se expressa em canais institucionais, nos anos de 1990 inúmeras manifestações participativas ganham espaço na arena pública. Movimentos, como o Movimento dos Trabalhadores Rurais Sem Terra (MST), fóruns e redes de iniciativa civil e grandes campanhas nacionais (como a Ação da Cidadania contra a Miséria, a Fome e pela Vida) são exemplos de participação que produzem mudanças na agenda pública apostando em estratégias que nem sempre passam por canais institucionais de participação cidadã nas políticas públicas. Há também manifestações mais informais que crescem em ritmo acelerado na medida em que as tecnologias da informação aumentam sua presença na sociedade: redes de militância virtual, consultas e pesquisas realizadas por telefone, questionário ou internet, e campanhas pontuais que se valem

destes instrumentos para defender suas causas (RAICHELIS, apud MARANHÃO & TEIXEIRA. In: ALBUQUERQUE, 2006: 112-113).

O pós-Constituição de 1988: problemas e desafios na participação institucionalizada

É importante lembrar que, no Brasil, a implementação de novidades institucionais ao longo dos anos de 1990 e na primeira década deste século surgiram num momento de debates, em várias partes do mundo ocidental, de crise social, desemprego gerado pela globalização, financeirização da economia, e crise da democracia. Mas aquela crise era diferente da que está pautada na atualidade brasileira (o conservadorismo, retorno às políticas tradicionais etc.). A crise que se discutia lá fora era a da perda da vitalidade da democracia, de um "déficit" democrático (GAVENTA, 2004). Enquanto isso, no Brasil e em alguns outros países da América Latina, proclamava-se as virtudes democráticas, e o debate acadêmico girava ao redor dos modelos de democracia: participativa, deliberativa etc. O Brasil era visto no exterior como um laboratório de aprofundamento de experiências democráticas sendo o Orçamento Participativo (OP) seu carro-chefe e os termos participação e deliberação vistos como caminhos de renovação da democracia.

No Brasil a temática da institucionalização não era nova, já no período do associativismo movimentalista de base, do final da década de 1970, e nos anos de 1980, pautava-se esta questão. Mas a tônica era – manter a organização fora de estruturas governamentais porque estas eram controladas pelo Estado militar ou por políticas herdeiras da fase clientelística, do regime populista que existiu até 1964. Como já foi dito no capítulo 1, ao se analisar os autonomistas, a não institucionalização era uma forma de "estar de costas para o Estado", mais como ato defensivo do que fundamentos ideológicos ou filosóficos do comunitarismo/basismo ou algo parecido. Até porque, demandava-se outras formas de atuação do Estado para democratizá-lo, demandava-se a participação popular nas estruturas estatais, o que foi parcialmente obtido via alguns canais inscritos na Carta Magna de 1988.

O tema da institucionalização pós-1988 pode ser dividido em três momentos: O primeiro, nos anos de 1990, resulta de uma trajetória de luta para implementar as conquistas institucionais, destacando os conselhos gestores e outros espaços institucionais, como o OP (Orçamento Participativo). O segundo a partir do ano de 2000, aprofundou as formas de gestão deliberativas, criou inúmeras inovações no campo da participação popular democrática, como a participação via eletrônica, e redesenhou o formato de construção de várias políticas sociais com a generalização do uso de conferências (um ciclo, que culmina com propostas para dar suporte, p. ex., a um novo plano decenal, ou a criação de um órgão que cuide de tema ainda não contemplado em sua especificidade, como a alimentação). A terceira fase ocorre na década de 2010, mais especificamente após 2013, indicando uma crise no sistema de participação institucionalizada e o consequente desmonte ou esvaziamento das políticas participativas, processo ora em andamento. Pontuaremos algumas características do segundo momento para fornecer subsídios à análise do terceiro momento no capítulo 3.

A primeira década de 2000 é importante para entender a questão da crise da participação institucionalizada em 2013.

Ao longo dessa década, progressivamente, a nova conjuntura econômica configurou uma nova correlação de forças nas políticas do governo e seus projetos político-culturais para a sociedade. A ascensão do PT (Partido dos Trabalhadores) ao poder a partir de 2003 deu início (ou aprofundou, em alguns casos), um ciclo de políticas sociais de inclusão social e de reconhecimento de identidades culturais. Aparentemente um novo modelo de gestão pública se inicia. A ênfase dos debates sobre a participação popular dos agentes da sociedade civil (movimentos, ONGs, coletivos, associações e outros), que já havia sido deslocada nos anos de 1990 para a temática da participação social em esferas institucionais públicas, ganha nova dimensão: a criação e a *gestão* de novos espaços/órgãos na máquina pública, novos programas, novas políticas. Registre-se ainda que vários militantes de movimentos e associações entraram na estrutura estatal, como representantes nos conselhos, fóruns, ouvidorias etc. ou mesmo como funcionários ou assessores contratados. O "ativismo institucional" (ABERS, 2016) resultante passou a buscar referenciais teóricos nas abordagens que lançavam olhares para as instituições e estruturas de poder.

Entretanto, em livro que publiquei em 2005, fiz a seguinte análise da conjuntura socioeconômica e política do país na época:

> Atualmente a política passou a ser dotada de alto grau de pragmatismo, fruto de projetos e acordos onde o governo não tem alterado o perfil neoliberal do estado, de gestor de programas, preocupado com ações táticas que resolvam os problemas técnicos da economia. Predomina a lógica do "presentismo" nos discursos e práticas. A linguagem dos gestores é técnica, com argumentos etapistas

> onde os parâmetros não são os problemas e as necessidades da população, mas a lógica financeira, por isso a contínua citação de cifras, a pretensa responsabilidade no cumprimento das metas das etapas, o apelo à necessidade de se manter a governabilidade. A dialética das relações sociais não é considerada, não há políticas desenvolvimentistas, políticas de mudança ou políticas emancipatórias. Não há projeto de metas a longo prazo. O sonho, a utopia, a busca de alternativas sumiu do universo referencial dos dirigentes. Dá-se continuidade a uma diretriz que é a de criar soluções básicas para o país se inserir no mundo da economia globalizada. O Estado deixa de ter o papel de formulador de políticas e projetos e passa a ser o implementador de acordos, internacionais ou de grupo de interesses. Segue-se a lógica da globalização de desconstruir esferas públicas e misturar ações do Estado com ações privadas onde o Estado atua claramente a serviço do capital, sem compromisso com o território, o local da memória, da língua, da cultura, da religião etc. Os direitos dos cidadãos só são lembrados nos discursos, na ação concreta a política de interesses de grupos prevalece, não a política de direitos porque esta teria de visar a universalidade. A ação cotidiana revela a busca do controle do processo político, a meta de permanecer no poder fala mais alto que o processo de transformação social. Daí a grande preocupação com os processos eleitorais (GOHN, 2005: 11-12).

Pode-se observar dois pontos na longa citação desse texto, publicado em 2005, primeiro – eu alertava para descompassos entre os "sonhos e projetos" construídos nas etapas anteriores, de lutas pela cidadania e as políticas pragmáticas que foram sendo implementadas. Segundo – se desconsiderarmos a data, vários trechos da realidade então analisada, aplicam-se à atualidade. Não obstante, deve-se reconhecer que a primeira década do novo século trouxe inovações no campo do associativismo civil institucionalizado brasileiro, como ações coletivas impulsionadas por mobilizações que foram articuladas a partir de políticas públicas, ou parcerias entre a comunidade "organizada", ONGs, fundações etc. e setores do poder público. Na realidade, não se tratava apenas de construir ou implementar os canais institucionais (tarefa iniciada na década de 1990), tratava-se da gestão dos mesmos, no que se denominou gestão social democrática ou governança pública democrática. Várias inovações democráticas foram implementadas para realizar as mediações necessárias entre o cidadão e o governo, incorporando o uso das novas tecnologias como o OP (Orçamento Participativo) eletrônico. Muitas delas foram acopladas a estruturas já existentes, a exemplo da implantação das consultas, votações e manifestações on line. Registre-se ainda a constituição de novos movimentos sociais, criados a partir da conjuntura da época, articulados com ONGs, voltados para questões relativas à democratização do Estado ou das políticas públicas, a exemplo do Movimento de Combate à Corrupção Eleitoral (MCCE), no Brasil. Leis como a Lei da Ficha Limpa, resultado de iniciativa popular com 1,6 milhão de assinaturas, em 2010, não teriam sido aprovadas sem a mobilização/proposição da sociedade civil.

    A inovação adveio, na maioria das vezes, das novas práticas geradas pela sociedade civil, já apontadas anteriormente. De fato, são inúmeras as novas práticas sociais expressas em novos formatos institucionais da participação, tais como as redes, os fóruns e as parcerias. Os fóruns são fruto das redes tecidas nos anos de 1970 e 1980, e eles possibilitaram aos grupos organizados olharem para além da dimensão do local. Com abrangência nacional passaram a ser fontes de referências e comparações para os próprios participantes. As novas práticas constituíram um novo tecido social denso e diversificado que, ao mesmo tempo que tencionaram as velhas formas de fazer política e apontaram para novas possibilidades de alternativas democráticas, elas não conseguiram emancipar-se, ficaram presas às lógicas racionalistas e burocráticas de controle por parte dos órgãos estatais-especialmente no plano federal, onde se articulavam em grandes eventos, conferências e planos nacionais.

Paulo Henrique Martins, em 2008 avaliava:

> Em todas essas experiências da democracia participativa [...] no processo político significam, frequentemente, o aumento de iniquidades mesmo entre segmentos desfavorecidos. Tudo sugere que por trás da luta pelo pluralismo democrático parece se esconder um utilitarismo prático poderoso nessas experiências tidas como exemplares da democracia participativa (MARTINS, 2008: 42-43).

Ou seja, as proclamadas virtudes da democracia participativa e/ou deliberativa aparentemente não se realizaram, foram modificadas ou abortadas. Talvez porque os requerimentos postos pelo novo modelo de cidadania formulado por Nobre, em 2004 (citados no início da avaliação do 4º ciclo, neste capítulo), não foram contemplados. Nobre diz:

> a promoção da igualdade deve ser concomitante à promoção de um cidadão que *não seja mero cliente* do Estado, mas que também questione a própria lógica da ação estatal e que encontre novas formas de participação nas decisões e no-

vas formas de promoção da igualdade. [...] Não basta dirigir-se ao Estado com suas reivindicações, mas é preciso participar nas esferas públicas, em espaços de expressão da opinião pública, de modo a fazer com que a própria sociedade reconheça essas reivindicações (NOBRE, 2004: 29-30 – grifo nosso).

Novo século: conquistas e limites da participação institucional

Após o período de expansão (entre meados dos anos de 1980 e fim dos anos de 2000), os processos locais de participação social encontraram limites. Milani aponta pelo menos dois limites críticos.

> Em primeiro lugar, a participação de atores diversificados é estimulada, mas nem sempre é vivida de forma equitativa. O termo "parceria" é corriqueiro nos discursos políticos dos atores governamentais e não governamentais, mas sua prática efetiva parece ter dificuldades em influenciar os processos de deliberação democrática local. Em segundo lugar, os atores não governamentais (e somente alguns deles) são consultados e solicitados durante o processo de tomada de decisões, participando, assim e no melhor dos casos, somente antes e depois da negociação. A participação praticada dessa forma pode aumentar a qualidade da transparência dos dispositivos institucionais; contudo, ela não garante, de modo necessário e automático, a legitimidade do processo institucional participativo na construção do interesse coletivo e a efetividade do princípio participativo na renovação política da democracia local (MILANI, 2008: 555).

Sintetizando outros limites apontados por Milani, ele assinala e alerta que: ampliaram-se os espaços de participação (conselhos e conferências), mas a democracia participativa esteve subordinada à lógica da democracia representativa, neutralizando parcialmente seu potencial transformador. O caráter dispersivo das iniciativas dos governos locais pode debilitar o conjunto da política social. Há necessidade de redes de coordenação entre os governos locais e os outros níveis de governo; a ausência de mecanismos institucionais que garantam as regras contínuas do fazer políticas públicas no âmbito local pode levar à fragmentação das experiências e à diferenciação dos direitos e serviços acessíveis em um mesmo território nacional. Participação: gera custos e o fato de não se inscrever em acordos institucionais mais sólidos pode contribuir para a interrupção de políticas locais, sobretudo no campo social. Institucionalização de experiências de participação em alguns casos caiu na armadilha da burocratização do processo de participação transformando-se em esquema mais corporativo. A linguagem do *empowerment*, tão comumente empregada na retórica participativa, pode mascarar preocupações mais estreitamente relacionadas com a eficiência administrativa; ao invés de formular ou veicular demandas radicais de transformação social ou de combate às desigualdades, alguns métodos participativos podem pôr em evidência técnicas pretensamente universais de desenvolvimento comunitário participativo da década de 1960. Finalmente, muitas técnicas participativas pressupõem que o mero participar de um exercício participativo levaria necessariamente, no curto prazo, à transformação das consciências e à criação de laços de sociabilidade (cf. MILANI, 2008: 570-573).

Na sociedade civil, projetos sociais passam a ter centralidade na forma de organização da população na década de 2000 por diferentes agentes mediadores, da sociedade civil ou política. Novos tempos, novas identidades são criadas ou impulsionadas. O campo do social passou a ser dominado por comunidades organizadas em projetos sociais com crianças, jovens, adolescentes, mulheres; cooperativas de todos os tipos de produtos e serviços, todos atuando segundo a lógica do desenvolvimento sustentável, nos marcos de uma nova economia social que tem como suposto a criação de "capital social" para a solução dos problemas socioeconômicos. Na realidade as novas diretrizes colaborativas entre a sociedade e o Estado, com atitudes de parcerias e não de enfrentamento, advêm também de planos internacionais de desenvolvimento humano, elaborados pela ONU (Organização das Nações Unidas), inseridos no Pnud (Programa das Nações Unidas para o Desenvolvimento) desde 1990. A promoção da cidadania passou a ser associada à noção de "desenvolvimento humano" em uma abordagem que busca unir as capacidades (ou habilidades), e a elaboração teórica (saberes e conhecimentos produzidos ou acionados no processo), formulada por autores como o indiano Amartya Sen. No Brasil, a partir de 2003, o projeto da ONU passou a fazer parte da agenda nacional de governo e deu origem a um movimento que passou a atuar em rede: o Movimento Nacional pela Cidadania e Solidariedade (Movimento Nós Podemos (NP)). Essa rede buscou articular as metas, objetivos e ações para atingir os objetivos de desenvolvimento do milênio.

Deve-se acrescentar neste cenário as inúmeras ações e redes cidadãs que se apresentavam como movimentos sociais de fiscalização e controle das políticas públicas, atuando em Fóruns, conselhos, câmaras, consórcios etc. em escala local, regional e nacional. Os novos ativistas destas redes conectam-se via internet, e usualmente seus compromissos principais são com as ONGs ou entidades que os suportam. Redes de voluntariado também ganharam força, principalmente no campo da assistência e prestação de serviços aos mais pobres, fortalecidas pela regulação do chamado Terceiro Setor. As formas institucionalizadas, do tipo conselho ou câmara de representação atuando junto a órgãos públicos, aumentaram significativamente em número e temáticas. Nos estados da federação, criaram-se *Defensorias Públicas*, previstas na Constituição de 1988 para atender, jurídica e processualmente a parcela da população sem condições de contratar um advogado, garantindo-lhes o acesso à justiça. *Ouvidorias Públicas* foram criadas junto aos principais órgãos públicos, nas várias esferas da administração pública, assim como empresas privadas também adotaram este canal de mediação entre o cliente/usuário e a empresa propriamente dita.

Portanto, participação e controle social passaram a ser diretrizes e normativas, regulamentadas por leis e programas sociais após 1988. Tornaram-se políticas públicas e, em alguns casos, buscou-se transformá-las em políticas de Estado. Uma intrincada arquitetura foi desenhada para redirecionar ou pautar formas de tratamento às questões sociais. Estrutura-se nos gabinetes, sai para as localidades e lugares organizativos. Tem agenda e calendário de discussões. Culminam com grandes conferências nacionais, realizadas usualmente na capital federal, em lugares simbólicos. Demandam acesso às informações, poder deliberativo e formação para entender as linguagens da burocracia. Mas o caminhar dos processos e debates, as estruturas desenhadas para exercerem controle e vigilância, usualmente, resultaram em dois modelos: um controlado pelo Estado, o outro com estruturas fluidas, fincadas mais nas organizações sociais. Resulta que há participação dos cidadãos, mas não autonomia de suas organizações. Há eventos e manifestações, mas sempre ao redor de questões periféricas. As questões centrais, relativas à direção e sentido das políticas, as verbas e orçamentos etc., usualmente não são pauta de debates. Registre-se, entretanto, que estamos falando de processos sociais, interações e relações sociais contínuas que geram mudança de posições dos sujeitos em cena, possibilidades de novas oportunidades políticas devem ter acontecido porque nada é fixo, congelado, predeterminado. Relembramos as observações de Pateman (1992) relativas ao caráter pedagógico da participação em seu livro *Participação e teoria democrática*. Ele chama a atenção para o fato de que a participação gera atitudes de cooperação, integração e comprometimento com as decisões. Destaca o sentido educativo da participação, o qual, como prática educativa, forma cidadãos voltados para os interesses coletivos e para as questões da política. Nesse sentido, os defensores da democracia participativa inovaram com sua ênfase na ampliação dos espaços de atuação dos indivíduos para além da escolha dos governantes ao destacar o caráter pedagógico da participação. Retomo a citação de Dahl feita na apresentação deste livro, quando ele trata da importância de uma vida associativa com organizações independentes: "elas são necessárias para o funcionamento dos próprios processos democráticos, para minimizar a coerção governamental, para a liberdade política e para o bem-estar humano" (DAHL, 1982: 1).

Abers (2016) chama a atenção para outras dimensões e modelos de projetos participativos, destacando o tema dos grandes projetos desenvolvimentistas do governo federal que incidem diretamente na questão do meio ambiente. Esta ênfase desloca o foco dos grupos que atuam junto ao poder público, nos conselhos e colegiados, para espaços e temas onde realmente estão se estruturando grandes projetos nacionais, deslocando também o foco para a atuação (inexistente ou fraca) da sociedade civil na definição, participação, e controle desses projetos, que atingem, no plano local, o meio ambiente e povos-ribeirinhos, indígenas, quilombolas, povos tradicionais em suma, a exemplo da hidrelétrica de Belo Monte (cf. FONSÊCA, 2018).

Carlos (2015) observa que "em contextos democráticos de engajamento de atores coletivos na esfera governamental é fundamental considerar que as fronteiras entre os movimentos e o sistema político são imprecisas e fluidas e que os atores de ambos os campos se entrecruzam e engajam em atividades que os conectam mediante relações que são mutuamente influentes" (CARLOS, 2015: 46). Creio que faltou observar que o engajamento entre movimentos e sistema político corresponde a uma parte do universo dos atores que protagonizam ações coletivas na cena pública. A outra é composta pelos que discordam dos projetos ou das orientações políticas vigentes; pelos que têm outros referenciais para atuação (como os autonomistas que veremos no capítulo 3); e pelos que não têm poder de força organizativa suficiente, face a líderes impostos – como povos ribeirinhos no caso de construção de megaprojetos, como da citada hidrelétrica de Belo Monte, ou frente às milícias nas comunidades pobres no Rio de Janeiro. Eles não se conectam e nem se influenciam diretamente. É o que ocorreu, a nosso ver, em junho de 2013, com os jovens autonomistas que saíram às ruas.

A participação institucionalizada gerou um volume relativamente grande de publicações e pesquisas a respeito. Pesquisadores nacionais e estrangeiros passaram a dedicar ao estudo do associativismo civil no Brasil a exemplo de Carlos, Dowbor e Albuquerque (2017), Almeida, Cyeres e Tatagiba (2015), Abers e Tatagiba (2014), Tatagiba (2014), Lavalle (2011), Milani (2008), Szwako (2011), Luchmann (2009, 2014), Alencar (2014), Abers (2016), entre outros. Alguns desses estudos destacam avanços democráticos tais como a participação de representantes da sociedade civil organizada sociais nas Instituições Participativas estatais, contribuindo para a elaboração e implementação de políticas específicas; e a inserção de novos temas na agenda de planejamento governamental. Entretanto, as limitações também são assinaladas nos estudos, especialmente aquelas que decorrem de diferentes condições de trabalho para o exercício das atividades (entre funcionários da máquina pública e os representantes da sociedade civil); e as diferentes concepções sobre o tempo – na burocracia estatal e na vida cotidiana da população e suas urgências e emergências. Em trabalhos anteriores já destacamos a importância do processo participativo para os dois grupos (GOHN, 2016b). Várias pesquisas demonstraram também que quem participa dos espaços institucionalizados, as IPs, normalmente já possui algum tipo de engajamento. Não é o cidadão excluído e em situação de completa desigualdade socioeconômica. Portanto, a desigualdade se reflete também nas estruturas de participação institucionalizadas.

Em suma, houve avanços democráticos, que contam com o suporte governamental via políticas públicas, mas os resultados foram contraditórios – de um lado várias demandas sociais assumiram o estatuto de direitos conquistados (ainda que limitados), abrindo espaço à participação cidadã via ações cidadãs e novos direitos assegurados por novas políticas públicas, especialmente no campo do reconhecimento de direitos culturais, ou direitos relativos à diversidade e contra as desigualdades sociais (cf. HONNETH, 2003). De outro houve perdas, principalmente de autonomia dos movimentos e o estabelecimento de estruturas de controle social de cima para baixo, nas políticas governamentais para os movimentos sociais.

Conclusões e desafios

Este capítulo registra as mudanças operadas no Estado brasileiro, de 1960 ao final da década de 2000, transformando suas relações com a sociedade civil organizada, impulsionando políticas públicas participativas – muitas delas coordenadas ou com a participação de antigas lideranças oriundas de movimentos sociais. A busca da institucionalização de práticas tornou-se uma constante. Novos marcos regulatórios oficiais possibilitaram a criação de inúmeras inovações no campo da gestão democrática, e o leque de entidades e associações atuando em áreas públicas do social ampliou-se. Destacou a Constituição brasileira de 1988, que ao completar 30 anos oferece-nos um momento bastante oportuno para se fazer um novo balanço, para avaliar o período pós-1988 e as novas políticas implementadas. Isso exigiu um olhar não apenas para o texto concluído e seu desenrolar posterior, mas também para o processo que lhe deu origem. Processo mais amplo, que extrapola o período constituinte, e que atravessa a sociedade civil e política, capta os efeitos e impactos das lutas da sociedade civil em busca da democratização, ou redemocratização da sociedade política do final dos anos de 1970 e ao longo dos de 1980. Quais foram os avanços e os recuos da cidadania ao se comemorar 30 anos da Constituição brasileira? Ao avaliar este período pode-se dizer: a década de 1980 não foi uma década perdida, como muitos denominam. Foi uma década de conquistas democráticas de direitos. Já afirmamos antes – olhar e revisar o passado é importante à medida que retiramos lições para compreender o presente e podermos delinear tendências para o futuro. Entretanto, na implementação das conquistas democráticas ocorreram vários deslocamentos na arquitetura do que seria uma participação cidadã democrática e igualitária em função da sobreposição de outros objetivos, decorrentes da eterna luta pelo poder. Assim, "a distribuição dos serviços e benefícios sociais passa a ocupar o lugar dos direitos e da cidadania, obstruindo não somente a demanda por direitos [...], mas, mais grave, obstando a própria formulação dos direitos e da cidadania e a enunciação da questão pública" (DAGNINO, 2004, 9, 99).

Em síntese, apresentou-se neste capítulo o papel desempenhado pelos canais institucionais de participação social na gestão participativa das políticas sociais apontando que isso é um dos itens fundamentais para compreender os impactos e os efeitos da Constituição de 1988 na esfera pública, e na vida do associativismo civil no Brasil; assim como para compreender as mudanças operadas no Estado e na sociedade após junho de 2013, tema de nosso próximo capítulo, quando será analisado o 5º ciclo de participação no Brasil desde 1960.

3
PARTICIPAÇÃO E PROTESTOS NAS RUAS BRASILEIRAS: DE JUNHO DE 2013 A JUNHO DE 2018

Este capítulo é chave para os objetivos deste livro, e ele contém quatro itens. Inicia-se com uma breve avaliação da conjuntura internacional na década de 2010, segue com a explicitação de categorias teóricas utilizadas, e no terceiro item apresentam-se e analisam-se os protestos e processos participativos entre 2013 e 2018 no Brasil. O quarto item traça um panorama sobre o processo de desconstrução de políticas participativas a partir de 2015.

Internacionalização dos movimentos globais e indignados

Ao final dos anos de 1990, o movimento antiglobalização entra na pauta dos movimentos internacionais e na década de 2010 muda o foco dos sujeitos relevantes nas ações coletivas, como veremos abaixo. No Brasil o reflexo será sentido a partir das primeiras edições do Fórum Social Mundial

(FSM), realizado em Porto Alegre. Portanto, o 5º ciclo tem como marca uma forte articulação dos movimentos sociais no plano internacional. Movimentos de luta pela terra criam redes como a Via Campesina. Movimentos pela moradia relacionam-se com Fóruns Internacionais do Habitat etc. Há certo consenso entre os analistas que as manifestações de 2013 no Brasil surgiram na esteira de outros movimentos de indignação em várias partes do globo, contra as políticas asfixiantes da globalização econômica neoliberal (cf. HESSEL, 2011; CASTELLS, 2013; VON BULOW, 2015; GOHN, 2015; PLEYERS, 2010; ALMEIDA, 2015).

Após a crise do capitalismo global de 2008, movimentos e protestos dos "indignados" ganham destaque em vários países, a população retoma as ruas como espaço de protestos logo no início da nova década. Surgem revoltas na Grécia, Espanha, Portugal; a Primavera Árabe atinge o Oriente Médio, na Tunísia, Egito, Turquia etc., e o movimento Occupy dos Estados Unidos se espalha para várias partes do globo. A manifestação da população nas ruas tem sido a forma básica de protesto social na atualidade em várias outras partes do mundo. Quer se olhe para a França, Inglaterra, Estados Unidos, ou a Venezuela, Colômbia e outros países da América Latina, a população tem saído à rua para manifestar sua indignação contra políticos, políticas, atentados terroristas (*Je suis Charlie,* em 2016, na França, p. ex.), defesa do meio ambiente, marcha das mulheres, contra reformas nas políticas sociais, contra ou a favor do Brexit, na Inglaterra, os "Coletes Amarelos" na França em 2018/2019 etc. O campo político e os valores ideológicos dos manifestantes são diversos, assim como o repertório das demandas: o combate à corrupção, a busca por justiça, defesa da democracia, contra o autoritarismo, políticas públicas eficientes, denúncia das mazelas na oferta do serviço público estatal etc. As formas de estruturação das ações coletivas que levaram multidões às ruas têm também alguns denominadores comuns, tais como: a convocação por redes sociais como instrumento de mobilização e a cobertura dada pela grande mídia, exaltando os atos e colaborando para seu crescimento, contribuindo também para a formação da opinião pública e o desenvolvimento de um imaginário social, contra ou a favor das manifestações, e uma grande maioria de jovens entre os participantes.

Entre os indignados destacam-se o ativismo dos jovens e o uso das novas tecnologias. O perfil predominante dos participantes alterou-se de militante para um ativista. O militante tem filiações e compromissos coletivos com grupos, movimentos, partidos etc. O ativista não, atua em função de causas, muitas vezes de forma individual, não tem pertencimentos fixos, atua mais em coletivos do que em movimentos já consolidados. Estabelece relações horizontais e critica as hierarquias e as relações verticalizadas. As marchas ou manifestações nas ruas tornaram-se modelos básicos de protesto. Dada a relevância de se destacar e diferenciar o protagonismo dos sujeitos que saíram às ruas a partir de 2013, vamos qualificar alguns conceitos e categorias a serem utilizados quando da análise do 5º ciclo de participação. Assim, segue nosso entendimento sobre o que são coletivos, manifestações, movimentos sociais e organizações movimentalistas.

Coletivos

Embora não sejam novidade, desde a década de 1980 se tem notícias de coletivos na cena pública (cf. BASSANI,

2016), a especificidade atual deles é seu grande crescimento (não apenas na área das artes ou da cultura em geral, mas também no campo da solidariedade, a exemplo de coletivos de psicanalistas que oferecem atendimento gratuito em ruas e praças), justamente em um momento de crise de representatividade das formas tradicionais, como partidos, sindicatos, e crise dos próprios movimentos sociais clássicos, especialmente os sindicais. Os coletivos, ao contrário de movimentos ou outras formas mais tradicionais, são agrupamentos fluidos, fragmentados, horizontais, e muitos têm a autonomia e a horizontalidade como valores e princípios básicos. Não há portanto um modelo único, há uma diversidade, multiplicidade de formas, temáticas, pautas e demandas, e campos de atuação, número de participantes, permanência ou duração no tempo histórico, formas de funcionamento/operacionalização, suportes financeiros para atividades, apoios externos e relações com órgãos ou políticas institucionais (caso de coletivos que se abrigam em editais de apoio e financiamento público).

Coletivos autodenominam-se *ativistas*, e não militantes de organizações, vivem experiências e experimentações que podem ser tópicas ou mais permanentes; fragmentadas ou mais articuladas. Entre suas principais características destacam-se a

> construção de formas colaborativas e não hierarquizadas de organização, mescla de questões identitárias e sociais na construção das pautas temáticas, centralidade das redes sociais digitais, internet e celulares na atuação, divulgação e mobilização, interface com linguagens culturais e dimensão territorial e cotidiana das ações para sua constituição enquanto espaço de atuação política,

de participação, de reivindicação e de pertencimento (PENTEADO & OLIVEIRA, 2019).

Outro destaque no Brasil, na atualidade, é o crescimento de coletivos no meio urbano – na década de 1990 teve-se coletivos no meio rural, no MST. Os destaques atuais são os coletivos universitários, em grupos de mulheres, e o nascimento de coletivos voltados para a formação de "bancadas ativistas" para atuação institucional, parlamentar. No caso das mulheres cite-se como exemplo o "Somos Muitas" em Belo Horizonte, criado após os protestos e manifestações de junho de 2013. São os coletivos feministas que passaram a inovar a cena pública brasileira no campo do associativismo contestatório a partir de 2013. No caso da Bancada de Ativistas, retomaremos adiante esta questão, pois eles expressam mudanças na forma como esses grupos passam a ver a relação com o Estado.

Um coletivo poderá desenvolver práticas contestatórias ou não, dependendo de seu perfil e das estruturas relacionais existentes entre os jovens. Os jovens contestam e renovam práticas e valores estabelecidos por meio de sua cultura. Na atualidade, os jovens aderem mais aos coletivos do que aos movimentos sociais porque muitos não se identificam com a forma movimento social e seus métodos de ação, muitos dos quais repudiam. Mas um coletivo pode se transformar em movimento social, ou autodenominar-se movimento, ou articular-se a um conjunto de outros coletivos que configuram um movimento social. Portanto, há pluralidade de posições que oscilam entre a negação da forma movimento social por considerá-la presa aos modelos tradicionais de fazer política, a coletivos que são um movimento, ou que se unem a certas causas ou dão apoio a determinados movimentos; há outros que se estruturam de forma mais livre, como o Movimento Passe Livre, analisado neste livro. Os coletivos criam novas dinâmicas da ação coletiva, mas discursiva, estratégica e de confronto de ideias e valores (SNOW & BENFORD, 2000). Em muitos coletivos há grande influência de ideários anarquistas e libertários, especialmente no campo da cultura, gerando o que já trabalhamos no capítulo 1, o autonomismo.

Estamos de acordo com Falchetti (2017) quando afirma:

> uma hipótese a ser desenvolvida é a de que o autonomismo se vincula a uma reinvenção da ação coletiva, em que os formatos são mais fluidos. Ou seja, importam menos as estruturas fixadas e mais as experiências criadoras, de modo que os movimentos estariam existindo mais na construção coletiva que circula por meio dos atores e práticas, do que nas organizações que formalizam. Portanto, é uma concepção de ação coletiva no sentido mais literal de movimento, como um fluxo de ideias, causas, práticas, experiências e agentes. Esse talvez seja o sentido da emergência cada vez mais comum de "coletivos" em lugar dos "movimentos sociais" estruturados, uma mudança fortalecida e muito evidente desde junho de 2013, especialmente dentro da temática urbana (FALCHETTI, 2017: 18).

Na onda de manifestações majoritárias de jovens ocorridas no Brasil entre 2013 e 2018 a serem tratadas neste capítulo, destacam-se tanto formas aglutinadas em "coletivos" tais como o "Ocupa Estelita" no Recife como grupos de jovens que ainda se identificam com a forma "movimento social", a exemplo do Levante Popular da Juventude, atuante em vários estados brasileiros, especialmente no Rio Grande do Sul.

Ocupa Estelita e Levante Popular da Juventude têm perfil sociopolítico diferente e até oposto. O primeiro alinhado com propostas autonomistas e o segundo na trilha dos movimentos político partidarizados.

É importante assinalar que o termo "coletivo" necessita de pesquisas, debates e discussões teóricas. Por ora é um termo advindo da prática, especialmente na área da cultura. Trata-se de uma forma de ação coletiva e como tal deve ser analisado no campo da participação. Mas aplicar automaticamente as abordagens advindas de teorias dos movimentos sociais pode não ser o mais adequado. Por exemplo, muitos deles não tem um adversário, um antagonista claro, nos termos de uma teoria de Touraine. Outros não constroem identidades a partir de pertencimentos originários, culturais, mas se formam por adesão a uma causa que lhes traz retorno, benefícios. São agentes intermediários e "sua função enquanto intermediários entre os dilemas do sistema e a vida diária das pessoas manifesta-se principalmente no que fazem: sua mensagem principal está no fato de existirem e agirem" (MELUCCI, 1997: 13). Em resumo, os coletivos ainda precisam ser qualificados teoricamente. Por ora, considero equivocado denominá-los ou confundi-los com movimentos sociais porque suas ações coletivas não contêm elementos que as configurem como um movimento social.

O termo coletivo necessita também ser confrontado com outras experiências históricas internacionais, avaliados e contextualizados segundo significados das traduções gramaticais também. Na Argentina há vários no campo da cultura e atividades comunitárias e lúdicas para a população, mas há também muitos associados às lutas pela redemocratização, busca dos desaparecidos na época do regime militar etc. Na Venezuela, outro exemplo bastante diverso, coletivos são grupos comunitários, equipes de moradores, voluntários, suportes das políticas sociais desde a época de Hugo Chaves, atuam nos bairros carentes. Mas alguns são noticiados pela mídia – escrita ou redes sociais, com um papel similar às milícias paramilitares no Brasil.

Neste capítulo a categoria "manifestação" é usada para nominar os atos de protesto que ocorreram em ruas e praças brasileiras entre junho de 2013 e 2018. Uma manifestação engloba grupos, coletivos, organizações e movimentos sociais; esses últimos têm maior visibilidade porque eles são a maioria dos que organizam os atos de protesto, podendo ser movimentos sociais propriamente ditos ou não (são organizações embora possam autodenominarem-se como movimento). É importante a demarcação no campo conceitual porque usaremos, ao analisarmos o ano de 2014, o termo "organizações movimentalistas", que são diferentes de movimentos sociais propriamente ditos. Segundo Marcos Nobre, "manifestações surgem como irrupções, grandes, pequenas, isoladas, reunidas. Quando se reúnem em grandes massas, têm forma de ondas. Dependendo de qual onda se pega, a passeata pode ter sentidos opostos, inconciliáveis" (NOBRE, 2013: 17).

Para o entendimento sobre a categoria *movimento social*, buscamos referências de um lado em Tilly e Diani, de outro em Touraine e Melucci. Registramos a seguir uma longa citação de Tilly para demarcarmos o que estamos entendendo por movimento social. Diz Tilly:

> Deixem-me tornar minhas próprias pretensões absolutamente claras. Ninguém é dono do termo "movimento social"; analistas, ativistas e críticos

mantêm-se livres para usá-lo como quiserem. Mas uma maneira característica de fazer política começou a tomar forma nos países do Ocidente no final do século XVIII, adquiriu amplo reconhecimento na Europa Ocidental e na América do Norte no início do século XIX, consolidou-se em um conjunto, uma maneira característica durável de elementos por volta da metade desse mesmo século, alterou-se mais vagarosa e incrementalmente depois desse ponto, difundiu-se amplamente pelo mundo ocidental, e veio a ser chamada de movimento social. Esse complexo político combinou três elementos: 1) campanhas de reivindicações coletivas dirigidas a autoridades-alvo; 2) um conjunto de empreendimentos reivindicativos, incluindo associações com finalidades específicas, reuniões públicas, declarações à imprensa e demonstrações; 3) representações públicas de valor, unidade, números e comprometimento referentes à causa. *A esse complexo historicamente específico denomino movimento social* (TILLY, 2010: 141-142 – grifo nosso).

Utilizaremos também o conceito de Diani de movimento social porque ele destaca o compartilhamento de uma identidade, construída no processo, e as articulações em redes. Ele definiu movimento social como: "redes de interações informais entre uma pluralidade de indivíduos, grupos ou associações engajadas em um conflito político ou cultural, com base em uma identidade coletiva compartilhada" (DIANI, 1992: 13).

Melucci é outro autor precioso para nossas análises porque ele se preocupa com o sistema de relações internas e externas que constitui a ação coletiva de um movimento. É interessante lembrar que Melucci, que não viveu o ápice da onda dos movimentos dos jovens em rede da presente década de 2010 (ele faleceu em 2001); mas já nos anos de 1980 disse:

> Os movimentos devem ser examinados não à luz das aparências ou da retórica, mas como sistemas de ação [...] entendendo que não se compreende a ação coletiva como uma "coisa" e não se valoriza inteiramente o que os movimentos dizem de si mesmos, tenta-se descobrir o sistema de relações internas e externas que constitui a ação (MELUCCI, 1989: 51).

E Melucci reitera nos anos de 1990:

> Movimentos são meios que se expressam através de ações. Não é que eles não falem palavras, que eles não usem *slogans* ou mandem mensagens. Mas sua função enquanto intermediários entre os dilemas do *sistema e a vida diária das pessoas manifesta-se* principalmente no que fazem: sua mensagem principal está no fato de existirem e agirem. Isto também significa afirmar que a solução para o problema relativo à estrutura do poder não é a única possível e mais do que isso, oculta os interesses específicos de um núcleo de poder arbitrário e opressor. Pelo que fazem e a maneira como fazem, os movimentos anunciam que outros caminhos estão abertos, que existe sempre outra saída para o dilema, que as necessidades dos indivíduos ou grupos não podem ser reduzidas à definição dada pelo poder. A ação dos movimentos como símbolo e como comunicação faz implodir a distinção entre o significado instrumental e expressivo da ação, posto que, nos movimentos contemporâneos, os resultados da ação e a experiência individual de novos códigos tendem a coincidir. E, também, porque a ação, em lugar de produzir resultados calculáveis, muda as regras da comunicação (MELUCCI, 1997: 12).

Touraine é o autor com trajetória mais longa nas pesquisas e estudos sobre os movimentos sociais, com várias publicações desde a década de 1960 (cf. GOHN, 2014b, cap. 5). A sua definição de movimento social é bastante conhecida assim como suas contribuições para o debate da teoria democrática. Touraine critica as concepções tradicionais de movimento social porque elas buscam abolir a relação de dominação, fazer triunfar um princípio de igualdade, criar uma nova sociedade que rompa com as formas antigas de produção, gestão e hierarquia. Touraine acha que esta concepção se corrompeu e se degradou. Os princípios morais se destacam. Com isso Touraine conclui:

> Um movimento social é sempre um protesto moral; coloca-se por cima da sociedade para julgá-la ou transformá-la, e não no centro para manejá-la e orientá-la no sentido que exigem a Razão ou a História. [...] Por isso o protesto dos estudantes em maio de 1968, ou das mulheres, sempre foi baseado num discurso igualitário de tipo republicano ou socialista, impregnado de valores que dizem respeito à cultura e à personalidade. [...] o sujeito não é portador de um modelo ideal de sociedade, temos que encontrar o sujeito pessoal no sujeito histórico (e também no religioso), que sempre está presente no centro das visões de sociedade e de mundo (TOURAINE, 1997: 79).

Touraine faz um alerta precioso para entendermos as diferentes modalidades dos sujeitos nas ações coletivas. Ele diz que

> é necessário não aplicar a noção de movimento social a qualquer tipo de ação coletiva, conflito ou iniciativa política [...]. O essencial, aqui, é reservar a ideia de movimento social a uma ação

> coletiva que coloca em causa um modo de dominação social generalizada. [...] só há movimento social se a ação coletiva – também ela com um impacto maior do que a defesa de interesses particulares em um setor específico da vida social – se opõe a tal dominação.

E Touraine conclui retomando sua definição já clássica:

> Um movimento social é a combinação de um conflito com um adversário social organizado e da referência comum dos dois adversários a um mecanismo cultural sem o qual os adversários não se enfrentariam, pois poderiam se situar em campos de batalha ou em domínios de discussão completamente separados (TOURAINE, 2006: 18-19).

Observa-se na conceituação acima a ênfase que ele sempre deu ao plano da cultura, aos valores e às orientações culturais das condutas dos indivíduos. Isso possibilitou-lhe perceber e analisar as mudanças nos movimentos, captar o sentido das demandas em direção às questões da subjetividade e formas de subjetivação das demandas coletivas; ele analisou estas mudanças em termos de um novo paradigma, aquele que destaca prioritariamente os direitos culturais. Ele sempre trabalhou com a tese: "Um movimento social é ao mesmo tempo um conflito social e um projeto cultural" (TOURAINE, 1994a: 254).

Touraine destaca três elementos construtivos em um movimento social: o ator, seu adversário e o que está em jogo no conflito. No modelo explicativo de Touraine, portanto, há três princípios explicativos: totalidade, identidade e oposição. "O sujeito histórico (princípio de totalidade) pode ser, e é reivindicado particularmente (princípio de identidade), embora todos, quer dizer, os outros também (princípio de oposição), sejam, efetivamente, o seu portador" (WEISHAUPT, 1993: 20).

Organizações movimentalistas
Organizações movimentalistas é uma terminologia que criamos para caracterizar grupos de jovens que se aglutinam ao redor de alguns líderes ou formadores de opinião, os quais elaboram um plano de atividades e o executam sob a ótica de uma corporação. Como exemplo citamos o "Vem Pra Rua", e o MBL (Movimento Brasil Livre), entre outros, tratados abaixo. Eles tiveram importância capital na convocação e realização das megamanifestações de rua no Brasil, em 2015 e 2016. Seus fundamentos são de inspiração liberal, buscam influenciar a opinião pública via a defesa de alguns lemas e bandeiras, como o ataque contra a corrupção. Apresentam-se como sendo portadores da renovação no campo das práticas políticas, contam com apoio de grupos empresariais e criam ou apoiam entidades voltadas para o que denominam "empoderamento dos jovens", quer seja por meio de cursos de gestão pública e relações públicas, centros acadêmicos universitários ou de atividades no campo de Terceiro Setor. Como exemplo pode-se citar a entidade "Agora". As organizações movimentalistas estruturam-se em função de dados objetivos, independente de identidades, solidariedades ou engajamentos anteriores em dados conflitos. O que há são afinidades político-ideológicas que unem os indivíduos a uma dada organização movimentalista, atendendo ao chamamento de redes sociais, eventuais. O repertório político que utilizam para as convocações são estrategicamente construídos, adaptados às retóricas populares, com argumentos e estratégias

de seus interesses. Buscam influenciar a opinião pública por meio de redes sociais e vídeos on line.

Nesses novos grupos destacam-se matrizes teóricas e ideológicas que dão suporte às suas ideias, dentre elas o liberalismo e a doutrina econômica de Hayek e Ludwing von Mises, a defesa do império da lei de Fréderic Bastiat e citações no campo da ciência política de E. Burke e Ortega y Gasset, o Instituto Milenium – fundado em 2006, sediado no Rio de Janeiro, também denominado como o *think tank* das ideias liberais; e o brasileiro Olavo de Carvalho, transformado em "guru" de vários líderes das organizações movimentalistas. No seu conjunto esses grupos defendem propostas liberais para o papel do mercado e atuação do Estado na economia, privatizações, Estado mínimo, e fim do financiamento de políticas públicas distributivas. Alguns deles defendem posições consideradas avançadas em relação aos liberais clássicos ou aos conservadores tradicionalistas, como em questões da moral e costumes, a exemplo de posições em questões de gênero, aborto etc. São neoconservadores porque são contra vários direitos sociais e culturais modernos, mas não são contra o casamento *gay*, a descriminalização das drogas etc. Resumidamente, segundo analistas, eles compõem a "nova direita" brasileira, simultaneamente liberal e conservadora, defensores do livre-mercado, antiestatistas e neoliberais (cf. CODATO, 2015).

Ao longo deste livro poderá ser observado que muitas organizações movimentalistas se autodenominam como "movimento social", como se esta categoria fosse nativa, tivesse em si um valor baseado apenas em agregar pessoas e sair fazendo um protesto. Outras se denominam como grupos ou ativistas "libertários", lastreados em ideias de uma corrente de pensamento do "libertarianismo"; e outras negam todas as denominações citadas e se autodenominam "empresas", a exemplo do "Brasil Paralelo".

5º ciclo da participação e protestos no Brasil: 2013--2018

A partir desses conceitos, categorias ou noções (caso dos coletivos, de teorização incipiente ainda) acima, este capítulo apresenta um leque de participação de diferentes grupos e movimentos no Brasil de junho 2013 ao final do ano de 2018. O leque vai de movimentos dos autonomistas e movimentos sociais clássicos, até as novíssimas formas de organização liberais (abaixo explicita-se esta classificação). Investiga-se o ciclo de manifestações nas ruas entre junho de 2013 e 2018 no Brasil, buscando identificar: coletivos ou grupos, movimentos e organizações que estiveram em cena, seus repertórios de demandas, formas de expressão no espaço público, formas utilizadas para se organizarem, a cultura política que os embasavam e a concepção de cidadania presente. Várias indagações são feitas tais como: Que novidades estas manifestações trouxeram, como se diferenciaram, como interagiram, como dialogaram (ou duelaram) com movimentos sociais e coletivos já existentes? Quais referenciais teóricos podemos captar como fonte de inspiração nas manifestações? Qual foi o legado desse ciclo de manifestações como um todo, para a sociedade e para a cena política? São questões relevantes aqui tratadas. Pode-se observar, ao longo do capítulo, que as novidades convivem com as "continuidades", ou seja, as antigas formas de ação coletiva não desaparecem porque surgem novas. Convivem em tensão permanente, embora muitas vezes atuem no mesmo campo político dos progressistas, os quais têm, usualmente, mais dificuldade de unir pautas e criar consensos, do que os conservadores, neoliberais etc.

A partir de junho de 2013, passa a ocorrer manifestações em todo o Brasil, em movimentos de protesto contra políticas sociais vigentes nas áreas dos transportes, educação, saúde prioridade dada aos gastos com a Copa do Mundo, entre outros motivos. O cenário da participação social e do associativismo brasileiro altera-se completamente. A multidão, ausente de grandes manifestações desde o início dos anos de 1990, retorna às ruas. Com os indignados, novíssimos atores entram em cena, especialmente jovens participantes de coletivos organizados on line, tais como o MPL (Movimento Passe Livre), ou coletivos de estudantes secundaristas, além dos ativistas de causas transnacionais que até então não tinham quase visibilidade, como o *Black Blocs* (DEPIUS-DÉRI, 2014; SOLANO, 2014). Novas orientações no campo teórico são incorporadas, sob a bandeira do autonomismo, com críticas severas às políticas públicas, ao papel do Estado e as formas de fazer política no país. Novos sujeitos entram no campo da pesquisa – grandes institutos de pesquisa de opinião pública, a exemplo do Ibope, Datafolha, assim como organizam-se grupos de pesquisa e laboratórios nas universidades e em centros de pesquisa para analisar as manifestações nas ruas após 2013.

Junho de 2013 é um marco na vida política e sociocultural brasileira. É quando se inicia um novo ciclo de participação na sociedade brasileira, composto de coletivos e movimentos sociais diversos, com projetos e propostas diferenciadas classificados em três grupos distintos, a saber: clássicos, novos e novíssimos. Os *clássicos* abarcam os sindicatos, sem-terra, estudantes, movimentos populares/comunitários de bairros, sem teto etc. Os *novos* abrangem os movimentos de luta por direitos, identidades etc. criados a partir do final da década de 1970 (gênero, geracionais, étnicos, ambientalistas etc.); e os *novíssimos* abrangem movimentos da atualidade, a maioria criados ou "afirmados" na cena pública na década corrente, de 2010, a exemplo do Movimento Passe Livre (MPL) e do Movimento dos secundaristas, de um lado; e de outro, o Vem Pra Rua (VPR) e Movimento Brasil Livre (MBL). Aos novíssimos deve-se acrescentar também os coletivos supracitados. Tanto os novos como os novíssimos trabalham com a questão da identidade, mas de forma diferente. Enquanto os novos pautam e constroem a identidade por meio de lutas simbólicas e culturais, pela aquisição ou expansão de direitos, a partir de pertencimentos originários, gênero etc., os novíssimos criam identidades a partir de pautas que envolvem um "fazer", uma ação, uma experiência real, independente de origens etc. No capítulo as diferenças entre as correntes político-ideológica e cultural que os três grupos representam, são demarcadas (cf. GOHN, 2017a).

A metodologia utilizada na construção do cenário aqui apresentado é a da análise comparativa, entre os diferentes eventos no contexto dos momentos político-culturais e econômico do país. Buscam-se não apenas as diferenças e semelhanças, mas também os contrastes entre os eventos do ciclo de protesto e contrastes com o ciclo político vigente. A fonte dos dados advém de veículos da mídia e sites das redes sociais dos movimentos e organizações sociais, catalogadas em arquivo de dados próprio organizados desde 2013. Foram selecionados coletivos, movimentos sociais, e organizações classificados em três grupos distintos, acima assinalados. Registro ainda que a organização das ações coletivas nas ruas em três grupo, clássicos, novos e novíssimos, explicitados acima, é fruto de análises que consideram o período histórico em que foram criadas, seus repertórios de demandas, suas *performances*, suas ideologias, matrizes discursivas – especialmente os princípios e fundamentos de suas propostas e visões da sociedade, do Estado, e das questões dos direitos. Não se trata, portanto, de simples agrupamentos lineares segundo datas de surgimento, o qual desembocaria numa abordagem evolutiva.

Um novo ciclo de mobilizações e manifestações nas ruas

No período tratado neste capítulo afirmamos que houve um ciclo novo de protestos políticos no campo do associativismo civil, fazendo uma periodização diferente de Alonso (2017) que subdivide os protestos no período de Dilma a Temer em vários ciclos. Neste capítulo utilizamos também a noção "ciclo político", para nos referir de forma mais abrangente a conjuntura político-social do país. Nesse sentido, entre 2013 e 2018, no âmbito do governo federal, encerra-se um ciclo político, dos governos Lula e Dilma, e inicia-se outro ciclo político, com políticas de reformas e desregulamentação de direitos sociais, especialmente trabalhistas e previdenciários.

A novidade advém da ação dos *novíssimos* movimentos. Ela é construída com recursos advindos da cultura, especialmente os advindos do novo mundo digital. Diferentes mídias tiveram papel importante no processo, não apenas para divulgar os protestos e suas agendas, mas também para construir internamente as manifestações. Os recursos tecnológicos midiáticos foram utilizados para organizar e convocar grupos, fazer *pages*, elaborar ferramentas que gerassem novos instrumentos, organizar grupos de apoio e pressão em diferentes cidades. Normas, princípios, ideologia etc. promovem o alinhamento entre as práticas, os líderes e as organizações/movimento. A cultura digital vigente estimulou novas formas de socialização e pertencimento e corroborou para a construção das novas culturas políticas que giram ao redor de valores tanto progressistas como conservadores. A organização ao redor de redes, e não de uma organização ou dado movimento específico, contribui para as alterações no período, com o surgimento ou ressurgimento dos movimentos autonomistas, assim como a criação de novos grupos movimentalistas, gerando novas dinâmicas aos protestos sociais.

Assinalamos novidades e alterações nos movimentos sociais na década de 2010, mas ressaltamos que essas novidades convivem com outras formas mais tradicionais, acima denominadas como "clássicos". Todos utilizam as novas tecnologias, mas para a ala dos autonomistas, presente nos novíssimos, a tecnologia é ferramenta de organização e a participação direta é valorizada. Para a ala que estamos nominando como "organizações movimentalistas", as tecnologias são ferramentas básicas da própria existência do grupo, que atua mais via redes sociais, e usa as tecnologias para a estruturação e organização das pautas dos ativistas. A participação é feita mais de forma indireta, on line, enquanto que nos movimentos clássicos a participação se dá por formas diretas, via uma militância que envolve, além do compartilhamento ideológico, atividades como: reuniões, assembleias, encontros, pautas e agendas de eventos etc.

Registre-se que no grupo dos autonomistas, a participação direta é um de seus fundamentos, mas eles a concebem de forma direta diferente dos clássicos, ocorrendo via experimentações, com horizontalidade nas relações, sem hierarquias ou estruturas de coordenação. Nas organizações movimentalistas ou movimentos políticos, o ativismo cotidiano ocorre quase que totalmente via redes sociais, via on line. Nos dois grupos a força das ferramentas on line é decisiva para a construção e o desenrolar das ações coletivas. As *hashtags,* por exemplo, a partir das Jornadas de Junho de 2013 no Brasil passaram a ser um dos grandes instrumentos de divulgação das pautas dos protestos. a exemplo de: #NãoEPor20CentavosEPorDireitos, #VemPraRua, #NãoVaiTerCopa etc. Depois acompanharam as mudanças na conjuntura nacional e introduziram pautas tanto nacionais como internacionais, de diferentes correntes ideológicas, tais como: #ForaTemer, #ForaPT, #NãoVaiTerGolpe, #SeraQueERacismo, #MexeuComUmaMexeuComTodas, #MeuAmigoSecreto, #PrimeiroAssédio, #MarielleVive, #EleNão, #EleSim, #BlackLivesMatter, #JeSuisCharlie, #MeToo etc.

Martha N. Ruiz Uribe (2017) corrobora nossas análises sobre as características e a participação em movimentos sociais na atualidade. Ela diz:

> La transformación de los grandes movimientos sociales, antes gremiales y que requerían de la acción colectiva en el ámbito material e ideológico, luego de género, estudiantiles y por la lucha de espacios de participación política, después ambientalistas y comunitarios y hoy sumamente fragmentados y específicos que no requieren muchas veces de la presencia física de los participantes ni

de su lealtad absoluta y que al mismo tiempo son espacios abiertos que trascienden las fronteras y cuya membresía es fluida y muchas veces la suma de individualidades. [...] Los movimientos sociales contemporáneos son mucho más abiertos como he dicho, la exigencia de pertenencia y militancia mucho menos absoluta (URIBE, 2017: 24).

Junho de 2013 (o ponto de inflexão): início do 5º ciclo de protestos

Os novíssimos sujeitos que entram em cena nas ruas e avenidas, a partir de junho de 2013, no caso brasileiro, representam uma nova onda de movimentos e coletivos sociais, diferente dos novos movimentos identitários organizados desde a década de 1980. Novos aportes teóricos entram em cena, especialmente as teorias do autonomismo ou socialismo libertário – como foi assinalado no capítulo 1. Na década de 1960, os protestos dos autonomistas foram denominados como "contracultura" e minimizados. Na década de 1980, quando ocorreu o ciclo movimentalistas dos "novos movimentos sociais", tratados acima, (subdivididos no campo popular – os movimentos de bairros urbanos, com demandas locais, e no campo dos movimentos por identidades (sexo, raça, etnia etc.), o tema da autonomia também esteve presente, mas era diferente, conforme exposto no capítulo 1.

O novo ciclo de protestos no campo das lutas e movimentos sociais no Brasil não é homogêneo, ao contrário, apresenta diferenças, grandes contrastes e heterogeneidade dos sujeitos na cena pública. Dentro do ciclo há vários campos: o popular, o socialista, o autonomista, o anarquista, o neoliberal etc. Neste capítulo subdividimos este ciclo em quatro momentos específicos, segundo o protagonismo de seus atores e seus efeitos e atuações no contexto das lutas da conjuntura nacional. Cada momento traz elementos que os distinguem, especialmente se observarmos os conceitos e ideias que são produzidos ou divulgados. Esses momentos são demarcados por anos e suas características principais. Temos assim: primeiro momento: 2013, a força dos jovens nas ruas; segundo momento: 2014, a criação de organizações movimentalistas, contracorrentes nas ruas; terceiro momento: 2015-2016, a multidão retorna às ruas; e quarto momento: 2017-2018, novas alterações no cenário das ruas, redesenho das articulações. A seguir, aborda-se cada um destes momentos com a preocupação não apenas de registrar e catalogar eventos e acontecimentos do ponto de vista cronológico, mas registrá-los segundo seu sentido e a ordem de significância na democracia em curso.

1º momento (junho de 2013): a força dos jovens nas ruas

Para entender a democracia brasileira na atualidade faz-se necessário retomarmos um marco: as manifestações de junho de 2013. Em 12 capitais brasileiras, e em várias outras cidades, uma onda de manifestações populares que reuniu mais de um milhão de pessoas, com similares em apenas três momentos da história do país: em 1992, no *impeachment* do ex-Presidente Collor de Melo; em 1984, no Movimento Diretas Já, no período do regime militar, em luta pelo retorno à democracia; e nos anos de 1960, nas greves e paralisações pré-golpe militar de 1964, e nas passeatas estudantis de 1968. Os protestos rapidamente se espalharam e se transformaram em revolta popular de massa.

As manifestações construíram significados novos às lutas sociais e iniciaram um novo ciclo no campo das mobilizações da sociedade civil. Elas afetaram o campo da política e a correlação das forças político-partidárias foi tensionada. Naquele momento a democracia ampliou-se e abrigou grupos e movimentos com outros repertórios, linguagens e *performances*, diferentes dos usuais nas ruas até então, onde se observava a hegemonia de movimentos clássicos (sindicatos e movimentos populares de luta pela terra, moradia) ou bandeiras dos "novos" movimentos advindos da década de 1980 (com demanda identitária de gênero, raça, sexual, faixa etária, ou ambientalistas). Novíssimos movimentos sociais ganharam os holofotes da mídia em junho de 2013, com demandas e propostas na área da mobilidade urbana que ultrapassavam o local e remetiam para outras formas de gestão da coisa pública.

As manifestações de 2013 fazem parte de novas formas de associativismo urbano entre jovens escolarizados, predominância de camadas médias, conectados por redes digitais. Pesquisas indicam que a maioria delas foi organizada horizontalmente, atua em coletivos ou novíssimos movimentos sociais, críticos das formas tradicionais da política, tais como se apresentam na atualidade – especialmente os partidos e os sindicatos, alguns pregam a autonomia em relação àquelas formas e negam a política partidária, mas não o Estado e a Política com P maiúsculo. Pesquisa do Datafolha realizada em junho de 2013 constatou que, nas manifestações em São Paulo, a maioria dos participantes tinha diploma universitário (77%) e menos de 25 anos (53%). Pesquisa nacional realizada pelo Ibope, no mesmo período, corrobora o perfil acima delineado, a idade predominante foi de 14 a 24 anos (43%). Entre

14 e 29 anos de idade a soma sobe para 63% do total (IBOPE. Pesquisa Manifestantes, 20/06/2013).

Grupos de jovens inspirados por ideais dos autonomistas entram em cena, na figura do MPL (Movimento Passe Livre). Sabe-se que o MPL foi criado na década de 2010, ele foi um "madrugador"; mas seu desabrochar na cena pública, como sujeito protagonista básico nos protestos, foi em 2013, tendo inicialmente grande protagonismo em São Paulo (cf. GOHN, 2015). Sabe-se também que manifestações nas ruas na área da mobilidade urbana são bastante antigas e no 5º ciclo elas são anteriores a junho de 2013 (a rigor o ciclo iniciou-se com atos contra o aumento das tarifas no Rio de Janeiro, em Goiânia e em Natal. Mas o grande diferencial em junho é o fato de elas terem adquirido amplitude nacional, em termos de confluência e articulações simultâneas, pelas redes sociais. A Frente Nacional de Lutas em Defesa do Transporte Público de Qualidade foi a grande articuladora. Certamente que já se formou um consenso sobre o "auxílio" dos veículos de comunicação, especialmente a mídia tradicional, a TV e seus sites na internet, os quais noticiam local, dia, hora etc. dos protestos e levavam imagens ao vivo das manifestações, por horas). Antes os protestos eram localizados.

As experiências anteriores dos movimentos sociais (tanto dos clássicos como a dos novos) eram associadas às lutas pela emancipação e a soberania popular; já a experiência dos novíssimos que emergiram a partir de 2013, via MPL, acima citado, remete ao referencial autonomista, anarquista anticapitalista de âmbito internacional, opondo-se a todas as formas burocráticas, hierarquizadas e centralizadas e assumindo um caráter de recusa à institucionalidade e valorização dos processos e práticas coletivas. Valorizam a experiência, a autonomia e a ação direta.

Falchetti destaca o papel do "autonomismo" nos movimentos de 2013. Diz ela:

> Ideologicamente, o autonomismo se localiza dentro da tradição libertária, abrangendo pensadores e militantes que refletem e aderem a autonomia como princípio-chave de organização e ação política. É possível identificar determinados elementos anarquistas e marxistas no ativismo autonomista, por vezes, misturando fontes e referências dos diferentes campos teóricos. Muitos movimentos contêm membros das distintas orientações, como é o caso do próprio MPL. Internamente ele é composto por um pequeno grupo de militantes de um amplo espectro social que congrega *punks*, feministas, professores, artistas, estudantes, trabalhadores e desempregados, em sua maioria jovens, usuários do transporte. Há uma rotatividade relativa dentro do movimento, o que envolve uma variação grande no perfil dos manifestantes, de modo que a identidade está mais na partilha dos princípios organizativos e de ação (FALCHETTI, 2017: 12).

O campo de atuação desses ativistas é o altermundialista dos anos de 1990 e 2000. Por isso, junho de 2013 não foi um evento nacional isolado. É necessário contextualizá-lo: ele faz parte de um padrão internacional moderno, de organização via redes sociais, via on line, assim como foram os já citados: *Occupy Wall Street*, Primavera Árabe, Indignados na Espanha, Grécia, a Revolta na Praça Thaksin, em Istambul etc. Há, portanto, uma sintonia entre junho de 2013 no Brasil com outros movimentos sociais de escala global. Trata-se de uma nova geração de protestos criados a partir da década de 1990 com

Seattle, seguidos depois com o Fórum Social Mundial etc., focando especialmente o tema da justiça global, ou das injustiças no mundo.

> Grande parte desses grupos nega a estrutura hierárquica dos movimentos tradicionais e os modelos de representação que culminam em líderes capazes de negociar com o Estado e de serem capturados pelos interesses do poder institucional. [...] Horizontalidade, autogestão, ausência de lideranças ou de intelectuais orgânicos, autonomia, transversalidade temática, foco na ampliação de liberdades e ampla utilização das redes sociais digitais, são algumas das novidades mais evidentes (AUGUSTO; ROSA & REZENDE, 2016: 21, 26).

Alonso e Mische (2016) também registram mudanças no perfil e no referencial ideológico dos jovens ativistas na atualidade. Dizem:

> o "campo de ação autonomista" incorporou demandas de orientação do "campo socialista", mas rejeitou suas formas de organização, aproximando-se de elementos presentes nos protestos internacionais recentes. Podemos notar que, dentre as características observadas, alguns elementos remetem às formas de organização anarquistas, contrárias à hierarquia, à centralização do poder, à representação e lideranças, daí o horizontalismo, a independência política e a ação direta, sem lutar pela tomada do poder. Outras características são recentes e estão presentes em outras mobilizações globais: a relação simbiótica com a internet e a mídia social; a capacidade e rapidez das mobilizações; a heterogeneidade dos participantes, a maioria desvinculada de organizações; o caráter artesanal dos cartazes; e uma alta participação de

jovens; a tomada das ruas e ocupação dos espaços urbanos (ALONSO & MISCHE, 2016).

Entretanto, cumpre lembrar novamente que os movimentos autonomistas não são novos na história do associativismo brasileiro, no período analisado neste livro. Na década de 1960, dado o regime militar vigente pós-1964, o que entrou para a história como marcante foi mais a luta política dos estudantes contra a ditadura, mas não se pode esquecer o movimento de jovens da contracultura do período, inspirado pelos ideais autonomistas, que extrapolou o campo artístico. Também no final dos anos de 1970 e 1980, os autonomistas estiveram atuantes, por exemplo a já citada *Revista Desvios*, e os trabalhos de Eder Sader (1988). Na atualidade eles se organizam de forma transnacional, com pautas que contêm certo "espírito global", que podem ser acionadas em qualquer lugar do mundo. Muitos deles inspiram-se em ideias libertárias, advindas do *revival* de algumas formas renovadas do anarquismo, no século XXI. Day (2005) e Souza (2011) fazem uma boa síntese das correntes autonomistas do século XXI.

O legado de junho não se restringiu ao aprendizado e experiências daqueles que vivenciaram os protestos. O legado se fez também nos desdobramentos posteriores, com o aumento de greves e mobilizações nos movimentos clássicos, assim como muitos deles foram levados a repensar suas práticas, insurgências contra as estruturas burocráticas que controlam os sindicatos, por exemplo.

As mobilizações de 2013 plantaram as sementes, atiçaram o desejo por outros modos de vida e valores na sociedade, especialmente entre as camadas médias da população. As reivindicações focaram como eixo central a mobilidade urbana, mas ela estruturava-se em um ponto básico: direitos sociais da população. Outro eixo que foi construído em junho de 2013, no processo de crescimento das manifestações em todo país, foi o da denúncia e combate à corrupção, especialmente contra os gastos para a Copa do Mundo de Futebol etc. O impacto da mobilização de multidões nas ruas, em várias cidades brasileiras, levou as autoridades a redução do preço das passagens de transporte, e algumas medidas legislativas de combate à corrupção se iniciaram.

Pode-se dizer que junho de 2013 levou a transformações político-culturais no sentido de criar novos valores e pontos de vista nos participantes e na sociedade em geral. Um dos grandes legados foi a legitimação do protesto social nas ruas como forma de busca por mudanças conjunturais. Eram protestos que negaram a política partidária, a forma como ela é praticada no país, mas não se definiram como apolíticos. Foi plantada e difundida à sociedade, especialmente pela mídia, a não política como um valor, e uma nova representação da cultura política formou-se a partir deste valor.

Outra novidade de 2013 foram os *Black Blocs* que entraram em cena trazendo formas de protestos do internacionalismo global (cf. SOLANO, 2014; FRIAS FILHO, 2017). Diferentes mídias tiveram papel importante no processo, não apenas para divulgar os protestos e suas agendas, mas também para construir internamente as manifestações. Concordamos com Pablo Ortellado, que organizou uma publicação em 2013, no calor dos protestos, e em 2017, avaliando quatro anos depois, disse:

> Velhas e novas forças políticas retomaram o controle da sociedade civil explorando um dos eixos dos protestos: a esquerda se arvorou a campeã dos direitos sociais e a direita, a paladina do

combate à corrupção. Com isso, as forças políticas cindiram ao meio o conteúdo reivindicatório de junho, enfraquecendo e dobrando a sociedade civil, colocando uma metade contra a outra, numa luta fratricida que só favoreceu *a classe política como um todo*. [...] É esse enfraquecimento gerado pelo conflito na sociedade civil que explica como que, a despeito do grande consenso em torno dos serviços públicos e do combate à corrupção, o desdobramento dos protestos permitiu que emergisse o seu oposto: a ascensão de nosso pior partido político com a missão de limitar os serviços públicos e encontrar algum tipo de salvaguarda contra as investigações da Lava Jato (ORTELLADO. "A negação de junho, quatro anos depois". In: *Folha UOL*, 13/06/2017).

Registre-se também que sobre junho de 2013 no Brasil já temos uma lista considerável de publicações, teses e dissertações acadêmicas, a exemplo de Singer (2013), Ortellado (2013), Nobre (2013), Domingues e Bringel (2013), Figueiredo (2014), Gohn (2015, 2017), Solano (2014), Tatagiba (2014), Silva (2014), Bucci (2016), Alonso (2017), Saraiva (2018), entre outros. Um balanço crítico comparativo sobre estas produções é tarefa para um futuro próximo até porque há diferentes paradigmas teórico-metodológicos orientando as análises, o que é muito bom, mas têm gerado interpretações contraditórias sobre junho de 2013. Há também disputas políticas (ou de grupos políticos) sobre o significado, interpretação, efeitos, impactos e consequências de junho de 2013. Todos(as) assinalam sua importância, mas alguns veem apenas uma retomada do conservadorismo, outros enaltecem como um renascer das lutas sociais. Para nós, foi um ano marcante porque várias correntes de pensamento e ação estiveram em cena disputando espaços físicos e adeptos, construindo narrativas contraditórias e adversas sobre o país. Não se pode esquecer também que a Lei 12.850 foi aprovada em 2013, no contexto das pressões populares de junho. Essa lei regulamentou as delações premiadas e levou ao aumento do número de prisões por quatro entre 2013 e 2017 (dados da Lei de Acesso à Informação, publicados em reportagem de *O Estado de São Paulo*, 25/06/2017: A4). Em 2013, segundo a ONG, art. 9, 70 projetos de lei foram apresentados no Congresso Nacional relativos aos protestos e apenas dois deles para criar salvaguardas para os manifestantes. A Lei Antiterrorismo, aprovada no congresso em 2018, é fruto daquela época. Neste contexto que reafirmo, 2013 ainda é um enigma a decifrar. Apesar do predomínio nítido dos autonomistas nas manifestações, líderes e grupos que vieram a organizar contracorrentes, em 2014, também estiveram presentes nas ruas em junho de 2013, segundo alguns registros fotográficos e depoimentos na grande mídia.

2º momento (2014): a criação de organizações movimentalistas/contracorrentes nas ruas

Observaremos, no segundo momento deste novo ciclo de lutas, em 2014, que em curto prazo, as transformações de 2013 geraram novos enunciados e novos grupos surgiram. Grupos conservadores, reacionários e neoliberais, denominados como "patriotas" por Alonso (2016) ganharam espaço nas convocações via redes sociais para atos de protesto nas ruas. Eles introduziram novidades na *performance* dos protestos a partir de 2015, com outros focos e alvos em suas ações, trabalhando o repertório da não política, contra a corrupção, preconizando a atuação conservadora do estado no plano da moral (família, educação, aborto, drogas, casamento etc.), tudo isso de forma muito contraditória. Focaram em determinados políticos e partidos.

Ou seja, o repertório das formas de ação coletivas via manifestações e protestos performáticos nas ruas de 2013 (sem carro de som, com estética peculiar – camisas brancas, ou pretas, ou mascarados etc.) foi apropriado por outras correntes político-ideológicas que se apropriaram das *performances* (agora com camisetas verde-amarelo e símbolos nacionalistas), e das formas de organizar e convocar os atos, via on line nas redes. Esse grupo transforma também o repertório discursivo de 2013 (luta pelo direito à cidade e outros), em repertório discursivo sobre o tema da corrupção (ainda que este tema tenha aparecido de forma tímida por alguns grupos em 2013). Esse eixo, também se junta aos novíssimos (porque há três décadas, manifestações nas ruas eram de grupos da esquerda, progressistas etc.). Entretanto, para diferenciá-los, como já assinalei antes, eu os denominei como "organizações movimentalistas", porque de fato diferem dos movimentos sociais autonomistas, assim como dos novos culturalistas, identitários. Diani e Bison (2010) nos fornecem bases explicativas para nossa nomenclatura:

> Os processos de movimento social são identificados como a construção e reprodução de densas redes informais entre uma multiplicidade de atores que compartilham uma identidade coletiva e estão engajados em um conflito social e/ou político. Tais processos são contrastados com os processos de coalizão, nos quais as alianças com vistas a alcançar objetivos específicos não se apoiam em vínculos de identidade significativos, e com os processos organizacionais, nos quais a

ação coletiva, na maioria das vezes, ocorre antes em referência a organizações específicas do que a redes mais amplas e menos definidas (DIANI & BISON, 2010: 250).

Portanto, há profundas diferenças entre os jovens que iniciaram as primeiras convocações às manifestações em junho de 2013, e outros grupos de jovens que, a partir de 2014 criaram outros tipos de mobilizações e outros repertórios, focados no plano político contra o governo federal, no processo que levou ao *impeachment* de Dilma Rousseff. Os novos grupos – as organizações movimentalistas, ativistas basicamente virtuais, convocam manifestações em determinados momentos em função de interesses de pautas construídas com foco no poder político central do país. Eles cresceram e se multiplicaram. Criaram associações e realizaram encontros e congressos. Criaram uma Aliança composta de cerca de 30 entidades diferentes destacando-se o Vem Pra Rua (liberal), o MBL (Movimento Brasil Livre), Nas Ruas (conservadores) e os Revoltados On Line (reacionários). O VPR, o MBL e os Revoltados foram criados em 2014. O Nas Ruas surgiu em 2011, herdeiro de grupos reunidos em 2007, época do processo "Mensalão" e da articulação "Cansei" – movimento preliminar a vários outros consolidados na década de 2010. Alguns de seus principais líderes entraram posteriormente para a política partidária, foram eleitos para cargos públicos, nas eleições de outubro de 2016 e de 2018. A maioria tem pautas liberais ou conservadoras, critica a atuação do Estado na economia e apoia lutas com repertórios de retirada de direitos, especialmente direitos sociais modernos, que dizem respeito ao corpo, sexualidade, religião etc. Os que têm pautas liberais, focam as críticas na corrupção, na necessidade de mudanças no Estado, no governo e apoiam as operações jurídicas em andamento, como a Operação Lava Jato. Com isso conquistam a opinião pública dada a conjuntura e o momento político vigente desde 2014.

Assim, partir de 2014 amplia-se e fica mais claro o leque das tendências político-ideológicas nas ruas, com a criação dessas novas organizações movimentalistas. O controle da pressão popular nas ruas sobre o governo passou a fazer parte do processo de disputa por espaço junto à opinião pública. Ano de eleição presidencial, 2014 demarcou um recuo dos novíssimos autonomista e um crescimento de outros grupos nas ruas.

As organizações movimentalistas convocaram os cidadãos brasileiros clamando para saírem do conforto de suas poltronas e irem às ruas tal dia para protestar contra a corrupção – um tema/problema que teve amplo apoio da população, para ser combatido. Mas junto com esta demanda central incluíam-se outras, como contra a presidente da República, contra o Partido dos Trabalhadores etc. As denúncias de escândalos com dinheiro público na Petrobras, seguida da criação da Operação Lava Jato – voltada ao combate contra a corrupção e a prisão de políticos/administradores e empresários envolvidos, criaram a moldura para o imaginário da política como algo ruim, e esse ruim era sinônimo dos políticos de plantão no então governo federal. A necessidade de renovação estava posta. A dimensão sociorrelacional, citada no capítulo 1 nos ajuda a compreender estes fatos porque o uso das redes e mídias politizaram o espaço da política e foram veículos para a criação e divulgação de ideias-chave que se difundiram rapidamente. Com isso, gerou-se forças, social e política na esfera pública, para muito além das teias de relações comunitárias e de solidariedade diretas, observadas ao longo das décadas de 1970 e 1980.

Outro ponto a destacar é: as organizações movimentalistas criadas a partir de 2014, apresentavam-se como apartidárias, mas o foco delas, de fato, foi a política partidária, pois a narrativa dos discursos produzidos era (e ainda é) contra determinadas correntes políticas partidárias vigentes.

Neste contexto que devemos entender a criação de contracorrentes no campo dos novíssimos, como o VPR, MBL, Nas Ruas etc. como propostas liberais, conservadoras ou reacionárias, diferenciando-os do MPL, e outros grupos da corrente dos autonomistas. E são as organizações movimentalistas que progressivamente ganharam o apoio da maioria da população, no embate de forças e tensões sobre o regime político vigente, e levaram milhões de cidadãos brasileiros às ruas (cf. mais em GOHN, 2017a).

Renato Janine Ribeiro assinalou que, no Brasil, após 2013, "a descoberta da política virou aversão a ela". Mas Janine faz um alerta otimista: "A história dos últimos 500 anos é de um aumento crescente – embora interrompido inúmeras vezes – dos direitos humanos e da democracia" (RIBEIRO, R.J. "Cinquenta primaveras de maio". In: *Folha de S. Paulo* – Ilustríssima, 13/05/2018: 3).

Com a confusão no imaginário popular entre apartidário e apolítico, o conjunto dos novíssimos movimentos reforçam a representação bastante divulgada desde 2013, de negação da política. Progressivamente formam-se representações antissistema e apesar da negação da política partidária – nos moldes que funcionava, a população passou a se interessar pela política. Mas outras representações da cidadania também foram desenvolvidas, a exemplo da necessidade de estar vigilante no uso do espaço e dos bens públicos. É interessante também lembrarmos da máxima "o preço da liberdade é a eterna vigilância" (atribuída a Thomas Jefferson, e utilizada muitos anos depois por Aldous Huxley). Ao mesmo tempo que a frase é útil para pensarmos sobre os rumos da democracia, ela também já foi utilizada de maneira equivocada, como vigilância sobre o comportamento dos indivíduos, uma espécie de *big brother* moderno.

3º momento (2015-2016): a multidão retorna às ruas

Em 2015 altera-se o foco da demanda principal nas ruas – não mais a mobilidade urbana, mas o governo federal, pauta-se o *impeachment* da Presidente Dilma Rousseff como meta. A população aderiu a um grande número das convocações feitas pelas organizações movimentalistas; transformaram as ruas, praças e avenidas não só em territórios de cidadania, mas também de avaliação pública de políticos, governos e partidos. Ocorrem as maiores manifestações públicas da história brasileira. A polarização se instaura na política.

Ser contra ou a favor do *impeachment* era demarcado não apenas pelo rol do repertório de demandas, mas também pelo estilo das manifestações, cor das roupas, bandeiras, *banners* etc. Esses fatos, aliados à conjuntura de crise econômica e política, criaram condições e oportunidades políticas favoráveis ao fortalecimento das organizações movimentalistas, algumas delas estruturadas com a racionalidade de uma empresa. A gestão empresarial e a governança corporativa são modelos a seguir, em toda organização movimentalista, mesmo que composta por voluntários. Convocam a população em momentos estratégicos, sem ter bases de militantes organizadas, usando apenas os cliques disparados on line. Certamente que a grande cobertura da mídia alavancou muitos cidadãos à adesão aos protestos. Dia, hora, local eram divulgados com antecedência e os atos tinham ampla cobertura ao vivo por TVs, e em todas as mídias comunicacionais possíveis. Nas organizações movimentalistas os adeptos são ativistas de causas que legitimaram discursos e práticas sobre a prioridade da ordem e da eficiência econômica – no plano do Poder Executivo central; e o protagonismo de posições conservadoras no Poder Legislativo. Observamos também que há nessas correntes uma inversão na concepção do que seja um movimento social, o termo movimento é substituído muitas vezes por siglas ou termos de forte apelo popular, como Vem Pra Rua (que era um jargão do Passe Livre), ou a sigla MBL (Movimento Brasil Livre), para lembrar/confundir com MPL (Movimento Passe Livre). Observa-se nesses casos que o movimento aparece como resultado da ação coletiva e não a construção de uma ação coletiva. Há um grande protagonismo dos mediadores e editores das ações coletivas, não como lideranças, mas como ativadores e pontos de referência. São muitos e não se concentra na figura de um líder principal.

Em 2016 os movimentos sociais clássicos e os antigos "novos" movimentos sociais se uniram, formando "frentes" para retomar as ruas como espaço de protesto, após perderem a hegemonia destes territórios para as contracorrentes criadas a partir de 2014. Cerca de 100 movimentos, sindicatos e organizações civis formam as duas frentes: Frente Brasil Popular e Frente Povo Sem Medo. Juntas coordenaram atos de porte médio contra o *impeachment* de Dilma (médio quando comparado às multidões que saíram em março de 2015 e março de 2016; mas as frentes conseguiram arregimentar atos com cerca de 100 mil pessoas). A construção de um discurso comum passou a ser visto como um fator essencial na articulação e dos grupos de oposição ao *impeachment*. Buscaram articular suas demandas ao redor de um objetivo comum, criando uma narrativa comum, centrada na denúncia de um "golpe". Para Polletta, "as narrativas são formas de discurso, veículos de ideologia e elementos dos *frames* da ação coletiva" (POLLETTA, 2006: 11).

Ao mesmo tempo a grande mídia cotidiana ajudou a construir um novo imaginário na sociedade civil de esperanças por liberdade, direitos, justiça, igualdade e cidadania democrática a partir de ações do Poder Judiciário, no qual se travam batalhas e se decide sobre rumos e significados de ações e pessoas na esfera pública. Esse poder passa a ter o papel de um novo sujeito histórico, seus atos têm grande visibilidade e a legitimidade da maioria da população, sendo a operação Lava Jato seu símbolo máximo. Estruturas e ordenações jurídicas, que desde a Constituição de 1988 criaram oportunidades legais para a formulação de políticas sociais e consolidar direitos sociais, direitos humanos e combate às desigualdades, passam agora a ter novo papel na sociedade. O desenrolar do processo criou quadros referenciais básicos de representação na sociedade sobre o tema da corrupção. De janeiro de 2013 a junho de 2017, as prisões por corrupção crescem 288%, a maioria foi resultado das delações premiadas previstas na já citada Lei 12.850, de 2013, promulgada também como resposta aos protestos de 2013. O comportamento dos presentes nas ações dos envolvidos na Lava Jato, passa a ser indicador de avaliação dos políticos não apenas no plano judiciário, mas também no imaginário popular dada a visibilidade que tais atos adquirem via a grande mídia. Essa visibilidade transforma as delações, julgamentos condenações e outras ações jurídicas em espetáculos midiáticos.

A partir do *impeachment*, em agosto de 2016, as manifestações convocadas pelas organizações movimentalistas reduzem-se consideravelmente (as poucas que ocorreram demandaram a defesa da Operação Lava Jato e tiveram pouco público). As pretensões políticas desses grupos tornam-se explícitas com a candidatura de membros do MBL nas eleições municipais de 2016. A explicitação maior se dará a partir de 2017 com postulações no plano estadual e federal para as eleições de 2018. A Constituição Cidadã começa a ser questionada e desmontada em direitos básicos, pelos novos grupos políticos que assumem o poder após o *impeachment* da presidente em 2016. Inicia-se um processo de fragilização da democracia com tendência à desdemocratização, nos termos de Tilly. Wanderley G. dos Santos chama a atenção para: "o estudo da problemática democrática contemporânea está indissoluvelmente ligado à investigação sobre a dinâmica institucional, e não somente conspiratória, de esvaziamento da vontade eleitoral" (SANTOS, 2017: 12).

Após o *impeachment* crescem as correntes contra a nova ordem institucional vigente do novo governo federal do Presidente Temer. Os movimentos clássicos (o campo dos sindicatos e movimentos populares) voltam às ruas onde a pauta das manifestações focam o "Fora Temer", contra às reformas (trabalho, previdência, Ensino Médio etc.), contra corte de gastos públicos, eliminação de ministérios, contra projetos de lei como a Escola Sem Partido, reforma do Ensino Médio etc. Alguns atos tiveram grande público, mas a maioria atraiu o público usual de seus adeptos. A população deixa de participar de manifestações à medida que o novo governo Temer se instala, com um ministério composto de políticos com denúncias de corrupção, e formado apenas com homens.

O ano de 2016 notabilizou-se também pelas práticas de "escrachos" – ações relâmpagos de grupos de jovens autonomistas, em locais de visibilidade ou residência de políticos.

Deve registrar também que, entre 2015 e 2016, ocorre paralelamente às manifestações a favor e contra o *impeachment*, a irrupção de lutas na área da educação básica, especialmente no Ensino Médio da rede pública, configurando um campo de renovação do movimento dos estudantes e dos jovens em geral. Essas manifestações serão abordadas no próximo capítulo.

4º momento (2017-2018): novas alterações no cenário das ruas – redesenho das articulações

O avanço das reformas no Congresso Nacional ao longo de 2016 levou à reativação das lutas em 2017, especialmente sindicais, com manifestações contínuas, com apoio de movimentos sociais, organizados nas frentes acima citadas, e a convocação de uma greve geral no dia 29 de abril de 2017, a qual não levou grandes multidões para as ruas, mas, de fato, conseguiu paralisar as atividades de muitos setores, inclusive o da educação básica da rede particular. As denúncias envolvendo o Presidente Temer, que vieram à tona via mídia no dia 17 de maio de 2017, criam novidades na cena das manifestações nas ruas. Diante da perplexidade da grande maioria da opinião pública frente aos áudios e vídeos apresentados exaustivamente pela TV, especialmente pela Rede Globo houve, de início, o ensaio de um ato de protesto conjunto, com várias correntes e contracorrentes, no dia 21 de maio de 2017, em várias cidades brasileiras. Mas foi só um ensaio, de fato os atos foram convocados e administrados pela Frente Brasil Popular e pela Frente Povo Sem Medo, e tiveram baixa adesão popular. O ato marcado para o dia 24 de maio, em Brasília, contra as reformas, a Trabalhista e a da Previdência, transformou-se em ato contra o governo Temer, e teve maior repercussão. A grande adesão dos setores afiliados à CUT – Central Única dos Trabalhadores, partidos de oposição, movimentos sociais populares etc. levaram 500 ônibus a Brasília e se transformou, ao final do dia, em uma batalha campal em frente a Esplanada dos Ministérios, com a volta da atuação dos *Black Blocs* e a Força Nacional de Segurança nas ruas, convocadas pelo Palácio do Planalto. Vidros quebrados, incêndios, feridos e destruição do patrimônio público foi o saldo final. A partir daí a reivindicação por eleições diretas (e não de eleições indiretas, pelo congresso, na eventual saída do presidente) passou a ser a tônica das frentes de oposição. Mudou também o estilo dos atos. Ao invés de nova passeata ou concentração de protesto, a área da cultura foi acionada. Ocorreram dois grandes "*shows/mício*" ao ar livre – um na Praia de Copacabana no Rio, no dia 28 de maio, com artistas da MPB de renome, e um outro "*show/comício*", no dia 4 de junho, em São Paulo, no Largo da Batata, em Pinheiros, com artistas mais populares do rap etc. – que demarcaram atos que demandaram as Diretas Já. Os showmícios transformaram-se em uma agenda mais ampla, com atos político-culturais em Salvador, Belo Horizonte, Porto Alegre e Belém do Pará (onde denunciou-se também a violência no campo), ao longo do mês de junho de 2017.

No dia 5 de junho de 2017, em reunião realizada em Brasília na CNTC (Confederação Nacional dos Trabalhadores do Comércio), cerca de 55 entidades de diferentes setores da sociedade civil anunciaram uma "Frente Ampla Nacional pelas Diretas Já", com quatro metas/*slogan* de campanha: "Fora Temer!", "Diretas Já" e "Contra as reformas antipopulares", "Nenhum direito a menos". Em 8 de junho – ocorreu o lançamento da Frente Parlamentar Suprapartidária pelas Diretas – na Câmara dos Deputados A Frente Brasil Popular elaborou um Plano de Emergência ao país pedindo a antecipação das eleições diretas para 2017.

As manifestações de 30 de junho de 2017 contra a reforma trabalhista e previdenciária do governo federal, conclamada como greve geral, foram realizadas em um grande número de cidades, mas teve a adesão apenas de militantes dos sindicatos e movimentos que as convocaram. A multidão não aderiu, houve divisão entre as centrais sindicais; em São Paulo, a categoria dos transportes – espinha dorsal para qualquer paralização de vulto, não aderiu à greve. Os *Black Blocs* voltaram à cena no Rio e em São Paulo. Os impactos sobre a vida cotidiana da cidade foram pontuais, localizados. Em São Paulo, no dia seguinte, pôde-se ler na imprensa manchetes como: "Manifestantes fecham a Rodovia Hélio Schmidt, que dá acesso ao aeroporto de Guarulhos, na região da grande São Paulo". O ato foi convocado por centrais sindicais e movimentos sociais.

O silêncio da multidão que saiu às ruas em 2015-2016, diante das novas convocações em 2017, pode ser explicado por um misto de sentimentos de desilusão, descrença e ou abandono do interesse no coletivo, como também como uma introspecção nos interesses individuais. Uma pesquisa realizada pela Fundação Perseu Abramo em 2017 sobre moradores da periferia paulista corrobora nossa hipótese de que tem ocorrido mudanças substanciais nos valores e na cultura política da população brasileira, abrangendo um leque grande de camadas sociais e não apenas as camadas médias como querem crer alguns analistas. A pesquisa qualitativa em tela trata do imaginário social dos moradores da periferia de São Paulo.

A greve geral convocada por centrais sindicais do país para 30 de junho de 2017 teve protestos e baixa adesão da população. Acenou-se para um próximo Ocupa Brasília, por parte de centrais sindicais, mas a reforma trabalhista foi aprovada em 11 de julho de 2017. Isso tudo com o silêncio enigmático das organizações movimentalistas que convocaram os atos em 2015-2016, os quais atraíram multidões às ruas.

No segundo semestre de 2017 ocorreram algumas alterações no cenário das articulações entre os movimentos e as organizações movimentalistas. A explicação primeira dessas alterações está na disputa eleitoral visando as eleições de 2018. Embora o Fora Temer tenha prosseguido (com menor intensidade após julgamento no judiciário que liberou o Presidente Temer de ir a julgamento), a demanda por eleições diretas (antecipadas) perdeu sentido porque perdeu-se o prazo, as bandeiras principais de todos os movimentos e organizações tiveram outro foco. A condenação de Lula em primeira instância em julho de 2017, no primeiro processo que foi julgado, foi o ponto decisivo para muitas das alterações. Nesse sentido, as manifestações dos movimentos clássicos afastaram-se da forma movimento social porque, segundo Tilly, não se observa, por exemplo, campanhas de reivindicações coletivas dirigidas a autoridades-alvo, um dos elementos para caracterizar um movimento social. Além disso, Tilly também afirma: "O repertório do movimento social se justapõe aos repertórios de outros fenômenos políticos, tais como a atividade sindical e as campanhas eleitorais" (TILLY, 2010: 137). Ou seja, os movimentos sociais, com exceção dos autonomistas, passaram a atuar mais como movimentos políticos, os repertórios das demandas priorizaram interesses de grupos específicos em função do jogo do poder político. A reforma trabalhista foi aprovada no Senado Federal ao final do ano após inúmeras negociações envolvendo troca de apoio por liberação de verbas, cargos, ou projetos sem que tenha ocorrido uma oposição forte para barrar a retirada de vários direitos dos trabalhadores. A narrativa da necessidade da modernização das relações trabalhistas predominou no imaginário da sociedade. Os sindicatos perderam um pilar fundamental de sustentação – os recursos financeiros advindos da contribuição anual obrigatória de um dia de trabalho de todo trabalhador com carteira assinada.

Os movimentos clássicos, embora ainda unidos por duas "frentes", iniciam processo de fragmentação. Em 27 de agosto de 2017, as frentes de movimentos sociais ligadas a grupos de esquerda fizeram manifestação no Largo da Batata em Pinheiros (São Paulo), a princípio para traçar cenários para a candidatura do ex-Presidente Luiz Inácio Lula da Silva. Foi o primeiro evento da iniciativa do grupo "Vamos", uma plataforma política criada pelo MTST (Movimento dos Trabalhadores Sem Teto), que envolveu uma nova articulação entre partidos da esquerda e o MTST, assim como setores da CUT, UNE; ou seja, o grupo da Frente Povo Sem Medo. O "Vamos" teve como inspiração o movimento espanhol "Podemos" e recebeu a visita do de um de seus líderes, o espanhol Rafael Mayoral, em novembro de 2017. O líder do MTST, Guilherme Boulos, teve no segundo semestre de 2017 uma trajetória de destaque. De um lado ele liderou uma megaocupação em São Bernardo do Campo, com 6.500 famílias; de outro, participou de articulações que levaram a indicação de seu nome como candidato a presidente em 2018 pelo PSOL. Em 10 de dezembro de 2017, o MTST comemorou 20 anos com um *show* no mesmo Largo da Batata, o qual teve a presença de Caetano Veloso e outros artistas nacionais. O evento foi considerado também como um ato de desagravo à proibição do *show* que havia sido programado para a ocupação em São Bernardo do Campo e foi proibido pelas autoridades, que alegaram "questão de segurança". O "Vamos" elaborou um Plano de Governo após 4 meses de debates, que contou também com a participação de petistas, a exemplo de ex-Ministro Tarso Genro. O documento chama-se: "Sem medo de mudar o Brasil! Vamos" (*Folha de S. Paulo*, 10/12/2017: A7).

Alguns dos novos movimentos sociais, identitários, fizeram no segundo semestre de 2017 manifestações isoladas tais como os índios do grupo guarani que vivem no Pico do Jaraguá (São Paulo), que ocuparam o parque local e interromperam o sinal de telecomunicação de antenas de TV e celulares localizadas no Pico, atingindo cerca de 600 mil pessoas, como protesto pela não demarcação de suas terras. Em dois dias o conflito foi equacionado e os indígenas abandonaram o local das antenas.

Até o final de 2017, o Governo Temer, com alto índice de reprovação pela população e envolvido em denúncias e escândalos de corrupção, desativou estruturas participativas institucionalizadas por onde fluíram grande parte das teias e redes participativas construídas pelo governo Lula, e parcialmente ativadas no governo Dilma. Registre-se que no governo de Dilma as autoridades governamentais tinham dificuldade em dialogar com os movimentos sociais, especialmente com maioria de jovens, porque grande parte do público que atua nas estruturas institucionalizadas advém dos movimentos de forma identitária, formados a partir da onda de novos movimentos sociais que sacudiu o país ao final dos anos de 1970-1980 e parte dos anos de 1990. A maioria desses participantes não é, na atualidade, da faixa etária dos jovens.

Antes de passarmos ao campo das transformações operadas no segundo semestre de 2017 nas organizações movimentalistas, deve-se registrar a crise e os protestos nas universidades públicas brasileiras contra o corte de verbas e ocupação de alguns campi (UFSC, UFMG, UFPR, UFPE) por forças policiais com mandados de prisão ou investigações. Direitos constitucionais básicos foram desrespeitados, os direitos à informação, de fala, de defesa, foram supridos via ações que supõem culpados *a priori*. O ex-reitor da Universidade Federal de Santa Catarina suicidou-se após ter condução coercitiva, ser preso, interrogado e proibido de adentrar no campus, após sua soltura. Marchas pela Ciência foram realizadas em São Paulo, Rio de Janeiro e Belo Horizonte coordenadas por instituições científicas tradicionais e de prestígio como a SBPC (Sociedade Brasileira para o Progresso da Ciência). Instituições internacionais de pesquisa como a Lasa (Latin American

Studies Association), Alas (Asociacion Latinoamericana de Sociologia), Brasa (Braziliam Studies Association) e outras também fizeram notas de protestos nas redes sociais.

Os movimentos e organizações movimentalistas liberais tiveram muitas alterações no segundo semestre de 2017. Eles também quebraram a unidade construída em 2015-2016. O "Fora Temer" deixou de ser bandeira do MBL (Movimento Brasil Livre), assim como o Nas Ruas. O Vem Pra Rua (VPR), que afirmava ter 1,6 milhão de seguidores no Facebook continuou com o repertório da luta contra a corrupção e convocou, sozinho, em 27 de agosto uma manifestação contra a proposta de criação de um fundo público para custear as campanhas eleitorais de 2018. R. Chequer, um dos articuladores do VPR, em entrevista à *Folha Uol* em 26/08/2017 afirmou – que a renovação política, principalmente dos parlamentares do Congresso Nacional, também estaria na pauta. Meses depois, R. Chequer afastou-se da presidência do Vem Pra Rua para articular sua candidatura ao governo do Estado de São Paulo pelo Partido Novo que, segundo afirmam, rejeitam coligações e recursos de fundo partidário (cf. *Folha de S. Paulo*, 16/12/2017: A15). Em novembro de 2017 o Vem Pra Rua articulou uma nova "Frente", a Frente pela Renovação (antes denominada "Aliança Nacional dos Movimentos Democráticos"), juntamente com grupos de coletivos como: "Agora!", "Acredito" (liderado por brasileiros que estudaram em Harvard), "Brasil 21", "Renova Brasil", "Construção", a "Aliança Brasil", o "Instituto de Relações Internacionais e Comércio Exterior (Irice)" (que tem um ex-embaixador brasileiro), o "Nós" com atuação na periferia, o *Ranking* dos Políticos", o "Fora Corruptos", "Cariocas Direitos", "Chega de Impostos" e "Dossiê PT", entre as 52 entidades congregadas na Frente (*Folha de S. Paulo*, 17/11/2017: A8; 02/11/2017: A7). A nova Frente neoliberal elaborou uma cartilha que prevê na área econômica a continuidade das reformas: trabalhista, e previdenciária e a redução do papel do Estado. O repertório da agenda da Frente inclui propostas como gestão eficiente do Estado, responsabilidade fiscal, redução da desigualdade, combate à corrupção e respeito às liberdades individuais (cf. *Folha de S. Paulo*, 02/11/2017: A7). Grande parte desses coletivos/grupos participou no dia 11 de novembro de 2017 de um evento independente na Câmara Municipal de São Paulo, denominado Virada Política.

O MBL – Movimento Brasil Livre também passou a agir segundo metas para o pleito de 2018, com seu líder Kim Kataguiri vindo a ser eleito deputado federal, um dos mais votados, assim como articulou atos isolados, a favor do projeto Escola Sem Partido, contra exposições em museus com temática de gênero, diversidade sexual etc. – como o boicote em Porto Alegre, em exposição que acabou sendo cancelada; e contra a visita da feminista Judith Butler ao Brasil, com atos ofensivos aos direitos humanos em sua palestra no Sesc (São Paulo) e no aeroporto de Congonhas, ao sair do país, em novembro de 2017. O MBL promoveu ainda, nos dias 11 e 12 de novembro o seu 3º Congresso, em São Paulo, num complexo empresarial, com ingressos pagos, apoio de líderes do PSDB, com a presença dos então prefeitos João Dória (São Paulo), Nelson Marchezan Jr (Porto Alegre) e ACM Neto (Salvador). A pauta do congresso destacava: privatizações, gestão da máquina pública, redução do Estado etc., ou seja, acabou a "unidade" de correntes e contracorrentes e cada um foi explicitando a que veio, quais suas metas e causas.

Há centros de estudos e pesquisas que apoiam as novas siglas partidárias que foram criadas e os novos coletivos que se autodenominam como movimentos, mas são de fato também organizações movimentalistas, destacando-se o Instituto Milenium, o Instituto Liberal e o Instituto Mises Brasil (*O Estado de S. Paulo*, 26/03/2017: A9). Não podemos deixar de lado ainda as ONGs que se envolveram no tema do combate à corrupção, pois realizaram uma campanha, organizada por mais de cem entidades da sociedade civil e é capitaneada por seis ONGs: Transparência Internacional, Instituto Ethos, Observatório Social do Brasil, Movimento de Combate à Corrupção Eleitoral (MCCE) etc.

Nesta conjuntura indaga-se ainda sobre o MPL (Movimento Passe Livre). O que lhe ocorreu após junho de 2013? Ele não desapareceu, perdeu o protagonismo, teve divisões internas, dissidências, por um tempo mudou sua estratégia de ação, voltou-se para a periferia e não mais apenas nas ruas centrais da cidade. O MPL apoiou manifestações contra a Copa em 2014, e realizou atos pontuais em janeiro de 2015, 2016 e 2017. Em 2017 a repressão sobre algumas lideranças dos autonomistas, ou processos judiciais, fizeram com que recuassem ou concentrassem esforços na luta contra o Projeto Escola Sem Partido. Em janeiro de 2018 o MPL voltou a protagonizar vários atos no centro de São Paulo, contra o novo aumento da tarifa de ônibus. Em janeiro de 2019, numa nova conjuntura política totalmente adversa, O MPL retorna à cena pública em São Paulo contra o reajuste de 7,5% nas tarifas de ônibus, trens e metrô. (As autoridades alegam que havia desequilíbrio financeiro porque em 2016 e 2017 a tarifa não sofreu reajuste, em 2018 o aumento foi abaixo da inflação etc.) Segundo a imprensa, nos primeiros atos, 15 mil pessoas participaram do ato de protesto, com final semelhante a 2013 – depredação de agências bancárias. Mas o contexto político é totalmente diferente de 2013, em 2019 houve a promulgação de decreto estadual com legislação que restringiu e endureceu as regras para a realização de um protesto público, tais como, não se pode usar máscaras. Criou-se também um novo ator, o policial mediador, também chamado de os coletes azuis, para fazer a ponte entre representantes ou líderes dos protestos e o comando da Polícia Militar, em princípio para evitar cenas de violência. A história segue, com novas convocações de protestos, quando este livro está concluindo-se. Para nós, os principais legados do MPL são seus elementos estruturantes, a saber: a forma de organização em coletivos – horizontais, com ação direta, flexíveis, sem ter as amarras hierárquicas de uma associação formal; o primado da cultura como eixo organizador de suas demandas, lastreada numa utopia, um ideal (passe livre para todos); postura apartidária (não antipartidos ou apolíticos); e o caráter educativo não formal que suas práticas geram. Tudo isso são elementos que fundamentam o campo dos "autonomistas", dentro do novo ciclo de protestos políticos brasileiros de 2013 a 2017, analisados no capítulo 1.

2018: o ano de surpresas e resultados não previstos pelos analistas

Ano de disputa e tensão eleitoral, cinco fatos se destacam ao longo de 2018, no plano da política, levando a novas mobilizações, protestos, manifestações ou ocupações nas ruas, embora não tão expressivas como em 2015-2016. Passamos ao registro dos fatos em ordem cronológica:

1) O desabamento de um prédio de ocupação no centro de São Paulo em janeiro de 2018. A situação precária que viviam veio à tona com a tragédia e o conhecimento público sobre a existência de outros 70 imóveis na capital na mesma situação. Tragédias que ceifaram vidas humanas, que talvez pudessem ter sido evitadas se ocorresse maior fiscalização e controle público estatal. Elas entraram na pauta do território brasileiro nesta década com o incêndio na Boate Kiss, em Santa Maria, Rio Grande do Sul em dezembro de 2013; o rompimento da barragem do Fundão, em Bento Rodrigues, região de Mariana, em novembro de 2015; o acidente aéreo que matou quase todo os jogadores do time de Chapecó em novembro de 2016; a queda do edifício no centro de São Paulo citada acima; e a terrível e injustificável repetição de catástrofe de rompimento de nova barragem, desta vez a do Feijão, em Brumadinho em janeiro de 2019, sob a gestão da mineradora Vale do Rio Doce; o incêndio no "Ninho do Urubu", Centro de treinamento do time de futebol Flamengo, matando dez atletas adolescentes que dormiam em alojamento (que era um *container*), no dia 8 de fevereiro de 2019; assim como outras tragédias mais localizadas, com menor número de vítimas, ou com perdas de bens materiais inestimáveis como o incêndio no Museu Nacional no Rio de Janeiro em 2018. São cenários que não podem ser desvinculados da omissão de responsabilidade de autoridades, empresários, órgãos públicos etc. Eles remetem diretamente a descrença e a crise de representação que a sociedade tem em relação aos órgãos públicos e a descrença nos políticos. Mas também são cenários que registram a comoção e a solidariedade da maioria da população – os brasileiros não são apáticos.

2) O assassinato da Vereadora Marielle Franco em 14 de março de 2018, no Rio de Janeiro, líder de várias causas: das mulheres, dos homoafetivos, das questões de raça e etnia, dos pobres e moradores das comunidades de favelas etc. O crime provocou comoção, solidariedade e indignação. A população saiu às ruas para protestar, especialmente no Rio de Janeiro, cidade da vereadora. O crime teve também grande repercussão internacional. Até fevereiro de 2019, nada esclarecido!

3) A prisão do ex-Presidente Lula em 7 de abril de 2018, após a reiteração da condenação a mais de 12 anos em janeiro de 2018, levou um grande ato de protesto e resistência em São Bernardo do Campo, no dia em que ela se efetivou, e a protestos, passeatas e acampamento em Curitiba, próximo da prisão. Após efetuada a prisão, a batalha jurídica intensificou-se por parte de seus advogados e do PT para soltá-lo, seguida e concomitante ao fato de se lançar candidato a presidente, até ter o registro da candidatura indeferido, em 31/08/2018. A prisão consolidou a grande divisão de opiniões na sociedade, os contra e os a favor da medida.

4) A greve dos caminhoneiros que paralisou o país em maio de 2018. O uso de tecnologias para organização/protestos e apoio da população (inicial, Pesquisa Datafolha) fez deste acontecimento algo ímpar na história do país, embora centenas de greves e paralizações de caminhoneiros tenham ocorrido antes no país. Talvez uma das diferenças: os atores/organizadores e a forma do protesto, utilizando-se de mídias e tecnologia. Em 2013 as redes sociais tipo Facebook predominaram. Em 2018 foi o WhatsApp o qual cria grupos que se

multiplicam. Não se sabe de quem partiu as iniciativas, proliferam-se mais facilmente as informações e a *fake news*.

5) A eleição de outubro de 2018, para a Câmara Federal, Senado, governadores de Estado e, especialmente, à presidência da República. A intensa movimentação política polarizou e acentuou a divisão da sociedade brasileira. Vigorosos movimentos políticos entraram em ação e atos de protesto foram criados como "Ele Não", com grande participação de mulheres, referindo-se ao então candidato Jair Bolsonaro. As divisões político-ideológicas e a falta de consensos entre os candidatos, da esquerda e do centro; levaram a uma plêiade de candidatos à presidência e ao lançamento de inúmeros nomes novos na representação política oficial. Quanto ao cidadão comum, observou-se, nas pesquisas de opinião realizadas pela mídia, e nos espaços públicos cotidianos (transporte público, supermercados, farmácias etc.), uma polarização enorme da opinião pública, com visível ênfase daqueles que eram antissistema, "contra tudo o que está aí". Sentimentos de indignação foram se formando e transformando-se em uma nova percepção e cultura sobre a política e os políticos. Esse processo foi gerado desde 2013 entre uma grande parcela da população. Criou-se representações de que havia necessidade de mudanças radicais, havia corrupção, deveria haver renovação etc. Este cenário levou a sigla partidária "Livres" (PSL), nova e desconhecida, a eleger Jair Bolsonaro presidente da República, com alguns segundos apenas na propaganda eleitoral na TV no primeiro turno, e no 2º turno com propaganda somente via redes sociais, com o candidato em sua casa, sem participar de debates ou campanha nas ruas, devido ao

atentado que sofreu em 6 de setembro – levou uma facada em um ato da campanha. O atentado, condenado pela maioria da população, por políticos, empresários etc. contribuiu para que a maioria da população se definisse no leque de opções do 1º turno em termos de: "é ele que queremos". O segundo turno, disputado entre Jair Bolsonaro, do PSL, e Fernando Haddad, do PT, polarizou as atenções da sociedade no campo da política, dividindo as opiniões, cristalizando cisões já existentes, levando ao redesenho das forças político-partidárias do país. O resultado, sabemos: J. Bolsonaro: 55,13%; F. Haddad: 44,87%.

O PSL elegeu também uma bancada de mais de 50 deputados federais, entre eles lideranças de organizações movimentalistas acima citadas como Carla Zambelli do "Nas Ruas". O Partido Novo – com 1,3 milhão de seguidores nas mídias sociais – também se saiu bem em eleições para governador de alguns estados. Todos eles apostaram na militância on line, com críticas aos movimentos clássicos e à esquerda, focalizando nos temas da segurança pública, combate à corrupção e família – retorno a preceitos e valores tradicionais, conservadores. O que isso nos sinaliza? Em um primeiro momento, uma resposta fácil é – a sociedade não se modernizou como pensavam muitos intelectuais e políticos. Mas se considerarmos toda a trajetória de fatos e acontecimentos relatados neste livro, especialmente pós-2013, conclui-se que a maioria fez a opção para o retorno ao tradicional, não importa se ele é conservador, atrasado ou liberal. Essa maioria que saiu vitoriosa era movida pelo desejo de mudar os governantes, retirar o PT de cena, identificado como causa de "tudo que estava aí" – expressão corrente nas redes sociais. O movimento antissistema, anti-*status quo* vigente dominou a cena política indo muito além de uma "rebelião das camadas médias" ou "elites raivosas", como alguns analistas querem nos fazer crer. Deve-se considerar que, olhar para a sociedade civil é extremamente importante, mas deve-se olhar também para o Estado e seus governantes, suas práticas e políticas. É para este espaço da política que a sociedade se interessou. Estes olhares parecem nos indicar o que registrei na apresentação deste livro, a partir de Tilly, a desdemocratização. Ela surge aos poucos e vai crescendo não por insatisfação popular com a democracia, mas em virtude de defecções entre as próprias elites dirigentes e de oposição. A desarticulação entre a esquerda, e o chamado "centrão" levou a maioria da população a optar pela direita, até como forma de punição contra o que diziam: "contra tudo o que está aí". As denúncias de corrupção na administração pública, especialmente no plano federal, embora não exclusiva das últimas décadas, foi uma bandeira pautada e cultivada cotidianamente pela grande mídia, apresentando fatos, documentos, processos e decisões jurídicos. Elas impactaram a opinião pública e deram visibilidade a outras propostas e correntes políticas desconhecidas, que se apresentaram como novas, e passaram a lutar pelo poder. Relembro aqui as análises de Jasper (2016) sobre as emoções afirmando que elas não são respostas automáticas, não racionais, ou inatas, inerentes ais indivíduos, mas são *culturalmente construídas*. Não devem ser confundidas com os sentimentos dos indivíduos. São formadas diferentemente em cada contexto. A pauta da corrupção, com evidências de fundamentos quanto ao mal uso do dinheiro público, apresentadas cotidianamente pela mídia, foi culturalmente construída, e passou a ser o mote que fundamentou a busca do novo.

Após junho de 2013: o esvaziamento ou desconstrução das políticas participativas institucionalizadas

Em 2013 no Brasil clamou-se nas ruas contra a má qualidade dos serviços públicos (especialmente educação, saúde, segurança e mobilidade urbana). Clamou-se por cidadania de fato, "Padrão Fifa". A liberdade de expressão emergiu como regra do regime democrático. Entretanto, este direito, garantido em clausula pétrea da Constituição (significa que não pode ser alterada por ementas), acabou por se transformar em um dos valores principais a ser defendido, pois os atos de violência nas ruas, depois de junho de 2013, colocaram em risco aquele direito.

É importante registrar que junho de 2013 passou ao largo das formas de participação institucionalizadas, tanto no perfil predominante dos manifestantes e organizadores dos protestos – a maioria jovens, como nas *performances* e formas de expressão – nas ruas, com convocação pelas redes sociais etc. Mas o repertório que foi ecoado nas ruas tinha as políticas públicas como alvo, especialmente o transporte público. A indagação de governantes e analistas foi: O que ocorreu? Onde estava este povo todo antes? Cadê as formas institucionalizadas de participação? Na realidade, a surpresa foi mais aparente do que real. Pesquisas já indicavam, desde o final da primeira década de 2000 os inúmeros problemas e entraves nas formas institucionalizadas (cf. MILANI, 2008; MARTINS, 2008; COELHO et al., 2010; LAVALLE, 2011; SOUTO, 2011 e outros). No início da década de 2010, Relatório do Instituto Polis e do Inesc conclui que:

> A participação esbarrou nas práticas políticas tradicionais e em um sistema político com sérios vícios, reafirmando a importância da Reforma Política para pautar mudanças que combatam

essas práticas conservadoras e democratizem o Estado e a relação com a sociedade. [...] Entre 31 conferências que mencionaram objetivos ligados ao fortalecimento ou criação de espaços participativos para a gestão de políticas públicas, apenas cinco mencionaram a garantia do acesso de grupos muitas vezes excluídos do processo político (SOUZA. *Relatório Polis/Inesc*, 2011: 61).

Alguns analistas observam ainda que a participação em formas institucionalizadas, na década de 2010, gerou o "ativismo institucional" (ABERS, 2011), ou seja, ativistas que adentraram as estruturas de cargos estatais, ou já se encontravam nestes cargos e passaram a ter mais espaço de atuação depois da Carta de 1988.

> Os militantes do movimento entram no Estado – fazendo "ativismo institucional" (ABERS & TATAGIBA, 2016) – e lá permanecem, submetidos a regras e normas que operam naqueles espaços institucionais, ainda que não determinadas por eles, enquanto o contexto político lhes for favorável. O mesmo pode ser dito sobre a participação do movimento em Instituições Participativas como conselhos gestores ou, ainda, sobre a gestão e implementação de programas governamentais por organizações de movimentos. O movimento pode disputar e alcançar espaço nas instituições e nelas atuar enquanto seu mandato durar. Esta atuação prolongada no tempo caracteriza-se como encaixe (CARLOS; DOWBOR & ALBUQUERQUE, 2017).

Registre-se ainda que no plano mais geral das formas institucionalizadas, imediatamente após as grandes manifestações da população nas ruas, praças e avenidas em junho de 2013, houve tentativas e estímulos por parte do então governo federal para incrementar a participação nos espaços públicos.

Foi elaborado um decreto (8.284) que instituiu o que o governo federal chamou de uma nova política de participação social, buscando um maior diálogo entre sociedade civil e governo. O decreto, de 23 de maio de 2014, institui a Política Nacional de Participação Social (PNPS), cuja principal meta era acompanhar a formulação, a execução, o monitoramento e a avaliação de programas e políticas públicas, assim como o aprimoramento da gestão pública. Ele previa um conselho de políticas públicas (responsável por estimular a participação no processo decisório), uma conferência nacional (instância periódica de debate, de formulação e de avaliação), uma ouvidoria federal e audiências públicas como ferramentas de mobilização e participação social. Mas foram ações tardias do então governo federal. O que se viu foi o aumento da participação popular nas ruas, praças e avenidas, a partir de 2013, sendo proporcional à diminuição ou refluxo das formas de participação institucionalizadas, nas políticas públicas, especialmente a partir do *impeachment* de Dilma Rousseff, em agosto de 2016. A multidão que retornou às ruas em 2015 mudou o conteúdo, o significado e o sentido da participação nas manifestações (cf. GOHN, 2017a).

No plano da gestão local/municipal, ou dos estados da federação, algumas políticas participativas tiveram continuidade pós-2013, nos locais administrados pelo PT ou outros partidos de espectro mais à esquerda. Em São Paulo, por exemplo, entre 2013 e 2014, na gestão municipal de Fernando Haddad, foram implementadas experiências participativas que fogem do modelo dos conselhos, fóruns etc. Implementam-se experiências participativas que incluem os cidadãos, especialmente jovens, não para representar apenas numa dada instância, mas para também operacionalizar práticas de formação profissional articuladas no campo da gestão cultural, denominadas como "cidadania cultural" por determinado período de tempo. Por detrás dessas iniciativas observa-se dois objetivos – o da inclusão social, buscando formação para o mercado de trabalho, reunindo aprendizagem prática com aprendizagem reflexiva – desde que os participantes possam aproveitar saberes anteriores (campo das artes em geral, p. ex.), terem novas ideias e incorporá-las no trabalho desenvolvido, em uma dinâmica que transcende a noção de simples treinamento. Mas o programa em si é pré-formatado pela administração, não criado pelos jovens participantes. O segundo objetivo advém da busca para criar bases de apoio e conexões com a sociedade; nesse segundo objetivo o sentido da política é diferente das IPs antes analisadas porque busca desenvolver práticas novas, que deem espaço para a atuação de intermediários, e contribuam para o desenvolvimento de uma cultura política que esteja em consonância com as diretrizes da administração daquele momento. Trata-se de uma nova modalidade do ativismo institucional. A questão e a dúvida que ficam nessa nova modalidade foi levantada por Abers e Tatagiba quando indagam: *Que tipos de políticas públicas resultam quando ativistas de movimentos sociais se tornam formuladores de políticas?* (ABERS & TATAGIBA, 2014: 25).

Pode-se citar como exemplo desse novo ativismo, ainda no caso paulista, o Programa Jovem Monitor Cultural, da Secretaria de Cultura de São Paulo. Partiu-se de experiências anteriores da própria gestão municipal, no período Martha Suplicy (2001-2004) que também buscou dinamizar a participação dos jovens via a formação profissional; e da existência do

Centro Cultural da Juventude "Ruth Cardoso" (CCJ), criado em 2006; assim como aproveitou-se projetos pilotos advindos de lei regulamentada em 2009,

> com vistas, inicialmente, a preparar a cidade para a recepção turística "jovem" nos equipamentos culturais por conta dos eventos da Copa do Mundo de 2014 e das Olimpíadas de 2016. Mas somente em 2013, após o ápice deste novo cenário de agravamento da ruptura entre Estado e sociedade civil, que o programa foi implementado dentro dos moldes da legislação e regulamentação municipal e, em tese, com base na Política Nacional de Juventude consolidada no Estatuto da Juventude que entrara em vigor (PIERO, 2019: 16).

Não obstante ter ocorrido iniciativas como as relatadas em São Paulo, o que passou a predominar com as pessoas que foram às ruas é que participar em políticas institucionalizadas deixou de ser um valor, pois elas queriam negar a política, que era vista e confundida com cargos no governo. Não achavam que estavam fazendo política. Com os acontecimentos de 2016, durante e após o *impeachment* da Presidente Dilma Rousseff, as políticas sociais também mudaram. A partir desta data, descontroem-se políticas participativas do modelo de gestão social participativa, o modelo econômico redefine-se segundo prioridades do ajuste econômico, reformas constitucionais (trabalhista, previdenciária), teto de gastos públicos etc. O cenário político cultural também muda com o acirramento das tensões políticas e a divisão da sociedade entre os contra e os a favor, dessa ou daquela tendência. Certamente que os espaços formais, institucionalizados continuam, são conquistas da sociedade. Mas eles devem ser reavaliados, pois além dos limites apontados anteriormente, a partir de 2015, surgem novos limites e constrangimentos dados por novas diretivas dadas às políticas públicas, pelos novos grupos políticos partidários que passaram a ocupar o poder central, em diferentes níveis da gestão pública. As estruturas burocráticas de inúmeros conselhos foram desativadas, reuniões não são convocadas e muitos conselheiros mais proativos deixam de participar da composição dessas esferas públicas. Para Dahl, os dois fatores mais importantes na mudança cultural são as práticas de contestação e inclusão. Nos períodos de tensão política intensificam-se as comunicações e as deliberações sociais, ocasionando uma relação mútua entre a mudança de valores e o recrutamento de lideranças políticas (1982). É o que se observa no Brasil. Durante a vigência do modelo da gestão social participativa, ainda que houvesse problemas na sua operacionalização, como os apontados acima no relatório do Polis/Inesc (2011), havia políticas de inclusão social.

Com o *impeachment* as práticas de contestação levaram à organização de novos grupos e novas lideranças que passam a postular cargos públicos via eleitoral. Registre-se, contudo, que o espectro político desses novos grupos também é diferenciado. Os que tiveram maior visibilidade foram os liberais, conservadores, que lideraram os grandes atos de protestos em 2015-2016; organizaram posteriormente grupos e cursos de formação política para o lançamento de novos nomes aos cargos eletivos, a exemplo do citado "Agora". Mais outros grupos nasceram e inovaram. Ao invés de negar a política, passaram a lutar por ela, via a criação de coletivos com o objetivo de formar bancadas de ativistas, para renovar os quadros da representação eleitoral. A eleição de representantes destes coletivos, em 2018, demonstra a eficácia das ações estratégicas desses coletivos. A Bancada Ativista, já citada anteriormente, criada em 2016 com o objetivo de apoio a candidaturas militantes (pela Rede e pelo Psol), elegeu, em 2018, para a Assembleia Legislativa de São Paulo, a primeira deputada negra e transexual, Erika Hilton. Em Minas Gerais, o coletivo "Somos Muitas" elegeu, também em 2018, a deputada federal mais bem votada no seu partido (o Psol). Reivindicando a expansão da democracia através da participação direta do oprimido, o coletivo pretende ocupar as instituições do legislativo com um mandato coletivo, militante e independente. Nesses casos, deixou-se de lado a confrontação e o antagonismo como foco central e buscou-se fortalecer, na sociedade civil, grupos de representação extrainstitucionais, e posteriormente, alguns deles se candidataram a cargos públicos.

Durante e após o *impeachment*, várias políticas de inclusão, previstas na Carta de 1988, e construídas ao longo da década de 2000, passaram a ser questionadas e revistas pelo governo federal. Um boletim da Associação de Professores da Unicamp expressou bem o novo cenário:

> Os últimos dois anos têm sido marcados, no Brasil, pela expressiva perda de direitos conquistados e/ou consolidados a partir da retomada do processo democrático. A PEC que congelou por 20 anos os investimentos em educação, saúde e seguridade social; a reforma trabalhista e seu projeto de terceirização; a ameaça de reforma da previdência, que virá trazer consequências nefastas a toda a classe trabalhadora; a flexibilização do trabalho escravo e a redução de programas de inclusão social, são alguns exemplos dessas perdas (*Em defesa da ordem democrática*

e da justiça igualitária [Disponível em https://adunicamp.org.br – Acesso em 11/04/2018]).

Algumas conclusões: as ruas e a democracia no Brasil
As manifestações nas ruas têm nos demonstrado também que democracia é um processo em permanente construção, não algo dado, ou encerrado na letra de uma Carta Magna, ou no processo periódico de ida às urnas. A multidão, que aderiu sair às ruas, foi às manifestações como forma de pressionar por mudanças. Trata-se de um processo histórico-cultural, sempre datado. Isso nos leva ao objetivo deste capítulo: analisar o papel e desenvolvimento de manifestações coletivas nas ruas, organizadas por coletivos, movimentos ou organizações, com pautas e repertórios que seguem dados valores e práticas. Nossa hipótese inicial confirma-se com a análise do período 2013-2018 deste capítulo. As manifestações contribuíram para alterar a cultura política da sociedade e tiveram efeitos e consequências contraditórias para a democracia em curso. Neste cenário, o suposto inicial colocado na apresentação deste livro de que, no Brasil, na atualidade, a democracia está sendo tensionada, também se confirmou. Estamos utilizando o conceito de democracia para além do voto. Há democracia quando se inclui o império da lei, o respeito aos poderes constituídos, a liberdade de imprensa e de expressão, o respeito aos direitos das minorias e o respeito às oposições

É importante relembrar que o associativismo civil tem tido nas ruas um dos espaços e *modus* de existência de maior visibilidade e de contribuição para a formação da opinião pública, nos termos citados por Habermas (1997b), na apresentação deste livro. O associativo advindo da participação em estruturas institucionalizadas, estatais ou não, compostos por conselhos, câmaras e grandes conferências nacionais; assim como políticas específicas às mulheres, juventude, afrodescendentes ou áreas temáticas como alimentação etc. extensamente tratadas no capítulo 2, entrou em crise e provavelmente será a forma que sofrera as maiores alterações no cenário brasileiro a partir de 2019, com a mudança do caráter das políticas de inclusão a partir de direitos para políticas de integração, a partir de critérios de alinhamento ao modelo conservador e seus requisitos. Desenha-se um modelo de reformas estruturantes – de olho nas contas públicas, ajustes fiscais, equilíbrio financeiro etc.; e não reformas estruturais, que podem incidir na questão das desigualdades sociais.

Em síntese: um breve olhar sobre os protestos e manifestações a partir de junho de 2013 leva-nos a observar: há múltiplos processos de subjetivação na construção dos sujeitos em ação – os acontecimentos no calor da hora provocam reações que geram novas frentes da ação coletiva. A composição das mesmas é complexa, diversificada, com múltiplos atores, propostas e concepções sobre a política, a sociedade e o governo. As emoções dos indivíduos e coletivos ganham destaque nos protestos políticos e podem assumir papel ativo da construção do social. Muitos dos que protestaram negaram a política partidária atual. Contudo, não basta focar nos indivíduos, nas organizações e nos eventos de protesto, como bem disse Diani (2003). É preciso observar também a multiplicidade de laços entre os diferentes atores, episódios ocorridos na conjuntura sociopolítica e cultural paralelos aos eventos que poderão lhes dar sentido e direção. A pluralidade de indivíduos, grupos e organizações presentes nas manifestações com predominância dos jovens, deve ser analisada pelas redes de compartilhamento de crenças e pertencimentos, pelas interações informais e pelas identidades coletivas que vão construindo. Os conflitos político-culturais dos manifestantes, especialmente no caso dos jovens na atualidade, devem ser lidos com chaves analíticas diferentes das que foram utilizadas para analisar os denominados novos movimentos sociais identitários nas décadas de 1980-2000. Esses últimos atuavam inspirados por ideais de emancipação e direitos coletivos básicos. Os atuais também focam direitos, mas organizam-se de forma diferente. Autonomia não é estar de "costas para o Estado", como foram denominadas muitas ações populares na década de 1970-1980, apoiadas pelo setor progressista do clero cristão. Autonomia na atualidade, para uma grande parcela dos jovens, como os que participam no MPL, é ter autodeterminação, longe de grupos partidários, sindicais ou religiosos.

Parte II

Participação, juventude e educação

O desenvolvimento da parte II deste livro tem três momentos. Inicialmente, no capítulo 4, problematiza-se o que entendemos por juventude na atualidade e o poder das redes e mídias sociais nas suas atuais formas de ação coletivas dos jovens; em seguida, no capítulo 5, faz-se o resgate do histórico das lutas pela educação no Brasil e a análise das recentes lutas e ocupações de escolas por jovens estudantes no campo da educação básica, formal. O terceiro momento retorna a 1968 e recupera-se a origem de várias pautas e demandas dos jovens na atualidade, no 6º e último capítulo.

4
JOVENS NA POLÍTICA NA ATUALIDADE
Uma nova cultura política da participação

Apresentação

Pesquisas do início dos anos de 2010 apontaram que 80% dos jovens do Cone Sul viviam no Brasil, o qual concentrava 50% dos jovens da América Latina. Esta cifra correspondia a 34 milhões de jovens dentre os quais, 50,5% homens e 52,9% negros. Destacam-se ainda: 28,2 milhões (83%) moravam na zona urbana, 5,9 milhões (17%) na zona rural; 20 milhões viviam em famílias com renda *per capita* de até um salário-mínimo. 1,3 milhão de jovens analfabetos, dentre os quais 900 mil negros (ROGGERO, 2012). Segundo o IBGE (Instituto Brasileiro de Geografia e Estatística), relativo ao Censo 2010, o Brasil tinha aproximadamente 51,3 milhões de jovens na faixa etária de 15 a 29 anos. Na atualidade, além do aumento, a estes índices deve-se acrescentar outro dado – o número de desempregados, que é maior entre os jovens. A crise não os afeta apenas do ponto de vista econômico, mas também político-cultural. Recessão, corrupção e violência formam um caldo que destroem a confiança e a esperança no futuro. Entre os jovens com escolaridade alta e que já atuam como profissionais no mercado de trabalho, ao final de 2015, pesquisa da Consultoria Deloitte Brasil (2015) registrou que 48% dessa camada de jovens estavam preocupados com a estabilidade nos empregos, deixando de lado o *modus operandi* desta geração então denominada como Y, imbuída ou capturada pela lógica da racionalidade neoliberal, que desde a década de 1990 tinha a mudança, a busca de inovações, e o empreendedorismo como paradigmas de vida. Ou seja, a conjuntura econômica da década de 2010 afeta os jovens de todas as camadas sociais e abriu espaço para eles olharem para a política, para os partidos e para o comportamento dos políticos, que passam a ser rejeitados, criticados.

Destacamos neste livro uma das faces do modo de ser do jovem na atualidade: sua participação sociopolítica e cultural em coletivos, movimentos sociais ou órgãos públicos como conselhos. O interesse pelos jovens decorre da constatação de sua participação majoritária nas manifestações de protesto que vêm ocorrendo em espaços públicos no Brasil desde 2013. O capítulo objetiva apresentar um estudo sobre o papel dos jovens na cena pública brasileira a partir de 2013 destacando suas práticas em dois cenários: nas manifestações nas ruas e nas ocupações em escolas públicas da educação básica, enquanto estudantes. A escolha destes cenários decorre da importância e visibilidade das ações juvenis, as quais, partindo de demandas localizadas (mobilidade urbana em junho de 2013 e contrarreformas na educação, em 2015 e 2016). Em 2013 os jovens souberam sensibilizar e mobilizar outras camadas da população, que saíram às ruas para apoiar suas demandas (contra o aumento das tarifas). Rapidamente as manifestações ampliaram o repertório de reivindicações para outros pontos e áreas, gerando questionamentos das políticas públicas, modos de gestão e políticos vigente. O capítulo apresenta os valores e os princípios que fundamentam suas práticas, assim como as matrizes discursivas daqueles jovens, representados especialmente pelo MPL (Movimento Passe Livre), com perfil mais "autonomista". Nas lutas no campo da educação básica, especialmente das escolas públicas a partir de 2015, o artigo foca as demandas, práticas e princípios dos estudantes, e suas relações com os jovens de 2013.

Nossa hipótese é a de que há elementos comuns que articulam as práticas dos jovens nos cenários selecionados. Primeiro a dos direitos (DAHL, 2001). Quer seja para obtê-los, caso da mobilidade urbana e educação, quer seja para alterá-los, ou até suprimi-los (caso do MBL (Movimento Brasil Livre)), o que está em pauta são direitos. Segundo, os direitos em pauta são direitos modernos onde se destaca a cultura política (EDER, 1992) que os inspiram e que constroem no processo. Essa cultura alicerça-se em pressupostos advindos de concepções do moderno e não da modernidade. O moderno aqui é visto por meio das pautas que remetem às ações de modos de ser e estar dos indivíduos na sociedade, tais como as pautas de gênero, raça, religião, autonomia, liberdades civis e públicas etc. Os jovens demandam "igualdade – não somente nas condições de vida e oportunidades, mas também, de participação e liberdade" (SCALON, 2013: 184). As pautas da modernização, advindas desde os anos de 1940, a partir da segunda era Vargas, focalizam o desenvolvimento do país, a economia, os índices quantitativos da produção industrial e outras; valorizam a ideia de progresso – visto como a substituição do modo de viver cotidiano segundo tradições pelo modo de vida focado no consumo.

As fontes dos dados deste capítulo advêm de veículos da mídia, especialmente a escrita e on line (jornais *Folha de S. Paulo* e *O Estado de S. Paulo*), sites das redes sociais de movimentos, coletivos e organizações sociais de jovens; e pesquisas realizadas por institutos de estudos sobre opinião pública, como Ibope ou laboratórios universitários de acompanhamento da mídia.

Jovens e juventude: conceitos, estudos e políticas públicas

Partimos de conceitos já desenvolvidos em publicação anterior sobre os jovens e aqui reproduzimos um dos trechos básicos, a saber:

> O conceito de juventude, associado à condição de ser jovem, aparece na literatura sociológica sob dois eixos articulatórios de questões, problemas e características. O primeiro decorrente do pertencimento a uma dada faixa etária (onde também não há consenso), com ênfase aos aspectos geracionais de uma determinada fase de vida. O segundo destaca aspectos socioeconômicos e culturais determinados pela situação de classe social. Alguns autores afirmam que se deve falar no plural, juventudes, porque há múltiplas diferenças. Sposito (2003) constrói outras dimensões para a categoria jovem tais como, condição juvenil e situação juvenil. Estas categorias referem-se ao modo como a sociedade constitui e atribui significados à juventude em determinadas estruturas sociais,

> históricas e culturais, dentro de escalas e hierarquias sociais (GOHN, 2013b: 205-206).

Na década de 1990, Melucci alertava na participação dos jovens nos processos de contestação social o papel das comunicações e a criação de novos códigos. Diz ele:

> Nos últimos trinta anos a juventude tem sido um dos atores centrais em diferentes ondas de mobilização coletiva: refiro-me a formas de ação inteiramente compostas de jovens, assim como à participação de pessoas jovens em mobilizações que também envolveram outras categorias sociais. Começando pelo movimento estudantil dos anos de 1960 é possível traçar a participação juvenil em movimentos sociais através das formas "subculturais" de ação coletiva nos anos de 1970 como os *punks*, os movimentos de ocupação de imóveis, os centros sociais juvenis em diferentes países europeus, através do papel central da juventude nas mobilizações pacifistas e ambientais dos anos de 1980, através de ondas curtas mas intensas de mobilização de estudantes secundaristas dos anos de 1980 e começo dos de 1990 (na França, Espanha e Itália, p. ex.) e, finalmente, através das mobilizações cívicas nos anos de 1990 como o antirracismo no norte da Europa, França e Alemanha ou o movimento da antimáfia na Itália. Todas estas formas de ação envolvem pessoas jovens como atores centrais; mesmo se apresentam diferenças históricas e geográficas com o passar das décadas, elas dividem características comuns que indicam um padrão emergente de movimentos sociais em sociedades complexas, pós-modernas. Nesses sistemas cada vez mais baseados em informação, a ação coletiva, particularmente aquela que envolve os jovens, oferece outros códigos simbólicos ao resto da sociedade – códi-

gos que subvertem a lógica dos códigos dominantes (MELUCCI, 1997: 12).

Os jovens e a juventude na atualidade continuam a desafiar teóricos e teorias nas análises, No Brasil, autores como Sposito (2003), Dayrell (2009), Abramo (2005a), Abramo e Branco (2005), Carrano (1999), Novaes (2012), Diogenes (2005), Scalon (2013), entre outros, além dos clássicos, como Foracchi (1977 [1. ed., 1972; 2. ed., 2018]), têm se dedicado ao estudo dos jovens, particularmente no campo da educação formal. Em todos esses autores, quer se destaque os atributos positivos da juventude, associados à inovação e criatividade, portadores de mudança social; quer se destaque os atributos negativos, associados a problemas "da idade" ou as condições de vulnerabilidade socioeconômica (galeras da periferia), há um certo modelo ideal comportamental do "ser jovem". São raros os estudos (a exemplo de FORACCHI, 1972; SCALON, 2013) que focam as práticas e comportamentos dos jovens segundo uma lógica mais societal, de reinvenção da cultura política existente, de criação de relações que apontam perspectivas para a mudança e transformação social, adentrando no campo de novos direitos sociais, políticos e culturais; ou ao contrário, práticas e discursos que negam direitos já conquistados e postulam a volta a contextos que tencionam e enfraquecem a democracia. Os jovens também já foram analisados sob a ótica dos efeitos da superproteção ou como os "mauricinhos", que em passado remoto também já foram denominados como "juventude transviada", imortalizada em filme protagonizado por James Dean.

Segundo Regina Novaes:

> Na sociedade moderna, embora haja variação dos limites de idade, a juventude é compreendida

como um tempo de construção de identidades e de definição de projetos de futuro. Por isto mesmo, de maneira geral, a juventude é a fase da vida mais marcada por ambivalências. Ser jovem é viver uma contraditória convivência entre a subordinação à família e à sociedade e ao mesmo tempo, grandes expectativas de emancipação (NOVAES, 2012).

Os jovens, na atualidade, podem ser estudados sob vários papéis sociais, tais como: enquanto estudantes, produtores de arte, nas galeras, nos blogs e redes sociais etc. Estas práticas e comportamentos levam, tanto em 1968 como na atualidade, à temática dos coletivos e dos movimentos sociais. O mundo globalizado vive hoje novo ciclo de protestos com contestações políticas (cf. TILLY & TARROW, 2007), similar a década de 1960, com outros temas, formas de mobilização, conjunturas políticas e econômicas distintas etc., mas os impactos e efeitos na sociedade e nos governos, só vemos similares naquela década.

A internet é um dos principais elementos de diferenciação – ela tem revolucionado a forma da sociedade civil se comunicar e dos indivíduos interagir entre si. Ela propicia aos indivíduos o acesso à informação, antes monopólio de grupos e instituições ou acessível apenas a poucos. Mas a seleção, focalização e decodificação desta informação é feita não apenas pelos indivíduos isolados – há uma pluralidade de atores e agentes disputando a interpretação e o significado dos fatos e dados. É aqui que entram as redes sociais, os coletivos e os movimentos sociais com grande poder de formação da opinião pública. Eles não apenas decodificam como codificam os problemas e conflitos a partir de temáticas em torno das quais eles se articulam. A construção de redes impulsionam a cooperação, constroem e reforçam identidades coletivas, e são fundamentais para compreender as estratégias e a forma da atuação política dos atores em cena (cf. EMIRBAYER & GOODWIN, 1994).

Passou a ocorrer um alargamento da esfera pública com o advento das redes digitais, ainda que essa esfera seja excludente para muitas camadas sociais. O poder das redes vai além da mobilização. Impacta no caráter da ação coletiva desenvolvida. A internet tem alterado a formação, articulação e atuação dos movimentos sociais gerando impactos e resultados diferentes, na sociedade e nos próprios movimentos, segundo áreas territoriais com impacto maior nas regiões urbanas, dada as dificuldades de acessibilidade nas zonas rurais. Mas a localização geográfica apenas não explica por que muitos movimentos rurais têm sedes de suas organizações no urbano. Daí entra outro fator, a forma de organização. Aqui pode-se observar dois ângulos de abordagem sobre os jovens, de um lado a partir da sociedade, e de outro a partir do poder público. Na sociedade civil destacam-se os movimentos, os coletivos e as organizações movimentalistas. Os movimentos clássicos, de luta pela terra, moradia ou os sindicatos, contam pouco com a participação dos jovens, e usualmente se organizam de forma tradicional no rural ou no urbano. Eles têm concepções e estruturas organizacionais mais centralizadas, focalizadas em líderes ou lideranças. Eles também se articulam em redes e usam internet etc., mas o ambiente virtual é apenas uma ferramenta de apoio e não um vetor ou veículo básico de comunicação e interação. As articulações são mais dirigidas, fechadas, são mais homogêneas, entre pares. Internamente organizam-se via departamentos ou setores (jovens, mulheres ou temáticas problemas), mas dentro de uma linha com cultura organizacional homogênea. Agregam-se em identidades fixas, não se reinventaram, suas bases de apoio têm força midiática, mas desempenham um papel mais figurativo em termos das relações internas de poder, no interior do movimento. Desenvolvem formas de solidariedade interna, mas realizaram poucas transformações na forma centralizada de operar seus repertórios e se relacionar com os jovens, com outros movimentos, com a sociedade ou com governos. Além das características na forma de organização dos movimentos clássicos é importante também destacar que só nas últimas décadas que os jovens passaram a ter alguma especificidade ou visibilidade nos movimentos clássicos. Abramo contribui nessa discussão ao assinalar que os atores daqueles movimentos:

> enxergaram muito pouco a especificidade da juventude, das suas questões, de sua condição ou estilo de atuação. Os jovens estavam em seu meio como outros militantes e lideranças, sem uma atuação ou bandeiras específicas. A preocupação destes movimentos com os jovens era com a formação de novas lideranças e continuidade geracional. Esta "indiferença" dos movimentos sociais com o tema da juventude neste período de grande debate político pode ser um dos fatores que explica a incipiência e insuficiência das formulações da noção dos jovens como sujeitos de direitos, e da demora de sua inserção na pauta das demandas por políticas públicas (ABRAMO, 2005b: 26).

Este livro ressalta outras formas de ação coletiva com participação dos jovens, com o uso intenso da internet, que fogem completamente do padrão dos movimentos clássicos.

São os coletivos de jovens e as organizações movimentalistas, tratadas no capítulo 3, formando um grande campo de acolhimento de jovens, especialmente nas universidades. As organizações, movimentalistas com seus fundamentos de inspiração liberal e discursos que enfatizam o ataque contra a corrupção, apresentaram-se como "novos" abrindo espaços para incluir os jovens, "eleitos" como os portadores da renovação no campo das práticas políticas. Contam com apoio de grupos empresariais os quais criam ou dão suporte a entidades voltadas para o que denominam "empoderamento dos jovens", quer seja por meio de cursos ou de atividades no campo de Terceiro Setor.

Participação e políticas públicas na juventude

Para completar a caracterização da atuação pública dos jovens temos que citar as esferas públicas ligadas ao poder público. Já destacamos no capítulo 2 que na primeira década deste século, inúmeros programas e projetos de inclusão social foram formulados e implementados por órgãos governamentais tendo como público-alvo grupos em situação de vulnerabilidade socioeconômica. Bolsa Família, políticas de aumento do salário-mínimo, e inúmeras conferências nacionais temáticas em áreas do serviço público que resultaram em novas políticas sociais. Um grande sistema de participação institucionalizado foi instituído com conselhos, câmaras, fóruns, conferências nacionais etc. com representantes do governo e da sociedade civil. em políticas específicas às mulheres, juventude, afrodescendentes ou áreas temáticas como alimentação etc. Que tratamento tiveram os jovens junto às políticas públicas participativas? Regina Novaes (2012), destaca que a linguagem dos "direitos" passou a organizar e ressignificar um conjunto das demandas (de distribuição, de reconhecimento e de participação) da juventude desde que as políticas públicas de juventude foram institucionalizadas no Brasil, com as primeiras iniciativas do governo federal na implementação da Secretaria Nacional de Juventude e do Conselho Nacional de Juventude, em 2005. Portanto, de forma lenta e burocratizada, desde 2005, iniciou-se a construção de uma política nacional de juventude no Brasil, e os jovens como demandantes de direitos sociais. Foram criados os primeiros arranjos institucionais no tema, compreendendo um Conselho Nacional de Juventude (Conjuve), órgão consultivo composto por representantes do governo e da sociedade civil, com a atribuição de formular e propor diretrizes voltadas para as políticas de juventude; uma Secretaria Nacional de Juventude e um Programa Nacional de Inclusão de Jovens excluídos da escola e da formação profissional (ProJovem). Em 2008 ocorreu a primeira Conferência Nacional de Juventude com o tema "Levante Sua Bandeira", indicando a necessidade de se conhecer a juventude brasileira, quais suas demandas e bandeiras de lutas. A partir daí as alas dos movimentos de juventude que tinham vínculos com partidos ou sindicatos, passaram a ter participação em estruturas estatais temáticas da área, quer seja via Conferências Nacionais, ou no Conselho Nacional de Juventude, e até mesmo em cargos administrativos como na Secretaria Nacional da Juventude, na Secretaria Especial de Promoção da Igualdade Racial e outras.

No início da década de 2010, teve-se a aprovação da PEC da Juventude – 138/03, uma Emenda Constitucional que incluiu os jovens de 15 a 29 anos entre as prioridades do Estado em direitos como saúde, alimentação, educação, lazer, profissionalização e cultura, abrindo caminhos para a aprovação do Estatuto da Juventude e um Plano Nacional da Juventude. A este respeito afirma Severo:

> A PEC da Juventude, aprovada em julho de 2010, é um marco legal e político que coloca a discriminação, a violência ou opressão contra os jovens sob responsabilidade constitucional. A partir desse momento, solidificam-se os direitos particulares da juventude. A Proposta de Emenda à Constituição da Juventude possibilitou incluir os jovens como sujeitos de direitos no art. 227 da Constituição Federal, no Capítulo dos Direitos e Garantias Fundamentais que passou a se chamar "Da Família, da Criança, do Adolescente, do Jovem e do Idoso" ("Brasil", 2011: 98, apud SEVERO, 2014).

Em 2011 teve-se a 2ª Conferência Nacional da Juventude e em 2014 a 3ª Conferência. O Estatuto da Juventude foi aprovado depois de junho de 2013; só em 2018 foi aprovado, já no governo Temer, o Sistema Nacional de Juventude

Na realidade as autoridades governamentais no Brasil tiveram (e têm) dificuldade em dialogar com os jovens porque, na primeira década do novo século, optaram pelas formas institucionalizadas de participação civil, organizados de forma muito burocratizada. Muitos representantes da sociedade civil organizada que atuam nestas estruturas institucionalizadas, advêm dos movimentos a partir da onda de novos movimentos sociais que sacudiu o país ao final dos anos de 1970, 1980 e parte de 1990. Para eles a cidadania é uma vida política atrelada ao Estado à medida que seria este o responsável pela construção de práticas institucionalizadas dentro das estruturas estatais ou nos níveis intermediários, o chamado público não estatal. Há aqui uma questão geracional, utilizando o termo de Karl Mannheim (1952), que foi brilhantemente trabalhada por Foracchi (2018: 23-38). Como se sabe, M.M. Foracchi faleceu precocemente em 1972 e suas teses sobre o conflito geracional não têm sido devidamente investigadas neste século para que se compreenda a defasagem entre as culturas das gerações que convivem num tempo histórico (retomaremos a Foracchi no capítulo 6º, sobre maio de 1968). Grande parte dos funcionários da máquina burocrática estatal, muitos gestores públicos, e mesmo os representantes institucionais civis, não acompanharam as mudanças operadas no campo social, especialmente as novas formas de sociabilidade e comunicação geradas pelas redes e mídias sociais. Não se sintonizaram ou não perceberam que a grande maioria dos jovens que saíram às ruas em manifestações, como em 2013, não têm o Estado ou o poder público estatal como meta de participação porque seus referenciais sobre a cidadania são outros, especialmente os autonomistas, onde a cidadania é civil, cidadã, não institucionalizada. Ela é construída a partir da experiência e não da participação em modelos organizados, pautados pelos órgãos públicos. A cultura política que eles têm e reconstroem cotidianamente, advém de práticas experimentais e não de códigos ou programas oficiais. Novamente citamos Melucci que diz:

> a tentativa de controlar uma parte das organizações políticas e de transformar grupos juvenis em agências para políticas juvenis é uma orientação conflituosa, que toma a forma de um desafio cultural aos códigos dominantes. Em um ambiente que favorece a "pobreza" de recursos internos (desemprego, desintegração social, imigração) este último componente não pode ser bem-sucedido

na combinação com outros e o "movimento" juvenil se divide. Evapora-se na pura exibição de signos (variedade de tribos metropolitanas) produz a profissionalização pelo mercado de recursos culturais inovadores e, de forma ainda mais trágica, declina na marginalidade das drogas, da doença mental, do desabrigo (MELUCCI, 1997: 13).

Observa-se que canais, legislações e planos não faltaram nas últimas duas décadas. Por que os jovens não utilizaram os canais existentes para expressar suas demandas e repertórios nestas "janelas" de oportunidades políticas existentes? Minha hipótese básica – não aproveitaram porque, de um lado, discordavam das regras e normas existentes; e, de outro, tinham concepções e projetos sociopolíticos diferentes. Uma parcela do universo do associativismo civil, especialmente os jovens, organizada ou aglutinada em coletivos ou movimentos sociais, e semiesquecida na história das lutas sociais no Brasil, vem à tona com força e vigor: os autonomistas. Para eles a cidadania é construída a partir da experiência e da ação direta, com relações horizontais e não da participação em modelos organizados, pautados pelos órgãos públicos. A cultura política que eles têm e reconstroem cotidianamente, advém de práticas experimentais e não de códigos ou programas oficiais. O Movimento Passe Livre (MPL) e suas utopias representam esta facção, e posteriormente o movimento dos estudantes secundaristas. O MPL não foi criado em 2013, como já foi dito anteriormente, ele é da década anterior e foi criado em estruturas de oportunidades políticas geradas pelo modelo da gestão democrática, quando havia interlocução entre a participação da sociedade civil e setores dos governos constituídos, a exemplo de várias edições do Fórum Social Mundial.

Este clima de participação gerou um ambiente propício para a criação de coletivos de atividades socioculturais na sociedade e a implementação de planos e projetos sociais com apoio de subsídios financeiros de programas oficiais. Vários saraus, exposições, concursos e fóruns foram espaços de desenvolvimento para esses coletivos. Entretanto, os contatos com o poder público eram pontuais, nos apoios eventuais. Neste cenário os coletivos desenvolveram culturas de sustentabilidade e de críticas ao poder público, fortalecendo assim a cultura dos autonomistas, que não eram a favor de "estar de costas" para o Estado, como na década de 1970-1980, mas sim de um Estado eficiente no uso dos recursos públicos. A percepção da necessidade de outras mudanças foi gerando uma nova cultura política entre os jovens. As denúncias contra a corrupção, pós-junho de 2013, nutrem-se deste espaço e foi, progressivamente, apropriada como lema e problema central do país, pelos grandes órgãos de comunicação e informação, a grande mídia. A ampla parcela da sociedade aderiu aos chamados dos autonomistas em 2013, eram pessoas descontentes com a situação política e socioeconômica do país. E continuaram a sair às ruas em 2015 e 2016, conclamadas não mais pelo MPL, mas por novas organizações movimentalistas.

Com isso, concluímos o primeiro tópico da segunda parte deste livro constatando que a grande revolução operada na forma de comunicação entre os indivíduos jovens, com o desenvolvimento e consumo das novas tecnologias, especialmente a internet e o uso dos aparelhos móveis, geradores de grande potencial de mobilização da sociedade civil, criou novas formas de sociabilidade na sociedade civil, longe das estruturas estatais institucionalizadas. Por isso, em junho de

2013, quando grupos de jovens atraíram multidões às ruas, via convocação em mídias sociais, o poder público foi um dos grandes ausentes e se surpreendeu com a irrupção dos protestos. Criou-se um clima político onde não havia mediadores entre os manifestantes e os poderes constituídos, não havia interlocutores. O diálogo não fluía, apenas a polícia se fez presente, nos atos de violência contra os manifestantes. Portanto, entender e dialogar com os jovens pode ser uma das variáveis importantes que explique porque raramente os jovens participam de políticas públicas. Mas há variáveis mais fortes, decorrentes de filosofias e princípios de vida.

Conclusões: desafios para se entender os jovens neste novo milênio

Este capítulo apresentou um cenário novo de atuação dos jovens no Brasil, via análise de manifestações de protestos nas ruas. Observamos que as ações coletivas são múltiplas e diversificadas, partem de grupos de jovens pertencentes a diferentes camadas sociais com ideologia e princípios filosóficos também diversificados, quando não opostos. Vários grupos são coletivos que se organizam de forma transnacional, com pautas que se repetem em vários outros países e que podem ser acionadas em qualquer lugar do mundo. Muitos deles inspiram-se em ideias libertárias, advindas do *revival* de algumas formas do anarquismo, no século XX, revistas no século XXI (cf. DAY, 2005). Junto com a ascensão ou retorno das pautas libertárias dos autonomistas temos também o surgimento de organizações movimentalistas de jovens de perfil liberal ou conservador. Todos estes grupos protagonizaram a organização dos protestos nas ruas brasileiras entre 2013 e 2018, com repertórios de pautas, demandas e práticas diferenciadas. Diferenciadas também são "as culturas políticas" que se alicerçam ou ajudam a construir, no sentido dado por Klaus Eder (1992), da coexistência de culturas políticas num mesmo tempo histórico, com visões e valores diferentes.

Olhando para o futuro detectamos a importância de ampliar os estudos sobre as redes de mídias sociais e cultura digital para entendermos a cultura política e a nova cidadania dos jovens, assim como as possibilidades de uma democracia digital – aquela que tenta dialogar com a geração digital, que poderá combinar outras formas de democracia especialmente a representativa, com a democracia direta via on line. É preciso atentar para o futuro da democracia e os novos tipos de cultura política que estão sendo construídas, suas possibilidades de desenvolvimento incluindo as novas formas de participação dos jovens, e seus novíssimos movimentos ou coletivos, num cenário de queda da representação partidária. A recuperação de instituições públicas desgastadas é algo necessário, mas seu caráter mais ou menos democrático está em aberto, poderá ser o fortalecimento da democracia, como também a perda de direitos e o enfraquecimento da democracia, com órgãos não democráticos para o controle e regulação dos cidadãos. Por isso destacamos que os movimentos e coletivos de jovens na atualidade não são homogêneos – preferimos falar juventudes, no plural; alguns alavancam as práticas democráticas e tentam pautar novos direitos sociais (passe livre, p. ex.); outros, tencionam e enfraquecem a democracia, ao questionar direitos, como projetos do tipo "Escola sem Partido", e outros, a serem tratados no próximo capítulo.

5

LUTAS, MOVIMENTOS SOCIAIS E POLÍTICAS EM EDUCAÇÃO NO BRASIL
Um histórico de organização e confrontos

Apresentação: Antecedentes

Já afirmamos que os movimentos pela educação têm caráter histórico, são processuais e ocorrem dentro e fora de escolas e em outros espaços institucionais. As lutas pela educação envolvem a luta por direitos e são parte da construção da cidadania. Movimentos sociais pela educação abrangem questões tanto de conteúdo escolar quanto de gênero, etnia, nacionalidade, religiões, portadores de necessidades especiais, meio ambiente, qualidade de vida, paz, direitos humanos, direitos culturais etc. Esses movimentos são fontes e agências de produção de saberes. O tema dos direitos é fundamental porque ele dá universalidade às questões sociais, aos problemas econômicos e às políticas públicas, atribuindo-lhes caráter emancipatório. É a partir dos direitos que fazemos o resgate da cultura de um povo e de uma nação.

Podemos equacionar duas grandes fontes de demandas no campo da educação: no setor da educação formal escolar, e a educação não formal, desenvolvida em práticas do cotidiano, fruto de aprendizagem advinda da experiência ou de ações mais estruturadas, com alguma intencionalidade, objetivando a formação das pessoas em determinado campo, fora das grades curriculares, certificadoras de graus e níveis de ensino.

A área da educação formal tem sido, historicamente, fonte de demandas e reivindicações de todos os seguimentos sociais que compõem o seu universo: professores e demais profissionais do ensino, estudantes, pais ou responsáveis, gestores e proprietários de estabelecimentos de ensino etc. Dada a centralidade que o debate sobre a educação tem adquirido na atualidade é interessante resgatar alguns dados da origem dos movimentos e organizações associativas na área, pois eles nunca tiveram muita visibilidade na sociedade, restando a imagem de um campo de atribuição do governo ou dos sindicatos, mais recentemente.

No plano organizativo, a educação formal do ensino básico (atual Ensino Fundamental e Médio), tem uma longa história. Para situarmos os atuais movimentos sociais, temos organizações dos profissionais da área desde o final do século XIX. Moacir Gadotti afirma que "a primeira reunião de educadores brasileiros de que se tem notícia deu-se no Rio de Janeiro, em 1873, convocada por iniciativa do governo. Dela participaram apenas professores daquele município. Dez anos depois, realizou-se, na mesma cidade, uma Conferência Pedagógica que reuniu professores de escolas públicas e particulares da região" (GADOTTI, 1999: 1). Em 1902 criou-se a Associação Beneficente do Professorado Público em São Paulo, suspensa em

1919 (CATTANI, 1989). Em 1919 foi criada a Liga do Professorado Católico, vinculada à Cúria Metropolitana (VIANA, 1999). Viana destaca que o modelo de atuação chamado associativismo, "se aproxima em alguns momentos do sindicalismo tradicional – pelo seu caráter corporativo, assistencialista, mas também dele se distância – pelo seu caráter de abnegação e vocação, por exemplo" (VIANA, 1999: 74). Viana destaca também a questão de gênero no magistério primário da época: predominantemente composto por mulheres.

Em 1924 ocorreu a criação da ABE (Associação Brasileira de Educação). Alguns autores registram este fato como início de um movimento docente mais amplo no Brasil. A ABE teve papel de destaque a partir de 1927 quando passou a organizar conferências que chegaram a influir nos rumos da política educacional (organizou 13 conferências entre 1927 e 1967).

Em 1930 teve-se, em São Paulo, a criação do Centro do Professorado Paulista (CPP), que incorporou o patrimônio da antiga Associação Beneficente (cf. LUGLI, 1997; VICENTINI, 1997). O CPP criou um órgão de divulgação, a *Revista do Professor*, denotando que a questão da comunicação via um recurso de mídia já era uma preocupação na criação e formação de opiniões e consensos. A CPP foi uma entidade conservadora, assistencialista e corporativa. Somente nos anos de 1940 é que ela incorporou a reivindicação salarial em suas propostas, até então dedicadas a eventos culturais e ao lazer (VIANA, 1997). A Liga do Professorado Católico, acima citada, nos anos de 1930 engajou-se no debate entre católicos e os defensores do ideário escola novista. Em 1931 a Liga foi incorporada ao Centro do Professorado Paulista (CPP).

É importante relembrar que o ano de 1930 foi emblemático na história política brasileira; ele é considerado como o marco dos processos que levaram às reformas do Estado, à organização de uma nova institucionalidade, com a criação de ministérios, leis trabalhistas, e a reorganização do sistema de ensino, organizado basicamente pelos antigos grupos escolares de ensino primário, segundo as várias reformas estaduais que ocorreram na década de 1920. Todas as mudanças da primeira etapa do governo de Getúlio Vargas levaram à industrialização emergente do país e à urbanização de centros como São Paulo. Os fluxos migratórios foram substituindo os imigrantes pelos migrantes nacionais, de origem rural, a maioria composta de analfabetos. A situação econômica do país era precária e em 1931 ocorreu a Marcha da Fome, convocada pelo Partido Comunista do Brasil.

Foi nesta conjuntura que emergiu, entre 1931 e 1932, o Movimento dos Pioneiros da Educação. Movimento nacional relacionado à área do sistema educacional formal brasileiro. Foi criado por uma série de educadores, como Anísio Teixeira, Lourenço Filho etc. que tinham participado de reformas do ensino primário e secundário em vários estados brasileiros. O movimento propunha, entre outras demandas, a criação de um sistema nacional para a administração de políticas educacionais; o ensino público, gratuito e de caráter universalizante, a não diferenciação de sexos nas escolas etc. Os pioneiros lançaram um manifesto à nação (ROMANELLI, 1978). Os pioneiros participaram intensamente do debate entre os defensores do ensino confessional (católico) e do ensino laico (segundo os moldes do ideário escolanovista).

Em 1945, em São Paulo, foi criada a Associação dos Professores do Ensino Oficial Secundário e Normal do Estado de

São Paulo (Apenoesp) na cidade de São Carlos (12/03/1945). O documento de justificativa diz que ela foi criada porque a Confederação dos Professores do Primário (CPP) já não representava toda a categoria. Limitava-se ao ensino do 1º a 4ª ano primário. A criação da Apenoesp foi uma pressão da categoria dos professores por salários, mas também por parte daqueles que não se sentiam representados – principalmente os antigos ginásios e as Escolas Normais. A CPP continuou a existir e filiou-se à Confederação Mundial das Organizações de Profissionais do Ensino (Cmope), com sede na Suíça.

Em 1958 ocorreu a Campanha em Defesa da Escola Pública onde se destacaram a atuação de Florestan Fernandes, Anísio Teixeira e outros educadores (FERNANDES, 1966). A polêmica da escola pública laica *versus* a escola confessional, religiosa, colocada em pauta nos anos de 1930, esteve novamente presente na longa jornada de 14 anos de discussão e debates, no congresso nacional e entre os educadores, ao longo dos anos de 1950.

As lutas e organizações no campo da educação na década de 1960

Em 1961, após 14 anos de lutas e embates acima citados, foi promulgada a primeira LDB (Lei de Diretrizes e Bases da Educação). Criou-se um sistema nacional de ensino. Foi nesta conjuntura que surge, em 1961, o MEB (Movimento de Educação de Base), voltado para a educação popular de adultos segundo o método Paulo Freire. O MEB se desenvolveu mais no Nordeste, e o método de alfabetização de Paulo Freire tornou-se posteriormente conhecido em várias regiões do mundo.

Entretanto, tratar de lutas e movimentos no campo da educação na década de 1960 torna obrigatório focalizar o ano de 1968 e as lutas dos estudantes, especialmente os universitários, os quais serão abordados no último capítulo deste livro, dada sua importância, tanto para a memória histórica como para a atualidade.

No Brasil, sabemos, a década foi concluída com muitas perdas e perseguições políticas. No campo da educação, a Reforma Universitária, a cassação dos direitos políticos de centenas de brasileiros afetando diretamente dezenas de universidades, as prisões ou o banimento político de outras centenas de estudantes, são os trágicos registros de uma década que mudou o Brasil colocando-o na rota do capitalismo monopolista internacional.

As lutas e organizações a partir de 1970

Nos anos de 1970 seguem os tristes registros na história brasileira: ditadura militar, prisões e perseguições políticas, arrocho salarial, tecnocracia estatal no planejamento do chamado "milagre brasileiro" (SINGER, 1973) etc. No entanto, foi também um período de resistência e construção das bases para a redemocratização: retomada da organização sindical, surgimento de movimentos de comunidades de base (CEBs) nos bairros, movimento pela Anistia, reorganização partidária e criação de movimentos sociais que vieram a ser marcos no processo constituinte dos anos de 1980. Tudo isso delineou um cenário de lutas em que a área da educação esteve presente tanto no campo não formal (no aprendizado político que a participação nas CEBs e movimentos sociais geraram) quanto a no campo formal (pela expansão do ensino, especialmente o Ensino Superior, e nas lutas das associações docentes de todos os níveis). Logo no início da década, em 1971, promulgou-se uma nova Lei de Diretrizes e Bases da Educação, destinada à educação básica. Os efeitos da nova institucionalidade fizeram-se sentir na reorganização do movimento docente.

Em 1973, ocorre a transformação da Associação dos Professores do Ensino Oficial Secundário e Normal do Estado de São Paulo (Apenoesp) para Associação dos Professores do Ensino Secundário e Normal Oficial do Estado de São Paulo (Apeoesp) (cf. VIANNA, 1999; GOMES, 2003). A Confederação dos Professores Primários do Brasil, criada em 1960, deu origem em 1980 à Confederação dos Professores do Brasil, a CPB (que só teve densidade nacional após a Constituição de 1988) (cf. LUGLI, 1997; VICENTINI, 1997).

Novas organizações e movimentos surgem nos anos de 1970 na área da educação, tais como o Movimento de União dos Professores (MUP), em 1976. É interessante que a impossibilidade de formar sindicatos na área dos funcionários públicos, naquela época, levou à formação de vários grupos e tendências dentro do MUP. Pelo menos três se destacaram: uma de origem trotskista, a Organização Socialista Internacionalista (OSI) – que deu origem ao jornal *O Trabalho* –, a tendência estudantil Liberdade e Luta (Libelu), e o Movimento de Oposição Aberta dos Professores (Moap) que passou a se organizar pela base, em núcleos nas escolas. Essas tendências nada mais eram do que reflexo do movimento mais geral dos trabalhadores que, naquele momento, debatia-se sobre as formas de organização do sindicalismo de resistência do ABC (municípios paulistas de Santo André (A), São Bernardo (B) e São Caetano do Sul, e os grupos das Comissões de Fábrica do Sindicato dos Metalúrgicos de São Paulo e outras categorias, ou seja, na segunda metade dos anos de 1970, a organização dos professores aproxima-se da dos trabalhadores, deixando de ser específica da categoria para ampliar seu escopo, não apenas incluindo outros profissionais da educação, mas também se articulando com as correntes sindicais que vieram a dar origem, nos anos de 1980, à Central Única dos Trabalhadores (CUT), ao Comando Geral dos Trabalhadores (CGT) e, posteriormente, à Força Sindical e outras centrais. Nos anos de 2000, lideranças do movimento dos professores da época se transformaram em ministros de Estado.

O crescimento do papel do Estado na economia, durante os anos do "milagre" e do império da tecnocracia, teve como uma das consequências o aumento do número dos funcionários públicos. Embora a expansão tenha sido maior nos anos de 1980, quando o Estado absorveu grandes contingentes de trabalhadores dispensados da indústria e de outros ramos na crise de 1981-1983, o final dos anos de 1970 correspondeu à rearticulação daquela categoria de forma nova. A novidade ficou a cargo das alterações estruturais, na então escola pública de 1º e de 2º graus, criando uma escola massificada com grande número de funcionários, ou no Ensino Superior, também ampliado e massificado, dando origem às associações de docentes, de funcionários etc. (ROMANELI, 1988). O novo sindicalismo do ABC paulista influenciou as associações dos docentes e os profissionais da área da saúde.

Outro movimento social importante que surgiu na década de 1970 foi o Movimento de Lutas por Creches em São Paulo e em Belo Horizonte, criados em 1979. A origem destes movimentos também foi influenciada por fatores estruturais e conjunturais. No estrutural destacam-se: o empobrecimento das camadas populares e a necessidade de as mulheres trabalharem fora de suas próprias casas, para completar o orçamento doméstico; no conjuntural destacam-se: a organização das mulheres nas Comunidades Eclesiais de Base da Igreja Católica, a influência do Movimento Feminista e do Movimento da Anistia. Na cidade de São Paulo a Luta pela Creche pressionou o estado, por meio de ações da Prefeitura Municipal, a expandir a rede de creches públicas, então com quatro unidades apenas em 1977, para um plano de 500 unidades em 1979 (GOHN, 1985).

No plano da educação no meio rural, não se pode deixar de registrar no fim dos anos de 1970, a criação de movimentos no campo que vieram dar origem ao MST (Movimento dos Trabalhadores Rurais Sem Terra). Registros históricos assinalam um evento de 1979 em Santa Catarina como o início desse movimento no Brasil.

Finalmente, ainda nos anos de 1970, na área da educação, destacam-se a atuação de algumas entidades, a exemplo da Sociedade Brasileira para o Progresso da Ciência (SBPC), em suas reuniões de 1976 a 1980, que representaram momentos de resistência ao regime militar e de contribuição à luta pela redemocratização do país, e a criação de entidades nacionais de pesquisa na área da Pós-Graduação que se implantara no Brasil, de forma mais estruturada, nos anos de 1970. Como exemplos é possível citar a Associação Nacional de Pós-Graduação e Pesquisa em Educação (ANPEd) em 1977, e a Associação Nacional de Pós-Graduação e Pesquisa em Ciências Sociais (ANPOCs) em 1976. Em 1978, foi criada a Associação Nacional de Educação (Ande). Entidades voltadas à pesquisa, como o Centro de Estudos Educação & Sociedade (Cedes), da Universidade Estadual de Campinas

(Unicamp), desempenharam papel importante na articulação com a Anped e a Ande na organização das Conferências Brasileiras de Educação (CBE).

As lutas pela educação na década de 1980

Em 1981 ocorreu a fundação da Andes (Associação Nacional de Professores do Ensino Superior), nascida da união das associações docentes das universidades, principalmente públicas e comunitárias. O ano de 1984 entrou para a história do Brasil como o grande ano "da virada", de total esgotamento do regime militar, com o movimento das "Diretas Já" (cf. SADER, 1988). No entanto, ele teve vários antecedentes, entre os quais, a luta dos professores. No início dos anos de 1980, com a crise econômica e o desemprego, ficou famosa a ação do movimento dos professores por derrubarem as grades do Palácio dos Bandeirantes, em São Paulo, em uma de suas manifestações. Em 1987 formou-se o Fórum Nacional de Defesa da Escola Pública, que teve um papel decisivo no processo constituinte e na elaboração dos artigos relativos à Educação na Carta Constitucional de 1988. O lançamento do Fórum foi acompanhado de um manifesto em defesa da escola pública e gratuita. O Fórum demandou um projeto de educação mais amplo e que não se limitasse apenas às reformas no sistema escolar. A descentralização administrativa passou a ser uma das demandas básicas no campo das políticas públicas (HEVIA & NUNES, 1989).

Em 1988 foi lançado nacionalmente o Movimento em Defesa da Escola Pública que, em parte, representou, na área da educação, a retomada de movimentos ocorridos nos anos de 1930 pelos Pioneiros da Educação e nos anos de 1950 pelos intelectuais nacionalistas do período (FERNANDES, 1966). Esse movimento surgiu da articulação em torno da Constituinte, em seu capítulo da Educação, e se fez necessário ante a exigência constitucional de elaboração de uma nova Lei de Diretrizes e Bases da Educação Nacional. Composto basicamente de intelectuais das universidades e de entidades ou de representantes de diversas categorias do magistério, o movimento logrou o apoio de 25 entidades da sociedade civil para a defesa de seu projeto básico. Após oito anos de luta de *lobbies* e pressões junto aos parlamentares de Brasília, obteve-se a aprovação de um novo projeto de Lei de Diretrizes e Bases para a educação nacional em 1996.

Com a nova Constituição Federal de 1988 os funcionários públicos adquiriram o direito de se sindicalizarem. A Apeoesp transforma-se em sindicato. Em 1989 ocorre a criação da CNTE (Confederação Nacional dos Trabalhadores da Educação). Esta entidade surgiu a partir da união da CPB (Confederação dos Trabalhadores do Brasil) com a Fenase (Federação Nacional dos Supervisores de Ensino) e a Fenoe (Federação Nacional de Orientadores Educacionais) e a coordenação nacional de servidores do ensino público. A CNT articulou-se à CUT.

A luta popular por creches continuou nos anos de 1980, de forma diferente. Ela é um exemplo do caráter educativo que as ações coletivas representam para seus participantes. De início, a reivindicação básica era a de creches diretas, construídas e mantidas pelo poder público. A centralidade da luta era atender a mãe, por não ter onde deixar seus filhos para trabalhar. Com o passar dos anos essa luta perdeu o caráter mobilizatório e a radicalidade inicial, pois várias militantes dos movimentos foram contratadas para trabalhar nas próprias creches. Para essas mães, as questões básicas passaram a ser suas condições de trabalho nas novas unidades de prestação de serviços à população. Entretanto, a alteração nas ênfases das políticas públicas, nos primeiros anos da década de 1980, de não priorizar as creches diretas, em razão de seus altos custos, e a retomada da política dos convênios com entidades filantrópicas e outras, levou ao ressurgimento de outro movimento social, o das creches conveniadas. Houve também um deslocamento do foco central do movimento de creches quanto à reivindicação, antes centrada na figura da mãe, passando para a figura da criança. Essa mudança explica o caráter educativo dado aos equipamentos e o tratamento que as creches, do ponto de vista da educação, passaram a dar à Educação Infantil de 0 a 6 anos, que deixou de ser um simples problema assistencial, como foi tratada nos anos de 1960 e de 1970. Várias pesquisas sobre movimentos sociais e lutas por creches ou pelo acesso à escola pública foram realizadas na década de 1980, durante o processo de redemocratização do Brasil entre elas: Gohn (1985), Campos e Rosenberg (1985, 1991), Campos (1989), Sposito (1984, 1994) e Vianna (1999).

De peculiar na década de 1980 destaca-se também os acampamentos dos sem-terra, as escolas para os filhos dos ocupantes, em que se procura fazer uma releitura dos ensinamentos prescritos pelos órgãos educacionais brasileiros, segundo a ótica dos sem-terra. Deve-se registrar também as escolas de formação de lideranças, com destaque para a Escola Nacional Florestan Fernandes e a Cartilha de Formação das Lideranças dos sem-terra (CALDART, 1997).

Um movimento social que data do século XX, e que persistiu em alguns estados no Brasil na década de 1980 é o das escolas comunitárias. O seu surgimento em Recife, por exemplo, data de 1942, sob a denominação de "escolas da comunidade", em razão de um elevado crescimento populacional no período, e o fato de que a oferta pública era insuficiente para atender a demanda. Seguiam um modelo italiano que previa a grande participação dos pais e da comunidade, tinha também calendários específicos. Estas escolas se espalharam por todo o país.

Ao longo dos anos de 1980 as "escolas da comunidade" voltam a se estabelecer, basicamente em função do mesmo motivo: o sistema público oficial não consegue absorver as crianças e adolescentes de todas as comunidades, especialmente as periféricas. Seu objetivo não é apenas ser includente, mas desenvolver um trabalho pedagógico que assume a realidade das comunidades como parte do processo de ensino-aprendizagem, tendo a experiência das pessoas como base de uma ação transformadora. Em 1986 o movimento das Escolas Comunitárias cria a Aeec, para politizar o debate educativo e lutar pelo reconhecimento das escolas comunitárias como espaço educativo e pela garantia de funcionamento, via acesso a recursos públicos (COSTA, 2006).

As lutas educativas nos anos de 1990

Durante os anos de 1990 o cenário sociopolítico se transformou radicalmente. Inicialmente, ocorreu um declínio das manifestações nas ruas que conferiam visibilidade aos movimentos populares nas cidades nos anos de 1980. Alguns analistas diagnosticaram que eles estavam em crise porque haviam perdido seu alvo e inimigo principal: o regime militar. Na realidade, a partir de 1990 surgiram outras formas de organização popular, mais institucionalizadas, como a constituição de Fóruns Nacionais de Luta pela Educação, pela Moradia, pela Reforma Urbana; Nacional de Participação Popular etc. Esses fóruns estabeleceram a prática de encontros nacionais em larga escala, gerando grandes diagnósticos dos problemas sociais, definindo metas e objetivos estratégicos para solucioná-los. Nesse novo cenário, foram firmadas várias parcerias entre a sociedade civil organizada e o poder público, impulsionadas por políticas estatais, tais como a experiência do orçamento participativo, a política de Renda Mínima, Bolsa Escola etc., criando formas de participação dos cidadãos na gestão dos negócios públicos (GOHN, 2014a).

Na década de 1990 registram-se vários movimentos no campo da educação não formal. Ética na Política foi um movimento ocorrido no início dos anos de 1990 e teve grande importância histórica porque contribuiu, decisivamente, para a deposição, por meio do processo democrático, de um presidente da República por atos de corrupção –, fato até então inédito no país; além disso, colaborou à época, para o ressurgimento do movimento dos estudantes com novo perfil de atuação, os "cara-pintadas". Eles expressaram a retomada do movimento estudantil no Brasil, de forma nova, alegre, descontraída. À moda dos índios, com seus gritos de guerra, os "cara-pintadas" fizeram escola e tornaram-se um estilo de fazer política (GOHN, 2013b, 2013c).

À medida que as políticas neoliberais avançaram, foram despontando outros movimentos sociais, tais como a Ação da Cidadania contra a Fome, movimentos de desempregados, ações de aposentados ou pensionistas do sistema previdenciário. Algumas dessas ações coletivas surgiram como respostas à crise socioeconômica, atuando mais como grupos de pressão do que como movimentos sociais estruturados. Grupos de mulheres foram organizados nos anos de 1990, em razão de sua atuação na política, para criar redes de conscientização de seus direitos e frentes de lutas contra as discriminações. O mesmo ocorreu com o movimento afrodescendente que, além das manifestações culturais, continuou a lutar contra a discriminação racial. Os jovens também geraram vários movimentos culturais, especialmente na área da música, enfocando temas de protesto, a exemplo dos anos de 1960 (cf. RIDENTI, 2000). Serão os jovens e os afrodescendentes as categorias principais focalizadas nas políticas educativas denominadas de inclusão social. Cursos de inclusão digital para jovens adolescentes tornaram-se rotinas nas escolas públicas.

Devem-se destacar outros três outros movimentos sociais importantes no Brasil, nos anos de 1990: dos indígenas, dos funcionários públicos – especialmente das áreas da educação e da saúde e dos ecologistas. O dos índios cresceu em número e em organização nessa década quando passaram a lutar pela demarcação de suas terras e pela venda de seus produtos a preços justos e em mercados competitivos, após terem obtido uma grande vitória na área da educação: a de serem alfabetizados em suas próprias línguas. Essas conquistas, entretanto, têm gerado novos problemas. Os professores índios Maxakalis, de Minas Gerais, por exemplo, passaram a receber salários, o que resultou numa desorganização do grupo, pois eles cultivavam os próprios alimentos e passaram a pagar para outros o seu alimento. A merenda escolar quando chega é distribuída para todos, e não apenas aos escolares, pois eles são uma sociedade sem hierarquia, com relações de reciprocidade.

O *kit* escolar também gerou conflitos, assim como o fato de as escolas serem fora das aldeias (cf. OLIVEIRA, 2006). Observa-se que no atendimento de demandas, não se respeitou a cultura dos Maxakalis. O mesmo pacote "urbano" foi implantado; no entanto, os índios ressignificaram as práticas.

Os ecologistas proliferaram após a conferência ECO 92, dando origem a muitas Organizações Não Governamentais (ONGs). Aliás, tais organizações passaram a ter muito mais importância nos anos de 1990 do que os próprios movimentos sociais. Trata-se de ONGs diferentes das que atuavam nos anos de 1980 com os movimentos populares, tanto que são inscritas no universo do Terceiro Setor, voltadas para a execução de políticas de parceria entre o poder público e a sociedade, atuando em áreas em que a prestação de serviços sociais é carente ou até mesmo ausente, como na educação e saúde, para clientelas como meninos e meninas que vivem nas ruas, mulheres com baixa renda, catadores e recicladores de papéis etc. A nova LDB de 1996, ao incluir temas novos, como os transversais, deu espaço à articulação, no currículo das escolas, entre práticas sociais e o ensino, e a questão do meio ambiente ganhou destaque.

Os sindicatos na área da educação básica, de uma maneira geral, alteraram muito lentamente suas práticas, apesar de terem crescido numericamente. No fim dos anos de 1990, a CNT congregava mais de 30 entidades estaduais e abrangia cerca de dois milhões de trabalhadores, dos quais seiscentos mil sindicalizados (cf. GADOTTI, 1998, 1999). Ações para intervir efetivamente em espaços e fóruns institucionalizados, a exemplo dos Conselhos Municipais de Educação, Conselhos da Alimentação Escolar e do Fundo de Manutenção e

Desenvolvimento do Ensino Fundamental e de Valorização do Magistério (Fundef), foram poucas. Em geral, as atribuições dos conselhos têm sido vistas pelos sindicatos dos professores como políticas para desonerar o Estado de sua obrigação com as áreas sociais; iniciativas para privatizar a educação por meio da transferência de suas responsabilidades, principalmente de ordem financeira, para a própria comunidade administrar a "miséria" ou criar/tomar iniciativas para resolver os problemas utilizando-se de parcerias, doações, trabalho voluntário etc. Também não creem na possibilidade de os conselhos serem canais da sociedade civil para intervir na gestão pública por meio de parcerias com o Estado, objetivando a formulação e o controle de políticas sociais.

As reformas governamentais que, progressivamente, retiraram direitos sociais, reestruturaram as profissões e arrocharam os salários em nome da necessidade dos ajustes fiscais, gerando reações na área da educação (cf. GENTILI, 1995; SOUZA & SANTANA, 1999). Houve diversas mobilizações e greves contra as várias etapas da Reforma da Previdência dos funcionários do setor público. Na universidade pública, os sindicatos e associações docentes não conseguiram contestar as políticas neoliberais, e as reformas foram promulgadas. A expansão do Ensino Superior privado, em que a organização docente é débil, contribuiu para o enfraquecimento das lutas no setor universitário.

No campo da educação básica, sem dúvida que nos anos de 1990 o maior destaque é para o processo de luta ao redor da criação de uma lei nacional da educação, já citada acima. A Lei de Diretrizes e Bases da Educação Nacional (LDB), promulgada em 1996, promoveu uma reformulação na nomenclatura e divisão do sistema escolar do país, após muitos embates nas arenas parlamentares. Cumpre destacar o papel do Fórum Nacional de Defesa da Escola Pública (cf. extensa obra de D. Saviani a respeito).

Para muitos, a Educação de Jovens e Adultos (EJA) configura-se como um movimento social. No passado, esse trabalho de educação focalizava bastante o processo de alfabetização, e a educação popular também era utilizada como terminologia para indicar esse processo em espaços alternativos, com métodos alternativos ou a pedagogia freiriana voltada para a educação. O Movimento de Alfabetização de Jovens e Adultos (MOVA) é também um dos exemplos de um movimento que foi estimulado por políticas públicas implementadas em parceria com a comunidade organizada e assessoria de ONGs.

Os estudantes universitários atuaram e intervieram muitas vezes na cena pública política mais geral, nos anos de 1980 e de 1990, resistindo contra o regime militar (SEMERARO, 1994); em 1984, nas "Diretas Já", e nos anos de 1990, como os alegres "cara-pintadas".

As lutas pela educação na primeira década do novo milênio

No novo milênio, o movimento universitário (ME) volta à cena pública, protagonizando outras lutas que articulam questões específicas de seu cotidiano com questões éticas da sociedade brasileira. As primeiras manifestações se refletem nas condições de infraestrutura das universidades: falta de professores, salas, equipamentos, refeitórios e qualidade da comida, bibliotecas desatualizadas; a eterna luta sobre o valor das mensalidades – no caso das instituições particulares; aceitação das carteirinhas da União Nacional dos Estudantes (UNE) em cinemas, teatros etc. As questões éticas, na pauta estudantil desde a era Collor com os "Cara-pintadas", tiveram seu ápice em 2008 com a ocupação da Universidade de Brasília (UnB) e a luta pela saída do então reitor, amplamente denunciado na mídia por gastos pessoais ou exagerados com o dinheiro público dos "cartões corporativos", novo instrumento de viabilização de práticas clientelísticas e ilegais. A greve nas universidades públicas paulistas em 2009, com a ocupação do campus da USP por forças policiais, seguida de confrontos – fato que não ocorria desde os anos de 1960, é outro registro que aponta para a retomada do movimento dos estudantes (cf. BRINGEL, 2009).

Questões específicas também têm entrado na pauta das demandas estudantis no Brasil de forma nova, agora articuladas com as políticas nacionais. A questão das cotas para afrodescendentes, populações indígenas e de baixa renda, o Programa Universidade para Todos (Prouni) e outras políticas denominadas como de "inclusão social" vão mobilizar categorias específicas, em lutas contraditórias no movimento como um todo porque promovem a inclusão mais também alavancaram o crescimento do Ensino Superior privado; grupos empresariais deslocaram-se para a área da educação devido o acesso ao financiamento estudantil com verbas públicas. As cotas foram implementadas na Uerj, em 2003, e depois na UnB em 2004. Nos dez primeiros anos do novo século, os programas Prouni e o Reuni, do governo federal, são responsáveis pela expansão do Ensino Superior e inclusão de estudantes de baixa renda ou em situação de vulnerabilidade social. Eles respondem às demandas feitas há décadas por grupos e setores populares organizados, constituindo-se em espaço de articulação de várias demandas e lutas pela educação institucionalizadas.

Os estudantes, especialmente os universitários, participaram ativamente dos encontros do Fórum Social Mundial (FSM) na década de 2000. As publicações, análises, materiais visuais e relatos das edições do FSM que ocorreram em Porto Alegre, por exemplo, atestam esse engajamento. A política partidária continuou a ter grande influência na UNE, liderada por mais de uma década por lideranças estudantis ligadas ao Partido Comunista do Brasil (PCdoB). Em 2007, durante o 50º Congresso da UNE, uma mulher foi eleita presidente da entidade, aluna de uma instituição privada, um fato histórico relevante na perspectiva da análise de gênero.

Na área da Educação Infantil o déficit de escolas voltou a crescer. Poucos estudos foram realizados, com exceção de Munerato (2001), Faria (2005), Flores (2010), Nunes (2010) e Canavieira (2010), que discutem especificamente a contribuição do Movimento Interfóruns de Educação Infantil do Brasil (Meibi) para o avanço da área de Educação Infantil ou sobre as escolas no campo.

No campo da educação, no século XXI, entraram em cena novos sujeitos sociopolíticos e culturais, muitos deles institucionais, como as fundações e entidades do Terceiro Setor. Essas entidades foram estimuladas pelas novas diretrizes governamentais, tanto nacionais quanto internacionais, e pelo suporte jurídico que obtiveram no fim dos anos de 1990 com a Lei do Voluntariado, ou do Terceiro Setor – que gerou a regulamentação de novas regras para parceria público-privada. Foram estimuladas também pela criação de novos fundos e projetos de apoio e à articulação das entidades da sociedade civil e pelas redes públicas de escolas do ensino básico, assim como novos Fóruns, Conferências Nacionais e pelo Plano Nacional da Educação. Outros estímulos vieram também das linhas de projetos/programas lançadas por entidades de apoio à pesquisa acadêmica. Como se observará a seguir, alguns desses sujeitos passam a falar e a reivindicar o nome de "movimento social" para suas ações. De fato, o conjunto das entidades, associações ou pseudomovimentos passou a atuar em redes, a exemplo das análises de Castells (1996) e assemelham-se mais a organizações movimentalistas.

O "Compromisso Todos pela Educação" é um exemplo dos novos movimentos sociais na área da educação no novo milênio patrocinado por entidades privadas e representantes do Terceiro Setor. Ele é uma coalizão de pessoas do mundo empresarial e/ou das elites empresariais tais como G. Gerdau, J. Roberto Marinho, ou executivos de grandes bancos e personalidades do Terceiro Setor já com destacada atuação no campo da educação como Viviane Senna, Milu Vilela, Ana Dinis, Norberto Pascoal etc.; além do Instituto Ethos, o Gife, com apoio da Unesco. A proposta é no sentido de fazer da educação uma ferramenta básica para o próprio desenvolvimento do país, pressionando o governo para que ela se torne a principal política pública. O foco é a rede pública da escola básica. Quando o compromisso foi lançado, cinco metas básicas da Unesco foram propostas para serem atingidas, até 2022.

Movimentos sociais já existentes no século XX também se reorganizaram no novo século, a exemplo da Campanha Nacional de Direitos da Educação (CNDE), que teve sua origem em de 1999, no contexto preparatório da Cúpula Mundial de Educação no Senegal (DAKAR, 2000). Na ocasião, um grupo de organizações da sociedade civil brasileira lançou a Campanha, com a meta de contribuir para a efetivação dos "direitos educacionais garantidos na Constituição, por meio de ampla mobilização social, de forma a que todos tenham acesso a uma escola pública de qualidade". A Campanha surge justamente no momento que a educação passa a ser eixo central no discurso das reformas de Estado e, ao mesmo tempo, em que se atribui à educação um papel estratégico no novo modelo de desenvolvimento articulado pelas políticas de globalização. A Campanha alinha-se em rede com 120 instituições, movimentos ou redes internacionais, a exemplo da Campanha Global. A Campanha possui um comitê diretivo e comitês estaduais em treze estados brasileiros. Com uma coordenação localizada em São Paulo, ela realiza anualmente uma Assembleia Geral e se submete à Avaliação Técnica e à Auditoria Externa, desenvolvida por consultorias especializadas. As seguintes entidades compõem a Campanha: Ação Educativa, Action Aid, Centro de defesa da Criança e do Adolescente do Ceará, (Cedeca), Centro de Cultura Luiz Freire, Confederação Nacional dos Trabalhadores da Educação (CNTE), Movimento Nacional dos Trabalhadores Sem Terra (MST), União Nacional dos Dirigentes Municipais de Educação (Undime), União Nacional dos Conselhos Municipais de Educação (UNCME).

Década de 2010 do novo século: os jovens estudantes e as lutas pela educação

No cenário dos protestos dos jovens no Brasil registra-se, a partir de 2013, na irrupção de um novo ciclo de protestos, a área da educação pela ação de estudantes da escola pública, em cidades do Estado de São Paulo; em Curitiba, Goiânia, Rio de Janeiro, Porto Alegre etc. O estudo destes protestos nos leva diretamente ao último tópico deste capítulo, e a exemplificação de um ponto central do texto: o impacto da ação desses jovens na sociedade e nas políticas públicas destacando a cultura política criada (ou ressignificada) e a renovação operada na questão da participação dos jovens a partir do uso das redes midiáticas. Aparentemente separadas das megamanifestações, as lutas pela educação entre 2015 e 2016 têm conexões tanto com os jovens "românticos" de 2013 (vínculos de apoio direto durante as ocupações como na própria origem do MPL, em 2003, em Salvador, na Revolta do Buzu, ocorrida a partir de protestos de estudantes do Ensino Médio); vínculos entre ativistas de apoio ao Passe Livre que traduziram para o português a cartilha chilena das ocupações de escolas; vínculos com o coletivo "O Mal Educado" etc.). Mas há também conexões entre propostas de algumas organizações movimentalistas, como o MBL, com o Projeto da Escola sem Partido, que propõe o controle político-ideológico de atividades, material, *curriculum*, profissionais do ensino, gestores etc. dentro das escolas de ensino básico. A luta no campo da educação também levou a manifestações nas ruas, mas foram pontuais, não tiveram a mesma acolhida e adesão da população como as manifestações pelo *impeachment*, contra a corrupção etc. Este tipo de movimento e suas demandas diz respeito a valores que remetem ao campo dos direitos, para se pensar uma nova geração de direitos. São aprendizagens e ensinamentos. Essas lutas também não são novas (cf. MISCHE, 2008), mas ressurgem renovadas nesta década, especialmente pelo grau de ensino de onde partiram – o Ensino Médio, com os secundaristas, e não os clássicos universitários.

Na década de 2010, um dado novo entrou em pauta nas lutas por direitos dos jovens, no campo da educação, ao demandarem não apenas o acesso às escolas, ou "Mais Educação", como no passado, mas demandarem educação com qualidade, para além dos discursos e retóricas dos planos e promessas dos políticos e dirigentes. Na diversidade de demandas focalizadas, observam-se redes temáticas lutando por mudanças sociais no combate às desigualdades sociais e clamando por políticas públicas; educação de jovens e adultos; multiculturalismo e mudanças culturais; juventude e educação; educação no campo; educação popular; movimentos negros; movimentos indígenas; inclusão digital etc.

É importante lembrar que a relação entre movimento social e educação é antiga e ocorre de várias formas – a partir das ações práticas de movimentos e grupos sociais em contato com instituições educacionais, no próprio movimento social, dado caráter educativo de suas ações na sociedade, e no interior dos movimentos, pelas aprendizagens adquiridas pelos participantes e pelos projetos socioeducativos formulados e desenvolvidos pelos próprios movimentos, a exemplo do MST (Movimento dos Trabalhadores Sem Terra). A novidade deste século é a proliferação de coletivos autônomos, dentro de unidades educacionais, organizados ao redor de múltiplas causas ou atividades operativas. O maior número encontra-se nas universidades e sobre isso há poucas pesquisas ainda.

Afirmamos acima que as recentes mobilizações de jovens nas ruas, especialmente a partir de junho de 2013, e as lutas e movimentos pela educação ocorridos no âmbito das escolas de Ensino Médio, na rede pública do ensino básico e do ensino técnico, juntas, configuram um novo ciclo político de protestos no Brasil. No campo da educação formal a novidade que o novo ciclo apresenta é o setor da área educacional onde se localiza: mobilizações e ocupações de "secundaristas" (termo ainda utilizado, originário do passado, dos antigos ginásios que sucediam às escolas primárias, mas que envolviam também os cursos que davam sequência ao ginásio, que eram o clássico, o científico, o normal e o comercial/técnico). A principal entidade desta categoria de estudantes ainda utiliza o termo secundarista, a Ubes (União Brasileira dos Estudantes Secundaristas). Certamente que não é a primeira vez na história política brasileira que os secundaristas demarcam lugares na cena pública, a exemplo das décadas de 1950 e de 1960. A configuração organizacional trouxe algumas inovações na atual forma do protesto dos estudantes, com ocupações das escolas e manifestações nas ruas com *performances* tópicas e específicas (p. ex., o *seat down* ao sentarem-se em cadeiras e carteiras escolares em cruzamentos de avenidas de grande trânsito e visibilidade). Observa-se uma ampliação do repertório de demandas dos jovens secundaristas em relação aos jovens nas ruas em junho de 2013, os quais priorizavam a mobilidade urbana. Charles Tilly (1986) descreve as mudanças no repertório da ação social da seguinte forma:

> Toda população tem um repertório limitado de ações coletivas: formas distintas de agir coletivamente em relação a interesses partilhados. No nosso tempo, por exemplo, a maior parte das pessoas sabe como participar de uma campanha eleitoral, como integrar-se a um grupo de interesses, organizar um abaixo-assinado, fazer uma greve ou uma reunião ou montar uma rede de influências. Essas variedades da ação constituem um repertório [...] as pessoas conhecem as regras gerais

da ação relativamente bem e variam suas formas de acordo com o objetivo almejado (TILLY, apud AVRITZER, 1986: 10).

Entre 2015 e 2017 teve-se movimentos dos estudantes contra as reformas estaduais na rede pública, reforma no Ensino Médio, contra as ETECs paulistas (Escolas de Ensino Técnico), contra o projeto "Escola Sem Partido", contra a retirada de conteúdos sobre a questão de gênero no *curriculum* escolar, contra a PEC 241 (PEC 55 Senado) etc. (cf. CATTANI, 2017; CAMPOS; MEDEIROS & RIBEIRO, 2016; OLIVEIRA, 2015).

No novo ciclo de mobilizações pela educação, tanto no caso das ocupações de escolas públicas em 2015 como no caso das ETECs, em 2016, uma característica de junho de 2013 se repete: a falta de mediadores e a ausência de lideranças, ainda que haja uma organização e divisão interna de tarefas onde apenas alguns estudantes têm a atribuição de se comunicar com a imprensa, dar entrevistas etc. O elemento comum se chama: movimento autonomista, já tratados anteriormente. Eles devem ser incluídos entre os novíssimos movimentos pela forma de agir, inovações que trazem e o uso intensivo das redes sociais para toda organização, embora os princípios ideológicos sejam antigos. Registre-se também que os estudantes tiveram como fonte de inspiração o movimento pela educação ocorrido anos atrás no Chile, tanto na chamada "Revolta dos Pinguins" da década de 2000 assim como nas ocupações que vêm ocorrendo na década de 2010, no Chile e na Argentina. Cartilhas e matérias sobre como fazer e como organizar uma ocupação foram meios para difundir aqueles ideais. Certamente que se deve considerar as diferenças de contexto, Brasil e Chile.

A seguir destacam-se as ocupações nas escolas públicas no Estado de São Paulo, em 2015 e 2016, contra a reforma do Ensino Médio e contra a PEC 55, ocorrida em várias partes do país.

Lutas pela educação em São Paulo: 2015-2016

O repertório das demandas, no caso de São Paulo, em 2015, focou em um item: contra o plano de reorganização das escolas estaduais paulistas, que levaria, entre outras consequências, ao fechamento de inúmeras unidades. Na ocasião, a situação de tensão social criada pelos estudantes com a paralização/ocupação de quase 200 escolas, levou o governo do Estado de São Paulo a recuar. A resistência contra a reforma do ensino paulista gerou o "Movimento Não Fechem Minha Escola". Ele começou como uma página no Facebook em 2015, criado por um coletivo, o Juntos, ligado ao PSOL, e a Rede Emancipa, para contribuir na luta contra o fechamento de escolas que seria promovido pela reorganização escolar. Em 4 de maio de 2016, um escracho foi convocado via Facebook para protestar contra o escândalo de corrupção da merenda escolar paulista.

Pode-se datar o início dos conflitos em São Paulo em outubro de 2015 quando o então secretário estadual da Educação anunciou um projeto que abrangia 162 municípios e reformava 1.464 escolas estaduais das 5.147 existentes na rede pública estadual. Deste total, 2.197 passariam a atender alunos exclusivamente de um ciclo de ensino, sendo: 832 do Ensino Fundamental (do 1º ao 5º ano), 566 dos anos finais do Fundamental (6º ao 9º ano) e 799 do Ensino Médio, atingindo a transferência ou remanejamento de 311.000 estudantes e 74.000 professores (cf. SILVA, 2016: 115).

O projeto de reestruturação sofreu forte resistência dos estudantes secundaristas, que promoveram um grande movimento de ocupação em mais de 200 escolas durante cerca de 60 dias. Segundo Paes e Pipano:

> A primeira escola a reagir ao "plano desorganizador", como foi chamado pelos estudantes, foi a Escola Estadual Diadema, no ABC paulista, no dia 9 de novembro, cerca de um mês e meio após as primeiras declarações da Secretaria. No dia seguinte, a Escola Fernão Dias, em Pinheiros, Zona Oeste de São Paulo, foi tomada pelos estudantes tornando se uma espécie de "escola-modelo". Nos próximos dias, as ocupações passariam a se capilarizar de maneira não ordenada, e extremamente rápida, por todo o Estado. Norteados pela palavra de ordem "não fechem nossa escola!", os estudantes ocuparam as unidades de ensino trancando portões, vigiando janelas e acessos, encastelando-se nas unidades e fazendo uma defesa radical pela sobrevivência do espaço escolar, agora em disputa (PAES & PIPANO, 2017: 11).

A resistência dos estudantes, no entanto, transbordou a contestação ao plano de reorganização e colocou em evidência outros temas relacionados às escolas públicas no Estado. A pauta estudantil foi sendo ampliada no processo com denúncias referentes à falta de relações democráticas na escola, à precariedade das escolas, à falta de professores. Aulas livres e debates nas escolas ocupadas durante o período da ocupação, inseriu temas como: relações de gênero, racismo e homofobia, entre outros. O movimento fez emergir questões e temas não abarcados pelo modelo gerencial proposto pela Secretaria.

Desvinculados de partidos políticos, sindicatos ou mesmo de associações estudantis historicamente constituídas, como a UNE, as "escolas em luta" ganharam a adesão e apoio dos pais, de uma grande maioria de professores e diretores, assim como de várias camadas da sociedade civil. Em poucas semanas, um mapa disponibilizado no Google, alimentado voluntariamente em tempo real, sem "donos" ou chancelas, descrevia a situação das escolas ocupadas, com listas de itens de alimentação, limpeza e higiene, pedidos de solidariedade e apoio. Um formulário na web circulava entre advogados e professores que poderiam prestar seus serviços, sem honorários, auxiliando os estudantes com os processos jurídicos e ministrando aulas para garantir a manutenção do cotidiano de ensino. Imagens transbordavam das páginas do Facebook a partir de vídeos caseiros produzidos através de seus tablets e smartphones, precariamente editados ou imediatamente divulgados pelo YouTube como estratégias de proteção e combate. Páginas como *O Mal Educado*, *Território Livre* e *Não fechem a Minha Escola* tratavam de noticiar o que a mídia hegemônica insistia em ignorar, embora a pregnância do evento já guiasse a agenda *setting* de todo o país (PAES & PIPANO, 2017: 11-12).

Durante o período das ocupações, inúmeras vezes houve confronto ou cerceamento da polícia aos estudantes, incluindo prisões. O impacto dos atos e manifestações dos estudantes na mídia, na sociedade (comunidade de pais, associações educacionais e movimentos sociais da área da educação tais como Cenpec, Campanha Nacional pelo Direito à Educação, Todos Pela Educação, MTST etc.) e no governo estadual foi grande. O Ministério Público Estadual posicionou-se no sentido de recomendar ao governo o encerramento da reorganização por entender que a mesma visava à economia de recursos e não à melhoria da qualidade do ensino e da aprendizagem que argumentavam. Os embates tiveram também momentos de tensão quando pontos e contrapontos se chocaram, frente a ordens jurídicas. Assim, um oficial de justiça se pronunciou durante a desocupação de uma escola:

> "É uma decisão do juiz que tem que ser cumprida. Decisão de juiz, a gente não contesta". "O juiz manda em todos nós". [...] "Nós estamos querendo resolver a situação de uma forma pacífica. A manifestação de vocês é assegurada constitucionalmente, só que o juiz diz assim: Nos termos da Constituição o direito de ir e vir é legítimo. O direito meu termina onde começa o direito seu". [...] Enquanto a oficial de justiça tentava explicitar a situação informando que eles deveriam deixar a escola, desocupando-a imediatamente, em conformidade com o que prega a lei, os estudantes respondem com palavras de ordem: "Onde estão os nossos direitos?" Curioso aqui pensar que os estudantes, ao reivindicarem a presença do conselho tutelar ou mesmo de seus direitos enquanto menores, restituem o Estado e suas formas de "assujeitamento" (PAES & PIPANO, 2017: 19-20).

Em 04/12/2015, por meio do Decreto 61.692, revogou-se o Decreto 61.672 e o Governador Geraldo Alckmin anunciou que o processo de reorganização das escolas para 2016 estava adiado. A reforma foi, portanto, suspensa, e o decreto que transferia funcionários foi revogado em 05/12/2015. O secretário estadual da Educação foi trocado. E, por fim, em 08/12/2015 a Resolução SE 56 revogou a Resolução SE 54/2015 da Secretaria Estadual de Educação do Estado de São Paulo (cf. SILVA, 2016).

Segundo Piolli, o Plano de Reorganização foi adiado em razão da resistência estudantil e da intervenção do Ministério Público e Defensoria Pública do Estado (PIOLLI, 2016: 24).

Um destaque importante nas ocupações dos secundaristas é a rede de apoio que eles tiveram da sociedade civil. Segundo Pesquisa Datafolha realizada no final de novembro de 2015, 55% dos entrevistados se declararam favoráveis aos secundaristas ocuparem as escolas.

A articulação de "contra públicos subalternos" em torno de cada escola ocupada (com assembleias horizontais diárias, aliadas a atividades doadas por coletivos feministas, estudantes e professores universitários, movimentos culturais periféricos, dentre outros atores sociais) com esferas públicas intermediarias (universidades, juristas, movimentos populares e sindicais, mídias alternativas nas redes sociais e até mesmo a indústria cultural) reforçou a legitimação social das ocupações (MEDEIROS; MELO & JANUÁRIO, 2017: 9-17).

As reivindicações dos/as estudantes são diversas, mas as três pautas em comum que têm ganhado muita força são a Base Nacional Comum Curricular, o debate de gênero nas escolas e a livre-organização estudantil.

Um campo de pesquisa foi retomado a partir das lutas pela educação dos secundaristas no Brasil e em outros países. Trata-se da análise do papel das correntes anarquistas e autonomistas junto aos jovens estudantes e a revalorização da participação social fora de instituições estatais ou estruturas formais. Além dos fundamentos teóricos e ideológicos inspiradores dos secundaristas, será importante também realizar, em futuro breve, uma agenda de estudos comparativos, tanto no próprio país como com países da América Latina, especialmente Chile e Argentina. É importante registrar que as cartilhas do movimento secundarista chileno serviram de modelo e inspiração aos secundaristas brasileiros (traduzida ao português por um membro do coletivo "mal educado", grupo de apoio ao MPL. Há uma grande diferença, entretanto, nos processos históricos. Lá, no Chile, as ocupações de escolas foram anteriores à crise política/econômica e no Brasil foi concomitante. Vale ver o registro de algumas avaliações sobre o movimento dos estudantes no Chile, em estudos recentes, lembrando que eles foram anteriores e inspirou muitos dos estudantes brasileiros. Destacam:

> el movimiento estudiantil ha emergido como el actor central de un conjunto de movimientos populares que demandan cambios sustantivos a un régimen político y económico heredado de la dictadura. La irrupción de la protesta estudiantil ha tenido importante repercusión internacional, no obstante, su incidencia en materia de transformaciones sociopolíticas profundas es todavía limitada (VON BÜLOW & BIDEGAIN, 2015).

Ainda no campo da educação lembramos os já citados protestos e atos de resistência contra o Projeto Escola Sem Partido, projeto esse que conta com o apoio do MBL – Movimento Brasil Livre. Pagni, Carvalho e Gallo (2016) apresentam excelente análise dos alvos e questionamentos do Projeto ao afirmarem:

> o programa Escola Sem Partido ignora um dos princípios primordiais da educação liberal ainda em vigor, que não pode ser acusado de "esquerda". Filósofos liberais como John Dewey e Hannah Arendt viram a educação escolar como um lugar não somente de transmissão da cultura para as crianças e jovens, de ingresso às tradições e ao

mundo, com toda pluralidade que o caracteriza, como também de renovação cultural e dos sentidos da comunidade em que vivem tendo em vista promover o crescimento e o confronto com as gerações mais velhas [...]. Mais importante do que o valor dado ao conhecimento científico e a tecnologia por ambas as concepções em foco, o que concorre efetivamente para a formação dos atores dessa instituição é o aprendizado do pensar reflexivo (Dewey) e a capacidade de julgar (Arendt). Elas se aproximam assim de uma noção de crítica inauguradora da modernidade, desde Immanuel Kant, que não se restringe à transmissão do saber e à circulação da informação das escolas atuais, mas compreende atitudes capazes de se problematizar à tradição e de criar outras formas de existência. São essas atitudes, denominadas de crítica, responsáveis por emancipar os homens, por liberá-los das formas de governo instituídas e de criarem outras capazes de promover o progresso da sociedade, ou, de não querer ser governado dessa forma – para usar uma expressão de Michel Foucault – que parece ser o principal alvo dos questionamentos da Escola Sem Partido (PAGNI; CARVALHO & GALLO, 2016: 1-2).

Podemos concluir que a relação movimento social e educação ocorre de várias formas – a partir das ações práticas de movimentos e grupos sociais em contato com instituições educacionais, no próprio movimento social, dado o caráter educativo de suas ações na sociedade, e no interior dos movimentos, pelas aprendizagens adquiridas pelos participantes e pelos projetos socioeducativos formulados e desenvolvidos pelos próprios movimentos, a exemplo do MST (Movimento dos Trabalhadores Sem Terra).

Considerações finais: os desafios do novo milênio

Os textos acadêmicos no campo da educação usualmente limitam-se a tratar a educação escolar, e nessa focalizam questões como metodologias, políticas, reformas, formação de professores etc. sem citar as lutas de seus protagonistas básicos: professores e alunos, em suas atuações dentro e fora das escolas, e para além das estruturas sindicais. Ignora-se também as ações no campo da educação não formal. Este capítulo buscou unir estes campos, apresentar conhecimentos acumulados para que, ao se citar a educação como uma das saídas da crise brasileira, possamos ir além da retórica usual.

As lutas e movimentos pela educação, apesar de serem antigos, na maioria das vezes são invisíveis para a maioria da população, e só recentemente ganharam visibilidade na mídia. Todos os movimentos sociais sempre têm um caráter educativo (GOHN, 2017c, 2017d). Usualmente, os sindicatos dos professores e o movimento dos estudantes são os protagonistas que entram em cena com maior frequência. Mas lutas e demandas pela educação não se resumem ao território das escolas, seus estudantes e profissionais. Lutas pela educação dizem respeito a toda sociedade, ao poder público certamente, e ao próprio modelo econômico vigente. As demandas são históricas, pois acompanharam o processo e o modelo de desenvolvimento do país, e suas reivindicações ajudaram a construir as agendas de políticas públicas.

A educação, de um modo geral, e a escola, de forma específica, têm sido lembradas como uma das possibilidades de espaço civilizatório numa era de violência, medo e descrença (TOURAINE, 1994; GOHN, 2017a, 2014c). A escola pode ser polo de formação de cidadãos ativos a partir de interações compartilhadas entre a escola e a comunidade civil organizada, e as lutas pela educação, o alicerce dessa nova história.

A premissa fundamental que defendemos há alguns anos é: a participação da sociedade civil nas lutas pela educação não é para substituir o Estado, mas para que este cumpra seu dever: o de propiciar educação de e com qualidade para todos. E esta é a pauta dos jovens na atualidade – educação com qualidade.

O mapeamento aqui apresentado revela-nos que as lutas pela educação obtiveram sucesso relativo nas últimas décadas – incluíram milhares de cidadãos no mundo escolar, em escolas técnicas e em programas de universidade. São passos importantes, mas que por si sós não têm resolvido o mais grave problema social do país: a desigualdade social.

Os atuais movimentos na área da educação devem ser analisados sob a ótica das mudanças operadas no conjunto de outros movimentos sociais contemporâneos, pois eles são diferentes dos movimentos operários, assim como diferem dos movimentos populares dos anos de 1980 e de 1990 que lutaram por condições de vida, especialmente no meio urbano. Lutavam pela emancipação inspirados por teorias emancipatórias que tinham como meta o acesso aos diretos para todos, dentro de uma sociedade que crescia e se modernizava, onde o progresso material era muitas vezes confundido com progresso social.

A onda dos "novos movimentos sociais", iniciada no século passado, organizada em torno de questões de gênero, etnia, faixa etária, ou questões ambientais etc. ampliou-se e hoje estas questões também adentraram às escolas acrescidas de outras temáticas como a de nacionalidade (devido aos imigrantes), religiões, portadores de necessidades especiais, qualidade de vida, segurança pública, paz, direitos humanos, direitos culturais etc. Mas essa ampliação se deu sob a inspiração de outros paradigmas – a do moderno, da emancipação do indivíduo e não mais do grupo. Autonomia para se autodefinir a que grupo sexual pertence, por exemplo. E este tipo de repertório leva não apenas a demandas por novas políticas públicas. Leva também a lutas e tensões entre os grupos e movimentos organizados da sociedade, portadores de referências político-ideológicas distintas. A polêmica em torno do projeto de lei "Escola Sem Partido" é o exemplo mais claro a respeito. Os movimentos sociais, em si, são fontes e agências de produção de saberes. Mas as reações contra estes saberes e sua disseminação é, muitas vezes, mais forte que a própria propagação das novidades.

Em 2019 iniciou-se um novo ciclo de lutas no campo da educação com o propósito do novo governo federal de "expurgar" a questão de gênero do ensino nas escolas, assim como implementar políticas previstas no projeto Escola Sem Partido, abrangendo todos os níveis da educação formal. Um novo modelo educativo baseado em parâmetros cívico-militar de ensino começa a desenhar-se. Valores cívicos e formação profissional para os jovens são destaques deste novo modelo.

6
MAIO DE 1968 A MAIO DE 2018: 50 ANOS DE LUTAS SOCIAIS NO BRASIL
Fatos históricos e marcos referenciais

Este capítulo objetiva resgatar as ações coletivas que transformaram 1968 num marco histórico relevante em diferentes partes do mundo, destacando o cenário no Brasil. Indaga-se sobre seu impacto e efeitos na transformação na sociedade brasileira a ao longo de cinco décadas. Nessa trajetória focaliza-se a questão da participação, dos direitos, e a cultura política que foi sendo construída. Alguns dos referenciais teóricos que têm embasado as análises na academia sobre o tema e os valores e as ideologias que têm alimentado os ativistas são mencionados ao longo do capítulo.

Maio de 1968 é um fato sociopolítico e cultural que entrou para o acervo das memórias do século XX como um legado histórico. Não se trata de um fato isolado em um país, continente ou região do hemisfério terrestre. Ele somou-se a outros fatos históricos, em diferentes partes e tomou proporções de um grande furacão que atingiu todo o globo, ocidental e oriental.

O centro e a periferia do mundo foram sacudidos e, em todos os casos, houve a emergência de vozes silenciadas nas periferias, principalmente nas grandes cidades. Sabe-se que além da França – a vitrine principal de 1968 –, a história registra rebeliões seguidas de repressões em vários outros países europeus, especialmente estudantes em Berlim, em Lovaina (Bélgica); no Leste Europeu, com a Primavera de Praga os protestos estudantis na Califórnia etc. Na América Latina destacam-se as manifestações no México, Argentina e Brasil, entre outros. Os regimes políticos na América Latina atraíram a ira de setores conservadores, que combateram as manifestações com canhões e baionetas, ou com medidas institucionais de Estado de exceção, como o AI 5, no caso do Brasil ao final de 1968; repressão violenta em Córdoba (Argentina), o massacre dos estudantes em Tlatelolco (México) em 2 de outubro de 1968, dez dias antes das Olimpíadas, e outros mais.

Algumas especificidades devem ser demarcadas no "Maio de 68" francês antes de focalizarmos o impacto no Brasil, as diferenças entre os processos históricos das duas nações, e os marcos de lutas de1968 que ainda persistem. Sabe-se que a revolta estudantil na França não começou em maio, mas em fevereiro de 1968. Em março de 1968, os estudantes ocuparam a Universidade Paris VI em Nanterre, na região metropolitana de Paris. A ocupação da tradicional Sorbonne se dá em maio, entre os dias 10 e 11, a chamada "noite das barricadas", com repressão violenta, seguida de paralizações de fábricas, escolas etc. No dia 13 de maio os protestos levaram um milhão de pessoas às ruas de Paris.

Qual o legado básico das ações coletivas de maio de 1968 na França que as distinguiram e atraiu a atenção do mundo todo? Em primeiro lugar o "Maio de 68" francês não foi uma simples rebelião juvenil porque o conteúdo libertário que ele continha rapidamente espalhou-se em diferentes partes do mundo, em diferentes conjunturas sociopolíticas e culturais. A luta pela liberdade e a retomada dos ideais de luta contra toda forma de opressão tornaram-se emblemáticos símbolos das lutas de 1968. Expressou-se pelo inconformismo, como um grito de revolta de estudantes, que se disseminou entre trabalhadores, mulheres, negros e outras categorias sociais oprimidas, que passaram a se organizar em movimentos sociais. Pode-se dizer que os movimentos: feministas, ambientalistas e pela paz tiveram, em 1968, um marco histórico que os projetou, a partir de então, no cenário político como atores sociopolíticos relevantes. Projetou os novos movimentos sociais como atores relevantes, e para nós, isso não terminou. As mulheres, por exemplo, e o Movimento Me Too na atualidade, ao denunciarem o assédio sexual, estão apenas dando sequência, atualizando algo que foi pautado há 50 anos. Estão lutando para assegurar direitos a partir de novas concepções de mundo e de seres humanos, estão pautando nova cultura política.

Os sujeitos que protagonizaram as ações de rebeldia e consagraram-se como atores principais do "Maio de 68" francês não foram inicialmente os operários, ainda que muitos deles tenham aderido, num segundo momento, ao movimento dos estudantes, deflagrando uma grande greve, principalmente na indústria automobilística (Renault e Citroën), quando reivindicaram melhorias básicas que iam dos salários ao direito de o sindicato atuar dentro da empresa etc. Mas os protagonistas principais do "Maio de 68" francês, que entraram para a história, para o imaginário das memórias e representações coletivas, foram os estudantes, os professores, jornalistas, poetas, escritores, cineastas e alguns técnicos do setor público. Inicialmente, os conflitos que levaram a eclosão do movimento em Nanterre não eram diretamente econômicos, não era a exploração do capital que contestavam, mas a opressão/dominação cultural. As demandas dos estudantes eram mais difusas, libertárias, pediam o possível e o impossível.

Edgar Morin, avaliando maio de 1968 disse:

> O denominador comum é uma revolta contra a autoridade e a família. A figura do pai de família perdeu importância, dando início a uma era de maior liberdade na relação entre pais e filhos. A revolta teve um caráter mais marcante nos países ocidentais desenvolvidos. Teóricos achavam que vivíamos numa sociedade que resolveria os problemas humanos mais fundamentais. E, de repente, percebeu-se que havia uma insatisfação na parte mais privilegiada dessa sociedade, que é a juventude estudante (MORIN. "Mal-estar de 'Maio de 68' é mais profundo hoje". In: *Folha de S. Paulo*, 28/04/2008: A14).

Portanto, maio de 68 na França foi também uma revolta cultural de gerações, os jovens dizendo não às formas conservadoras e puritanas que os controlavam, no sistema escolar e nas famílias. Isabelle Sommier (2018) diz que "'Maio de 68' foi a rebelião de uma fração da juventude e marca a chegada dos jovens como atores sociais que se mobilizam e agem para transformar a sociedade". A liberação da voz da juventude extrapolou depois para as artes, especialmente para a música, o cinema etc.

Maio de 68 destacou o papel do indivíduo e sua alienação na sociedade de consumo, clamou por outro modo de vida e pela paz. "Maio de 68" questionou o sistema democrático na França, fez aparecer novos conflitos, novos atores e novas alianças políticas na sociedade francesa. Valores comunitaristas deram suporte ao movimento francês que contestava o *status quo* vigente e, ao mesmo tempo, buscava a modernização da sociedade. C. Castoriadis é um dos intelectuais que viu 1968 como uma "revolta comunitária". Não foi um movimento de volta ao passado, um movimento milenarista; ou um movimento em nome do futuro, contra o passado. Também não foi, no seu conjunto, um movimento contra o sistema capitalista. Foi um movimento antipoder, uma revolta política que olhava para o futuro, buscava uma integração à sociedade de forma diferente, mudando, assim, esta sociedade. Queria "mudar a vida para mudar a sociedade", por isto foi denominado também como "comunismo utópico.

Segundo Touraine, "um movimento social é sempre um protesto moral; coloca-se por cima da sociedade para julgá-la ou transformá-la, e não no centro para manejá-la e orientá-la no sentido que exigem a razão ou a história" (1997: 79). Por isso, o protesto dos estudantes em maio de 1968 foi baseado num discurso igualitário de tipo republicano ou socialista, impregnado de valores que dizem respeito à cultura e à personalidade. Uma utopia libertária e antiautoritária.

Os fundamentos das manifestações de 1968, nas ações práticas e discursivas, devem ser encontrados em uma multiplicidade de teorias e correntes sociais e uma variada e contraditória gama de ideologias políticas e filosóficas. Os muros de Paris estiveram repletos da sigla "MMM", aludindo-se a "Marx, Mao e Marcuse". Mas não foi só o neomarxismo e a teoria crítica de Frankfurt o substrato teórico presente nas rebeliões. O socialismo libertário, especialmente o anarcossocialismo do final do século XIX e início do século XX, e as teorias de Nietzsche, deram suporte às ideologias criadas no calor das ações. Guy Debord, com o livro *Sociedade do espetáculo* (1967) foi também um grande inspirador de militantes e lideranças estudantis no "Maio de 68". Faço estes destaques de maio de 1968 porque no seu repertório de demandas o tema da autonomia era muito expressivo. Debord e outros, também ressurgem como inspiradores das manifestações nas ruas em junho de 2013 no Brasil, conforme registramos no capítulo 3. Registramos e analisamos ainda que no Brasil, na década corrente, ressurgem ideologias conservadoras, advindas de outro marco referencial teórico – o dos liberais: modernos ou conservadores, junto com ideologias de reacionários, que não estavam pautados em 1968.

Do ponto de vista teórico, conclui-se: "Maio de 68" não se explica por uma só corrente política – quer de esquerda ou de direita. Parte do movimento sustentava-se na tese da "nova esquerda", desenvolvida, entre outros, por Marcuse. Outros membros da intelectualidade francesa na época, como Sartre e Camus também foram fonte de apoio direto. Segundo um dos principais líderes do movimento de 1968 na França, Daniel Cohn-Bendict, analisando os fatos *a posteriori*, afirmou:

> Eles [os intelectuais da esquerda] estiveram um tanto fora do golpe e isso foi uma coisa boa: não encontraram o seu lugar, já não tinham possibilidades de intervenção porque se achavam perante um movimento disposto a contestar tudo, incluindo os intelectuais que os estudantes pro-

gressistas não costumavam contestar: Sartre, por exemplo. Dito isto, que influência teve ele sobre o movimento? Nenhuma, mesmo tendo vindo falar à Sorbonne. [...] Quiseram "atirar-nos" Marcuse, como nosso mestre de pensamento: brincadeira. Nenhum de nós leu Marcuse. Alguns leram Marx, claro, talvez Bakunine, e, entre outros autores contemporâneos, Althusser, Mao, Guevara, Lefebvre. Os militantes políticos do Movimento do 22 de Março pouco ou mais ou menos leram Sartre. Mas não se pode considerar nenhum autor como inspirador do movimento.

Michel Serres apresenta, segundo nosso ponto de vista, uma das melhores sínteses sobre o sentido e o significado de "Maio de 68": ele foi uma nova visão de mundo. Sua posição é comentada por Scarlett Marton quando diz:

> Uns veem "Maio de 68" como uma revolução política; outros como uma revolução cultural. Prefiro acompanhar Michel Serres, que o entende como a irrupção de uma radical transformação antropológica. Pois, então, inventou-se uma nova visão de mundo, uma nova concepção do homem e da sociedade. Se não vingou, nem por isso deixou de existir (MARTON, S. "Tentativas de apagar 'Maio de 68'". In: *Folha de S. Paulo* – Tendências e debates, 27/05/2008: A 3).

É bom lembrar também que: "Maio de 68" na França foi também um momento que uniu criatividade artística e luta política, principalmente na música, no cinema e na arte gráfica dos cartazes nos muros de Paris. Exposições, livros e artigos foram publicados nas celebrações dos 50 anos de "Maio de 68" e nada é mais significativo e emblemático que os cartazes nas ruas, mais de 500. O Festival de Cannes foi interrompido em 19 de maio de 1968 na França sem que houvesse premiação. Lá estavam Claude Lelouch, Jean Luc Godard, François Truffaut, Louis Malle, Roman Polanski etc. – como cineastas que concorriam ao prêmio ou juízes. Todos eles apoiaram as manifestações e exigiram a interrupção do festival. Cinquenta anos depois, em maio de 2018, dentre os eventos realizados na França para rememorar 1968 destaca-se a exposição de quatro painéis de dois metros de altura cada, de fotografias com imagens icônicas de maio de 1968 em Paris, feitas por Gilles Caron, agora expostas no Hôtel de Ville – a Prefeitura de Paris.

Brasil, 50 anos de lutas: Como 1968 influenciou?

A reflexão sobre o Brasil de 1968 tem mais indagações do que explicações, mas é importante nomeá-las agora. Quais as memórias que sobrevivem de maio de 1968 e como impactam na atualidade? Como foi a participação dos movimentos sociais clássicos e os novos movimentos sociais identitários no período 1968-2018? Quais os referenciais ideológicos e teóricos de 1968? Qual o principal legado de maio de 1968 na participação dos jovens? Qual a relação entre 1968 e os novíssimos movimentos autonomistas que se destacaram a partir de junho de 2013? Quais as transformações dos atores em cena em manifestações de protesto? Qual o papel dos meios de comunicação em 1968, em 2013 e nas mobilizações que seguiram até 2018? Qual o impacto da internet sobre as manifestações na atualidade? Quais foram as conquistas no plano dos direitos da participação civil nas políticas públicas dos movimentos emancipatórios?

Marialice M. Foracchi, já citada anteriormente, foi professora da Universidade de São Paulo na década de 1960, especialista no estudo dos jovens e dos estudantes da época e publicou em 1972 uma obra onde discute os processos de contestação e faz uma distinção importante entre movimento estudantil e movimento de juventude que nos auxilia compreender "Maio de 68" no Brasil, assim como as manifestações dos jovens na atualidade, como novíssimos movimentos sociais e o movimento estudantil vinculado à UNE, nos moldes dos movimentos clássicos. Diz a autora:

> O primeiro [movimento estudantil] radicaliza a sua vinculação à universidade, pretendendo nela ativar a criação de uma contracultura e tentando explorar as perspectivas do jogo político institucionalizado. O movimento de juventude, por sua vez, radicaliza sua vinculação ao sistema, negando-a por meio de uma prática que se apoia na improvisação e na espontaneidade, pretendendo implantar um estilo de vida. Por ser um movimento de jovens cuja ideologia é exatamente a da emulação da criação, por vaga que pareça tal formulação, insiste sobre sua condição e não consegue, não pode e não quer vínculos estáveis com quaisquer movimentos organizados. O movimento estudantil, ao contrário, faz sua ativação depender da incessante dinamização desses vínculos. Tanto um como o outro podem ser, entretanto, analisados como objetivações socioculturais da contestação (FORACCHI, 2018: 18).

O "Maio de 68" no Brasil

Sabe-se que o "Maio de 68" no Brasil teve início muito antes. A rebelião dos estudantes teve um ponto de partida histórico no mês de março de 1968 com o assassinato do estudante Edson Luís de Lima Souto por forças policiais do Estado da Guanabara, no restaurante Calabouço no Rio de Janeiro, quando os estudantes secundaristas protestavam para reivindicar comida de melhor qualidade e higiene.

Realizamos uma pesquisa no jornal *Folha de S. Paulo* para recuperar os assuntos que foram destaque na primeira página de 1968. Isso levou-nos a várias observações tais como: em maio de 1968 a imprensa brasileira escrita noticiou muito os acontecimentos do *Maio Francês* e outros acontecimentos internacionais como a Guerra do Vietnã. É bom recordar que, no Brasil, a imprensa já estava sob a censura do regime militar. Até dezembro de 1968 as notícias sobre os estudantes, e a resistência contra o regime militar, ainda foram reportadas, junto com outros fatos diversos. Assim, os estudantes foram manchete em protestos em Curitiba, prisões em São Paulo, criação do Conselho Superior de Censura, ligado ao Ministério da Justiça por grupo da Câmara Federal, as comemorações do 1º de maio – com ovos e pedradas contra o então governador de São Paulo, além do primeiro transplante de coração realizado no Brasil. pelo Dr. Zerbini, e o casamento do cantor da "jovem guarda", Roberto Carlos. Ou seja, em maio a ditadura estava estruturando o endurecimento que veio ao final do ano, em 13 de dezembro de 1968, quando suprime-se as liberdades democráticas no Brasil. com o AI5 (Ato Institucional n. 5), o congresso é colocado em recesso e prende-se vários parlamentares.

No Brasil o ápice das manifestações estudantis não foi em maio de 1968, mas em 26 de junho, na denominada Passeata dos Cem Mil, defronte à Igreja da Candelária e ruas centrais do Rio de Janeiro. Além das passeatas os jornais da época noticiaram em junho de 1968 projeto de reforma universitária e de carreira do magistério público (ensino básico), prisão de estudantes, inclusive do líder estudantil Wladimir Palmeira no Rio, invasão de forças policiais na reitoria da UFRJ, integrantes da peça "Roda Viva" foram agredidos no Teatro Ruth Escobar, em São Paulo pelo CCC (Comando de Caça aos Comunistas). No plano internacional noticiou-se o assassinato de Robert Kennedy nos Estados Unidos, Guerra do Vietnã, a tragédia no estádio Monumental na Argentina com a morte de 71 torcedores, e transplantes duplos de rins no Hospital das Clínicas de São Paulo

De julho a novembro de 1968 a tensão social aumentou no país. Segundo F. Barbosa:

> Em julho, o movimento operário organizou a greve da Cobrasma, em Osasco, e os estudantes de Filosofia da USP ocuparam a faculdade, na Rua Maria Antônia. No início de outubro, ocorreu a "Batalha da Maria Antônia", quando alunos da Universidade Mackenzie e integrantes do CCC (Comando de Caça aos Comunistas) invadiram o prédio de filosofia da USP. Um estudante secundarista, José Carlos Guimarães, foi morto no confronto. Ainda em outubro, no dia 11, policiais prenderam 920 estudantes durante congresso clandestino da UNE, em Ibiúna (SP) (BARBOSA, F. "No Brasil, 68 enfraqueceu estudantes e deu impulso à luta armada". In: *Folha de S. Paulo*, 30/04/2008).

A União Nacional dos Estudantes (UNE) foi proibida de funcionamento. Explosões de bombas em linhas férreas, ou na Central do Brasil (Rio de Janeiro), e prisões pelo Dops (Departamento de Ordem Política e Social), foram atos usuais relatados na imprensa a partir de julho de 1968. Os estudantes conviviam nas salas de aulas com agentes do Dops disfarçados de estudantes. No plano internacional, um evento noticiado pela mídia sobre a 2ª Conferência Geral do Episcopado Latino-Americano, realizado em Medellín (Colômbia), em agosto de 1968, com a presença do Papa Paulo VI terá grande repercussão posteriormente no campo das lutas sociais. No Brasil, a reunião de Medellín refletira em mudanças junto a setores do clero cristão. Com novos discursos e práticas, na década de 1970, o trabalho de vários religiosos, sob a inspiração da Teologia da Libertação, foi levado a regiões da periferia das grandes cidades, com destaque para as Comunidades Eclesiais de Base (CEBs).

O campo da cultura, em diferentes formas de expressão das artes, também foi influenciado diretamente pelo "Maio de 68". As manifestações dos estudantes e outros setores sociais contra o regime militar brasileiro em 1968 seguiam paralelas a várias expressões artísticas de contestação como os movimentos da contracultura, o tropicalismo, festivais de música popular brasileira na TV Record, o cinema novo de Glauber Rocha, Rogério Sganzerla e outros, o Teatro do Oprimido de Boal, José Celso Martinez e a *Roda viva* de Chico Buarque etc. O duelo musical ocorrido no final do Festival Internacional da Canção, no Rio, expressa que as artes fervilhavam, com leituras da realidade diferenciadas, e dividiam a plateia. Para relembrar, o duelo foi entre a música *Sabiá*, de Tom Jobim e Chico Buarque (que era a *Canção do Exílio*, de Gonçalves Dias, revisitada, e que ganhou o festival), e a música de Geraldo Vandré, *Pra não dizer que não falei de flores*, também conhecida como *Caminhando*, que se tornou um hino de protesto, não só contra a ditadura, mas contra todas as formas de opressão à liberdade. Para ironia da história, Chico Buarque desenvolveu a carreira tornando-se um ícone da esquerda e Vandré teve outro caminho, bastante contraditório, indo em direção à admiração aos militares, conforme as raras entrevistas que deu nos últimos anos. É importante fazer este registro porque é nestes movimentos da contracultura que encontraremos várias origens ou fontes de inspiração dos movimentos dos autonomistas, destacados em junho de 2013.

Um bom número dos artistas de 1968, ainda vivos, continua sendo fonte de inspiração para a cultura de protesto na atualidade. Mas a realidade mudou, hoje deve-se considerar a cultura de rebeldia dos coletivos culturais, especialmente em regiões periféricas das grandes capitais. Alguns guardam suas raízes na década de 1960, ou inovaram e recriaram o protesto em versos segundo o desenrolar dos fatos da realidade; mas muitos, talvez a maioria, foram influenciados pelos ritmos e modas da cultura norte-americana como o *hip-hop*, ou pelo *marketing* do consumo e autopromoção individual.

Caetano Veloso disse em 2008 que "o movimento hoje, para ser parecido com 68, tem que ser muito diferente". Zuenir Ventura fez uma declaração bastante pertinente afirmar que a geração de 68 queria mudar o mundo e foi mudada pelo mundo, era movida pela ideologia, hoje é pela tecnologia (internet).

2018, recuperando a memória: Qual foi o saldo?

Em maio de 2018, por ocasião dos eventos rememorando maio de 1968, ocorreu em Paris uma série de eventos e o líder libertário das ruas de Paris em 68, Daniel Cohn-Bendit, fez numa entrevista uma afirmação bombástica: "Não resta nada de maio de 1968". Seu argumento faz sentido do ponto de vista das mudanças e transformações no tempo histórico. Ele diz: "Comparar movimentos atuais com o que ocorreu há 50 anos não faz sentido. Vivemos em outro mundo, outra sociedade. Meio século se passou. A única pergunta que devemos fazer é: Por que 1968 interessa tanto?" (NETTO, A. "Não resta nada de maio de 1968". In: *O Estado de S. Paulo*, 13/05/2018: A16). Ao responder à pergunta que ele mesmo fez pode-se observar que não se trata apenas de um mero interesse, uma curiosidade. Cohn-Bendit aponta para a consciência dos jovens, que um novo mundo estava nascendo, dentro de um mundo autoritário, com visões ultrapassadas. "Questiona-se o conservadorismo, mas questiona-se também a rigidez das orientações da esquerda, a União Soviética e os Partidos Comunistas da época, embora, de forma contraditória, louvava-se Mao e a revolução cultural na China." Ele destaca que o mundo foi mudando, e sempre de forma diferente. O "Maio de 68" é único, mas ficou lá trás. Sim, é único porque conviveu com ideologias opostas libertárias para alavancar revoltas contra o conservadorismo. O historiador francês Olivier Wieviorka corrobora as afirmações de Cohn-Bendit ao analisar o "Maio de 68" e a atualidade ao afirmar: "as diferenças sempre prevalecem sobre as semelhanças".

Entretanto, discordamos quando Cohn-Bendit diz que não resta nada do "Maio de 68". O grande legado situa-se no plano da cultura, foi um movimento de forte conotação cultural. Plantou sementes para formar a cultura política também na juventude ao pautar que o sonho de um outro mundo é possível e continua a mover os jovens; a exemplo dos altermundialistas, das últimas décadas do século XX e primeira do XXI, o Fórum Social Mundial, os jovens de junho de 2013 no Brasil, os secundaristas das ocupações das escolas públicas etc. O desejo da revolta, da rebelião, ficou, marcou, deixou registros só que muitas vezes com sinais contrários. O legado de maio de 1968 ficou nas fortes representações, tanto dos franceses como no resto do mundo, e é reivindicado e instrumentalizado, como uma referência política, tanto por forças progressistas como pelas conservadoras. Isso explica porque após as revoltas, em vários casos, tanto no passado como na atualidade, o questionamento do velho, do que está em decomposição na sociedade e na política, não necessariamente traz o novo, algo progressista e transformador. Muitas vezes serve para abrir brechas também para a recomposição das forças conservadoras, como vem acontecendo no Brasil após 2013. Mas o novo/progressista também se impôs, não foi só um grito momentâneo. Fez um vendaval na sociedade brasileira e mudou a forma dos jovens verem e se articularem com a política. Pesquisa Datafolha publicada em 10 de setembro de 2018 diz: "Jovens têm mais interesse em atuar na política, mostra a pesquisa" (PINTO, A.E.S. & TAVARES, J. *Folha de S. Paulo*, 10/09/2018: A11).

Uma diferença marcante entre 1968 e 2018 é o caráter da participação dos jovens nas manifestações. Enquanto 1968 foi "irreverente, libertário e iconoclasta", nas palavras de Clóvis Rossi, as manifestações da atualidade são sectárias, raiva e ódios orientam e inflamam as paixões políticas. Para Rossi, há 50 anos os jovens acreditavam que a imaginação tomara o poder. "Hoje quem está no poder é exatamente a falta de imaginação" (ROSSI, C. "1968 terminou; sim, mal". In: *Folha de S. Paulo*, 03/05/2018). Uma outra diferença, também nada animadora é dada por Alary (2018) quando conclui que o sentimento de esperança que dominou 50 anos atrás poderia ajudar a inspirar movimentos contemporâneos, servir de exemplo para lutar contra os radicalismos. Mas não é isso o que se observa. Diz ele: "O problema é que cada grupo social parece estar lutando por si mesmo. As exigências em 68 eram coletivas e unidas. Hoje em dia, não tenho certeza de que a esperança coletiva seja uma prioridade" (ALARY, apud BUARQUE, D. "Legado de 68 é alvo de disputa entre a direita e a esquerda até hoje". In: *Folha de S. Paulo*, 11/05/2018: A15).

Mike Davi (2012) ao analisar as revoltas contemporâneas deste século, na Europa e no Oriente Médio, estabeleceu uma interessante comparação com os acontecimentos de 1968, apontando causas estruturais no sistema econômico, especialmente em relação às posições dos indivíduos em termos de classes sociais. Diz ele:

> As rebeliões universitárias de 1968 na Europa e nos Estados Unidos foram espiritual e politicamente alimentadas pela Ofensiva do Tet no Vietnã, as insurgências guerrilheiras na América Latina, a Revolução Cultural Chinesa e os levantes dos guetos nos EUA. Da mesma maneira, os indignados do ano passado extraíram sua força primordial dos exemplos de Túnis e Cairo (os vários milhões de filhos e netos de imigrantes tornam essa conexão intimamente vivida e militante). Por conseguinte, jovens passionais na faixa dos 20 anos agora ocupam praças dos dois lados do Mediterrâneo [...] a maioria podia esperar transformar sua formação universitária em carreiras

afluentes de classe média. Hoje, ao contrário, muitos manifestantes em Nova York, Barcelona e Atenas enfrentam perspectivas dramaticamente piores que as de seus pais e mais próximas das de seus congêneres em Casablanca e Alexandria. Alguns dos ocupantes do Parque Zuccotti, se tivessem se formado dez anos antes, poderiam ter saído da universidade direto para salários de US$ 100 mil anuais num fundo hedge ou banco de investimento. Hoje eles trabalham na Starbucks (DAVI, M. *O Estado de S. Paulo* – Caderno Aliás, 22/01/2012: J4-J5).

Conclusões breves e provisórias sobre 1968

Uma primeira conclusão: "Maio de 68" não é só memória em Paris, no Brasil ou em qualquer outro lugar. 1968 transformou-se em fonte de referência, um período da história que sempre é lembrada por suas inovações e potencialidades, um marco vivo de luta contra o conservadorismo, pela realização de sonhos e utopias, ainda que, em alguns lugares, estes sonhos tenham se transformado em pesadelos. "Maio de 68" é também fonte de inspiração para a busca de mudanças, especialmente entre os jovens. Mas o resultado dessa busca depende da conjuntura em questão porque a história muda e com ela seus sujeitos e objetos, que se recriam, se transformam.

Na linha transversal destacada neste texto, a dos direitos, da cultura política, "Maio de 68" no Brasil teve também grande impacto, do ponto de vista institucional. Desde 1988, demandas identitárias construídas desde 1968, por grupos sociais diversos, foram inscritas na Constituição como direitos, e foram se transformando em políticas públicas ao longo dos últimos 30 anos. De 1988 a 2018, elaborou-se 1.189 propostas de emenda constitucional (PECs) que ainda tramitam na Câmara dos Deputados e outras 2.310 foram elaboradas no mesmo período e ficaram pelo caminho. 80,5% das emendas aprovadas dizem respeito a políticas públicas. Ou seja, "Maio de 68" não foi apenas uma cultura juvenil, um espírito de rebeldia. Foi sobretudo a base de novas trilhas na construção dos direitos de cidadania, sobretudo nos direitos das mulheres, negros, população LGBTTS, indígenas e tantos outros.

CONSIDERAÇÕES FINAIS
Para onde segue a democracia no Brasil?

A linha transversal destacada na análise da trajetória de 50 anos de lutas e movimentos é a questão da participação social e política e nela os direitos sociais, políticos e culturais, pautados desde 1968, são retomados na década de 1980 pelos movimentos da sociedade civil organizada. Muitos desses direitos foram inscritos na Constituição de 1988. Um balanço das conquistas obtidas com a nova Carta nos levou a olhar e a comparar – o proposto, o inscrito, o implementado e a prática atual fazendo um resgate do processo de construção da cidadania no Brasil nos últimos 30 anos. A implementação de diferentes tipos de direitos, nas décadas de 1990-2010, levou à construção de extensa rede de participação institucionalizada em políticas públicas e à constituição de conselhos, conferências, fóruns, assembleias, promotorias públicas e outros inúmeros espaços públicos de participação de representantes da sociedade civil, temas tratados no capítulo 2 deste livro.

A partir de 2013, o cenário da participação social e do associativismo brasileiro altera-se completamente e inicia-se um novo ciclo de participação e protestos, objeto de análise do capítulo 3. Novíssimos atores entram em cena, especialmente grupos, coletivos e movimentos de jovens sob a bandeira do autonomismo, com críticas severas às políticas públicas, ao papel do Estado e às formas de fazer política no país. A multidão retorna às ruas. As manifestações reinventaram as formas de fazer política (a despeito da questão política ser negada (apolítico) ou confundida com apartidário. A descoberta da política em 2013 foi se transformando em aversão a ela depois. Novas organizações movimentalistas se formam em 2014-2016, com perfil liberal como o Vem Pra Rua (VPR), ou conservador, como o Movimento Brasil Livre (MBL), criadas em 2014 e 2015, completamente diferentes dos autonomistas de 2013. Essas organizações formam um bloco com cerca de 30 organizações e pautam a luta contra a corrupção e o *impeachment* da Presidente Dilma Rousseff. Isso levou os movimentos clássicos (sindicatos, luta pela terra, união de estudantes etc.), e os novos movimentos sociais (organizados ao redor de questões dos direitos sociais modernos, gênero, raça, etnia, gerações etc.) a se organizarem em frentes, formando outros dois blocos – a Frente Brasil Popular e a Frente Povo Sem Medo, contra o *impeachment*, com cerca de 80 entidades participantes. Buscaram retomar as ruas como espaço de protesto, após perderem a hegemonia destes territórios para as contracorrentes criadas a partir de 2014.

A polarização se instaura na política e a Constituição Cidadã começa a ser questionada pelos grupos conservadores e desmontada em direitos básicos, pelos novos grupos políticos que assumem o poder após o *impeachment* da Presidente Dilma se efetivar em agosto de 2016. Inicia-se um processo de fragilização da democracia com tendência à desdemocratização, com um processo de desregulamentação ou revisão de muitos espaços participativos e direitos. Neste contexto, este livro buscou apresentar e analisar os antecedentes deste processo e como tem sido o processo de desregulamentação/revisão desses direitos, como se deu a emergência de novos movimentos sociais conservadores. Quais as perspectivas para os movimentos sociais emancipatórios? Estas questões foram trabalhadas no capítulo 3; algumas analisadas e outras pontuadas enquanto hipóteses, são estórias ainda não desveladas na história.

Os relatos apresentados indicam que o novo ciclo de movimentos, mobilizações e manifestações da população brasileira a partir de 2013 amplificou o papel das ruas no processo político democrático. A voz das ruas tornou-se importante instrumento de avaliação e pressão na política e de políticos. Essa amplificação foi multidirecional. De um lado, novidades com grupos e movimentos clamando por uma cidadania extensiva, com novos direitos e um outro modo de operar as políticas públicas. Um Estado eficiente. De outro, as ruas se tornaram também *locus* de manifestação e expressão de novos grupos sociais, de tendências liberal e/ou conservadoras, alguns reacionários, que usam as ruas como mecanismos e estruturas de oportunidades políticas para se consolidarem. A nomenclatura de seus nomes já inclui as ruas: "Vem Pra Rua", "Nas Ruas" etc.

A análise geral dos dados levou-nos a observar que há quatro momentos distintos nas manifestações no período deste novo ciclo, entre 2013 e 2018. Houve alterações significativas entre os atores/sujeitos sociopolíticos, os repertórios, as correntes político-ideológicas e a cultura política vigente. Estes momentos apresentam as novidades citadas, mas também são espaço de confronto de visões de mundo e de projetos políticos ao país. Criam-se práticas de agir via recursos tecnológicos on line em 2013, que se ampliam progressivamente e se transformam na principal ferramenta de mobilização e organização de atos de protesto, trazendo à tona outras correntes políticas ao campo dos novíssimos movimentos, especialmente um leque diversificado de correntes liberais ou conservadoras.

Uma das principais conclusões do livro é a de que as manifestações e protestos a partir de 2013, ao focalizarem a política, determinados políticos e gestores públicos e a má qualidade do serviço público, revelaram diferentes modelos de participação e de movimentos sociais na atualidade com, identidades, propostas e perfis político-ideológico distintos, formando um leque diversificado de correntes e contracorrentes. A multidão que saiu às ruas estava motivada por forças do protesto e da indignação. Mas esta saída não é espontânea. Há grupos e organizações que atuam como instrumentos de articulação, os quais têm, por detrás – normas, princípios, ideologia que constroem novas culturas políticas. Da parte de alguns movimentos esta luta é positiva, pois amplia o espaço de luta por novos direitos e novas formas de expressão da cidadania, e a democracia se fortalece. O MPL (Movimento Passe Livre), de perfil autonomista, recolocou na pauta das reivindicações questões estruturais como mobilidade urbana, *habitat*, educação etc. como *direitos*. Mas esta colocação foi diferente em comparação com os novos movimentos sociais a partir da década de 1980. Enquanto os NMS pautaram direitos como afirmação, especialmente no plano cultural, e exigências de reconhecimento da dignidade dos sujeitos, e se tratavam basicamente de direitos subjetivos, rejeitando identificações com categorias socioeconômicas, como as de classe; os autonomistas colocam a questão dos direitos em termos de contestação, contestação da ordem vigente, e propõem um novo mundo, o da utopia, da igualdade. Eles retomam o tema da utopia, de forma completamente diferente dos movimentos clássicos porque não há uma hierarquia e nem um sujeito central na história. De outra parte, muitos grupos e organizações aproveitaram as oportunidades criadas pelo cenário de protestos e indignação contra a corrupção e outros temas, contra-atacando, pautando a restrição e perda de direitos já conquistados, retomaram pautas conservadoras, resgataram valores morais tradicionais para "decretarem" o que é o correto e o que é errado, segundo suas visões de mundo e pressupostos ideológicos. Nesta direção, o sentido dos princípios democráticos é questionado e a democracia se enfraquece, pois segundo Dahl: "Os direitos estão entre os blocos essenciais da construção de um processo de governo democrático" (DAHL, 2001: 62). Sabe-se que a primeira geração de direitos foi a que consagrou os direitos civis e políticos (cf. MARSHALL, 1967); depois veio a segunda, marcando a emergência dos direitos sociais (educação, saúde, trabalho, moradia, lazer, cultura, segurança, proteção à maternidade e assistência) e, por último, como fruto da ação de diferentes movimentos sociais nas últimas décadas do século XX adveio a terceira geração de direitos, caracterizada como direitos culturais ou direitos difusos, reconhecidos também pela Constituição de 1988, tratada no capítulo 2 deste livro. A função desses direitos é a de garantir condições para que grupos sociais compostos por questões de gênero, raça, cor, faixa etária etc. possam exercer integralmente sua condição humana. Esta terceira geração está sendo contestada na atualidade pelos conservadores. Uma grande indagação no atual momento político brasileiro é: Como será impactado e reagirá os grupos sociais acima citados, frente ao combate às "ideologias de gênero", direitos das minorias etc. declarado por vários dos atuais dirigentes da república brasileira?

Afirmamos neste livro que os novíssimos sujeitos que entram em cena nas ruas e avenidas, a partir de junho de 2013, no caso brasileiro, representam uma nova onda de movimentos sociais, diferente dos novos movimentos identitários organizados desde a década de 1980. Novos aportes teóricos entram em cena, especialmente as teorias renovadas advindas do autonomismo ou socialismo libertário (tratadas no capítulo 1 deste livro). Os atuais movimentos sociais dos jovens autonomistas são também herdeiros dos movimentos antiglobalização dos anos de 1990 e 2000. Nossas análises demonstram: os jovens não são apáticos nem despolitizados, a maioria deles descrê da política como ela é, rejeita as estruturas de representação pela descrença nos que ocupam cargos nas mesmas.

Registramos neste livro o crescimento ou emergência, pós-2013, de novos formatos de associativismos coletivos. No campo democrático, popular destacam-se os coletivos feministas (a exemplo do "Somos muitas"), os universitários e os da "bancada ativista" – focando sua atuação na formação de lideranças que vieram a se candidatar para cargos públicos (com vários eleitos). Inovaram nas formas de se organizarem e na proposta de exercício dos mandatos, pois tencionam participar das administrações, em "mandatos coletivos". Entretanto, formar grupos focados no processo eleitoral foi também estratégia predominante entre as organizações movimentalistas. Neste cenário atestamos o retorno de teorias liberais que passam a dar suporte às organizações movimentalistas que se estruturaram no Brasil após junho de 2013 tais como o "Vem Pra Rua" e o Movimento Brasil Livre". Como já foi dito, são defensores do livre-mercado, antiestatistas e neoliberais. E foram estas posições e correntes que ganharam a eleição presidencial brasileira em 2018, assim como um grande número de representantes na Câmara, Senado Federal e governos estaduais. Destacam-se entre os deputados federais eleitos dois líderes do MBL-Kim Kataguiri (eleito pelo DEM, São Paulo), e Marcel van Hatem (Novo, Rio Grande do Sul), os dois foram os mais votados em seus respectivos estados. Carla Zambelli (PSL, São Paulo), que criou o "Nas Ruas" (que ficou conhecido porque criou o boneco Pixuleco, na época do *impeachment*, também foi eleita deputada federal. Rogério Chequer, ex-coordenador nacional do VPR, concorreu ao governo do Estado de São Paulo, e ficou em 6º lugar, com 3,32% do total. Ou seja, as organizações movimentalistas não apenas mobilizaram e organizaram as grandes manifestações nas ruas em 2015 e 2016. Elas alavancaram seus líderes para a cena da política institucional e com suas ideologias e propostas, contribuíram para a construção das representações de que precisava do algo novo, ou de novas lideranças. Negando a política na representação imaginária do social, essas lideranças se firmaram como políticos. Processo contraditório que deverá ser objeto de muitas análises ainda, numa eleição que teve 52% de renovação das cadeiras dos 513 deputados da Câmara Federal e 85% de renovação no Senado (embora nessa casa, somente 20 senadores sejam realmente novos porque os demais vieram de outros cargos legislativos). Mas é significativo que somente 8 dos senadores da casa com mandatos vigentes até 2018, tenham sido reeleitos.

E as abordagens críticas advindas do marxismo clássico, teorias críticas etc., desapareceram como inspiração e suporte das práticas das manifestações? Certamente que não, estão presentes e fortemente estruturadas nos valores e ideologias que orientam as alas que denominei de movimentos "clássicos", especialmente setores sindicais da CUT, do MST, do MTST e outros. Dentre os "novos movimentos", o leque de apoio e inspiração é grande, especialmente advindo das teorias das identidades, ou teoria cultural, ou culturalistas. Na atualidade, entre outros, destacam-se ainda Judith Butler (1993), nos estudos sobre gênero ou as correntes de estudo sobre o pensamento neocolonial, especialmente nos movimentos dos povos indígenas (cf. QUIJANO, 2005).

Nossas análises concluem que, na atualidade brasileira, há formas novas de cidadania que refletem um novo momento, com avanços e recuos na trajetória do associativismo brasileiro e seu papel na participação social e política do país. Há duas correntes de culturas políticas em ação. Uma resultante das inovações democráticas após o final da década de 1980, derivada das experiências participativas dos movimentos sociais desde a década de 1970. Entretanto esta cultura não se completou, não se espalhou por toda sociedade, ficou limitada por condicionalidades das máquinas burocráticas onde operavam. A outra corrente foi culturalmente construída na última década por setores conservadores ou liberais que não estavam no poder e passou a lutar por ele. Construíram e difundiram, via redes sociais, um imaginário de repúdio à política, de combate a supostas práticas de apropriação e loteamento do Estado pelos grupos que estavam no poder.

Finalizamos com a questão da democracia, pautada desde o título deste livro. Vários elementos que foram apontados ao longo dos capítulos ajudam a compreender por que a democracia ampliou-se entre 1988-2013 e por que ela foi se restringido a partir de 2014, num processo lento de desdemocratização. Inicialmente, vários instrumentos e mecanismos operacionais de participação civil foram criados a partir da Constituição de 1988 e deram origem aos mecanismos de participação dos cidadãos, mas também de controle social, construídos no país a partir dos anos de 1990. Considera-se que os últimos 30 anos são a moldura, o *frame* que explicam a atual conjuntura de diferentes tipos de crises que o país atravessa, com reflexos na cena democrática e na questão dos direitos. Os atores políticos constituídos para atuarem como intermediários entre o governo e a sociedade nos processos políticos participativos advinham de grupos específicos, pertencentes a redes de grupos de confiança dos dirigentes, que não representavam o conjunto da sociedade. A não confiança ou diminuição da confiança é uma ameaça à democracia, nos dizeres de Tilly. A não transparência pública das políticas e atos do governo também contribuiu para a organização de novos grupos organizados tanto progressistas, mas críticos aos grupos que estavam no poder, tais como os autonomistas; como grupos conservadores e/ou neoliberais – frutos de novas coalizões entre elites não dirigentes, contrárias ao governo. Essas últimas se fortaleceram após 2014 com a desorientação do governo federal, crise econômica decorrente de esgotamento e estrangulamento do modelo vigente, e denúncias de corrupção nas empresas estatais, apropriação do dinheiro público, processos, prisões etc. Progressivamente, as organizações movimentalistas se organizam – via redes e mídias sociais, e ganham a simpatia e adesão da população com o lema/tema de combate à corrupção e segurança pública.

Neste cenário a democracia passou a ser tensionada porque, de um lado – ampliou-se o debate público político nas ruas, a cidadania expandiu-se para além do voto fornecendo elementos para a ampliação também da cultura política vigente. O que acontece cotidianamente nas três instâncias de poder (executivo, legislativo e judiciário), passou a ser acompanhado pelos cidadãos, especialmente via mídia sociais, mesmo com as distorções ocasionadas pelas *fake news*. Mas, de outro lado, a democracia tem se fragilizado pelas tensões e polarização decorrentes de comportamentos e ideologias que questionam as regras do jogo político, a política, a existência do outro; a oposição é vista como entes a serem eliminados e não como polos do dissenso. As *fake news* tornaram-se instrumentos de luta para destruir o outro e produzir consensos, distorcidos.

O surgimento de organizações movimentalistas que atuam como contracorrentes às correntes de movimentos, coletivos sociais, partidos e outras formas de organização social, política e cultural existentes têm contribuído para o acirramento das tensões à medida que essas novas organizações não aceitam o debate, o diálogo tematizado. E os movimentos e demais ações coletivas até então existentes também não aceitam a existência de "competidores" no campo das ações coletivas civis, não inovaram em suas práticas e discursos. Isso tem reverberado na sociedade como dois polos antagônicos, gerado clima de ódio (cf. SOLANO, 2018), e ressentimentos, e resultado em ameaças ou supressão efetiva de direitos conquistados, assim como ameaças à liberdade de expressão – precondição fundamental para que a democracia seja possível. Resulta também em dois tipos básicos de cultura política – uma democrática, de defesa dos direitos, e outra conservadora/autoritária, que vê nos direitos conquistados, via políticas de inclusão social, por exemplo, como responsáveis pela crise econômica, política, falam em moral, de valores etc. Preconizam o liberalismo nas políticas econômicas do Estado e o controle social rígido sobre as instituições sociais. É um fato histórico que nos leva a concluir: os protestos nas ruas pós-2013 não tiveram um só resultado ou direção, de um lado eles politizaram inúmeras formas de manifestação social e passaram a ser um *lócus* básico de visibilidade de novas formas de associativismo civil; de outro, os protestos trouxeram uma pluralidade de correntes de pensamentos, ideologias e cultura política, gerando tensões e questionamentos dentro do próprio processo democrático.

Portanto, a partir de 2013 é preciso repensar as análises sobre a lógica da ação coletiva organizada em termos de um sentido único, que não existe. Passou a ocorrer um novo ciclo e uma repolitização dos movimentos sociais sob novos paradigmas inspiradores das ações coletivas, muitos deles construídos a partir de ideias e utopias já bem antigas, como o socialismo libertário, o anarquismo, os autonomistas; e outros, com posições adversas, como os neoliberais ou o retorno do conservadorismo. Os movimentos clássicos sentem a pressão para se renovarem sob a égide da sociedade contemporânea com seus problemas, lutas políticas, desafios, novos recursos comunicacionais e tecnológicos, e se redesenham formando "frentes". Mas estão se alterando de fato? Tudo isso num cenário de descrença da sociedade na política e nos políticos dado as práticas, já históricas, de clientelismo e de corrupção existentes. O sentimento de ausência de representatividade dos cidadãos na democracia brasileira foi atestado por pesquisas, como a do Instituto Ipsos, em 2017, sendo um indicador, naquele ano, da necessidade de mudanças profundas em todo cenário político brasileiro. Mas este mesmo instituto aferiu, em janeiro de 2019, que 76% dos brasileiros esperavam um ano melhor, sendo que 62% acreditam que o ano-novo será melhor em segurança (a pesquisa ouviu 1.200 pessoas em 72 cidades).

Da parte das elites dirigentes do país nas duas últimas décadas, os relatos apresentados neste livro indicam que foram vários os processos que levaram à crise de representatividade da arena política e às mudanças que geraram os processos de desdemocratização em curso. Situação e oposição, esquerda e direita, progressistas e conservadores, qualquer que seja a terminologia adotada, todos se dividiram na luta pelo poder central; ganhou o que se apresentou como novo, como aquele que colocaria o país nos "trilhos" – da economia, geração de empregos, comportamento social e fim da violência, com discurso moralista e conservador. Este livro foi concluído no início de 2019, quando um novo governo federal se inicia, com pautas conservadoras e a participação de muitos militares na administração pública. O que irá ocorrer é a dúvida de muitos, junto com a esperança dos milhões que apostaram nos novos gestores, com suas propostas ainda não detalhadas. Neste cenário indaga-se: Qual será o papel e a capacidade de movimentos e outras formas de ação coletiva se reinventarem para além das práticas de resistência, frente à revisão/dissolução de direitos conquistados de forma a tornar a democracia expressão de novas possibilidades e potencialidades democráticas? Como fica a democracia brasileira e como retomar as ações para seu fortalecimento e a preservação de direitos fundamentais visando reunir consensos em uma sociedade tão dividida? Como resistir à onda conservadora e, ao mesmo tempo, rever a agenda progressista, em seus acertos e erros, e construir perspectivas de melhorias para todos e não apenas para grupos específicos? São questões colocadas pelos analistas cujas respostas não passam de hipóteses e conjecturas. Acreditamos que a razão deve voltar a orientar a busca de caminhos e não apenas as emoções e as paixões políticas. Está faltando reflexão, diálogo e autocrítica; sobram críticas e análises já repetitivas, desacreditadas pelos acontecimentos. O processo de informação e formação da opinião pública não pode continuar a ser campo aberto para as mídias tradicionais, os produtores de *fake news* etc. Este é um dos processos necessários, assinalados por Tilly na apresentação deste livro. As chamadas para a "unidade" ou para um novo líder, salvador da pátria, ou um novo Messias, não sensibilizam mais ninguém porque provaram historicamente que eram equivocadas. As identidades culturais e as múltiplas diferenças sociais, por mais que sejam questionadas, por diferentes correntes político-partidárias e ideológicas, elas vieram para ficar e tem que ser a base para avanços e saídas, e não para exclusão e retrocessos.

Alguns fatos contraditórios sobre a democracia estão postos e desafiam a reflexão de todos aqueles que se preocupam com o país, com seu povo, e com os indivíduos de forma geral, enquanto seres humanos. Como exemplo, pode-se citar: de um lado, aspectos alvissareiros há vários e novos sentidos para o conceito de democracia, que nas últimas décadas ampliou-se para além do escopo da alternância do poder, e da liberdade de escolha incorporando outras dimensões, inclusive no plano individual: a liberdade dos desejos, identidades, projetos sociais, projetos de vida etc. As raras tentativas de implementar políticas sociais híbridas onde o cidadão não seja somente beneficiário de programas e projetos, mas também participe da execução, colocando sua experiência e saberes em ação (e não apenas compondo estruturas participativas para referendar matérias já decididas). De outro lado, inúmeros analistas têm assinalado que a o sistema democrático ocidental está em crise, que a democracia corre perigo, que o conservadorismo político retornou com força, e que essa crise é um fenômeno global. A crise decorre do retorno e fortalecimento de ideias e posições políticas conservadoras e parece estar associada ao novo mundo, às redes sociais e às políticas macroeconômicas do capitalismo, no atual estágio tecnológico, que não se limita mais aos países ditos de governança democrática. Outras análises ressaltam, junto com os fatores econômicos, a luta pelo poder entre as grandes potências, especialmente Estados Unidos, Rússia e China, e as implicações dessa luta para os demais países, em busca de hegemonia e domínio político e econômico no mundo (FIORI, 2018). Algumas dessas análises tomam o passado como espelho de um eterno retorno. Temos sim de olhar para o passado, e este livro buscou fazer este exercício, mas olhar para o passado para decifrar o presente e vislumbrar o futuro imediato. Nesse sentido concluo que caminhamos para algo novo, com resultados imprevisíveis, onde o presente indica o avanço da onda conservadora, mas o resultado da tensão no futuro não está dado ou já traçado. Depende como os diferentes atores políticos em cena se comportarão daqui para frente. É caminhando que se aprende o caminho, seus sentidos e rumos. Mas deve haver parâmetros, princípios, não aleatórios. Claude Lefort disse que a democracia moderna nasce da incerteza. "A democracia institui-se e se mantém pela dissolução dos marcos de referência da certeza" (LEFORT, 1991: 34). Oxalá as incertezas atuais possam delinear novos rumos!

Touraine (1994b) ao analisar a crise do social no final do século XX disse que a saída era pela via da esfera pública, por espaços de livre-debate onde se cultivasse uma cultura democrática, onde as três dimensões da democracia assinalas por ele (representatividade, cidadania e limitação dos poderes) poderiam ser exercitadas. A dúvida que fica é: Quais serão estes espaços de livre-debate? E gera também um desafio: Como construir espaços de livre-debate e de diálogo numa sociedade tão polarizada?

Segundo José de Souza Martins: "Só há povo e democracia quando a população consegue conciliar o modo de ser e de pensar das parcialidades dos diferentes grupos – sociais, partidários, religiosos, ideológicos – com a unidade das diferenças na ideia de nação" (MARTINS, 2016: 251).

E os jovens e seus coletivos, como ficam no novo cenário? Concordamos com Melucci: "Quando a democracia for capaz de garantir um espaço para que as vozes juvenis sejam ouvidas, [...] movimentos juvenis poderão tornar-se importantes atores na inovação política e social da sociedade contemporânea" (MELUCCI, 1997: 14).

Reiteramos – o olhar sobre o passado e as experiências nele contidas poderão dar luzes para novos rumos, não para repetir as tragédias e erros, e este livro busca contribuir nesta direção.

Referências

ABERS, R. *Conflitos, mobilizações e participação institucionalizada* – a relação entre a sociedade civil e a construção de grandes obras de infraestrutura. Ipea, 2016 [Texto para discussão 2.231] [Disponível em http://www.ipea.gov.br/portal/images/stories/PDFs/TDs/041].

ABERS, R.N. & TATAGIBA, L. "Ativismo institucional na burocracia brasileira: a mobilização em defesa da saúde da mulher". In: *Anais do 38º Encontro Anual da ANPOCs*. Caxambu, 2014. São Paulo: ANPOCS, 2014, p. 1-32.

ABERS, R. & VON BULLOW, M. "Movimentos sociais na teoria e na prática – Como estudar o ativismo através da fronteira entre Estado e sociedade?" In: *Sociologias*, ano 13, n. 28, set.-dez./2011, p. 52-84. Porto Alegre.

ABRAMO, H.W. "O uso das noções de adolescência e juventude no contexto brasileiro". In: FREITAS, M.V. (org.). *Juventude e adolescência no Brasil*: referências conceituais. São Paulo: Ação Educativa, 2005, p. 19-39.

ABRAMO, H.W. & BRANCO, P.P.M. (orgs.). *Retratos da juventude brasileira* – Análises de uma pesquisa nacional. São Paulo: Instituto Cidadania/Fundação Perseu Abramo, 2005.

ABRUCIO, F.L. & COSTA, V.M.F. "Reforma do Estado e o contexto federativo brasileiro". In: *Pesquisas*, n. 12, 1999. Fundação Konrad Adenauer.

ALARY, E. *Il ya 50 ans... Mai 68*. Paris: Larousse, 2018.

ALBUQUERQUE, J.G. *Movimento estudantil e consciência social na América Latina*. Rio de Janeiro: Paz e Terra, 1977.

ALENCAR, J. "Participação social e desigualdades nos conselhos nacionais". In: *Sociologias*, ano 15, n. 32, jan.-abr./2013, p. 112-146. Porto Alegre.

ALENCAR, J. et al. "Conselhos nacionais: perfil e atuação dos conselheiros". In: *Relatório de Pesquisa*. Ipea, 2014.

ALI, T.; ALVES, G.; DAVIS, M.; HARVEY, D.; SADER, E.; SAFATLE, V.; PESCHANSKI, J.A.; ŽIŽEK, S.; TELES, E. & WALLERSTEIN, I. *Occupy* – Movimentos de protestos que tomaram as ruas. São Paulo: Boitempo, 2012.

ALMEIDA, C.; CAYRES, D.C. & TATAGIBA, L. (2015). "Balanço dos estudos sobre os conselhos de políticas públicas na última década". *Lua Nova* – Revista de Cultura e Política, vol. 94, 2015, p. 255-294.

ALMEIDA, P. & CORDERO, A.U. (orgs). *Handbook of Social Movements Across Latin America*. Nova York: Springer, 2015.

ALMOND, G. & VERBA, S. *The civic culture revisited*. Londres: Sage, 1989.

_____. *The Civic Culture*: Political Attitudes and Democracy in Five Nations. Princeton: Princeton University Press, 1963.

ALONSO, Â. "A política das ruas: protestos em São Paulo de Dilma a Temer". In: *Novos Estudos Cebrap*, n. esp.: "Dinâmicas da crise", jun./2017, p. 49-58.

ALONSO, A. & MISCHE, A. "Changing repertoires and partisan ambivalence in the new Brazilian Protests". In: *Bulletin of Latin American Research*, 16/03/2016, p. 1-11.

ALVAREZ, K.; GALLEGO, P.; GÁNDARA, F. & RIVAS, O. *Nosotros, los indignados* – Las voces comprometidas del #5-M. Barcelona: Destinos, 2011.

ALVAREZ, S. "Falas do Estado ou o estado das falas sobre as mulheres nas administrações democrático-populares". In: GODINHO, T. & SILVEIRA, M.L. (orgs.). *Políticas públicas e igualdade de gênero*. São Paulo: Prefeitura de São Paulo/Friedrich Ebert Stifung, 2004 [Coordenadoria Especial da Mulher, cad. 8].

ANTUNES, R. *O continente do labor*. São Paulo, Boitempo, 2011.

ARATO, A. & COHEN, J. *Civil society and political theory*. Cambridge: Mitt, 1992.

ARNSTEIN, S.R. "A Ladder of Citizen Participation". In: *Journal of the American Institute of Planners*, vol. 35, n. 4, jul./1969, p. 216-224.

ARRETCHE, M. *Estado federativo e políticas sociais*: determinantes da descentralização. Rio de Janeiro/São Paulo: Revan/Fapesp, 2000.

AUGUSTO, A.; ROSA, P.O. & RESENDE, P.E.R. "Capturas e resistências nas democracias liberais: uma mirada sobre a participação dos jovens nos novíssimos movimentos sociais". In: *Estudos*, vol. 21, n. 40, jan.-jun./2016, p. 21-37. Araraquara: Unesp.

AVELAR, L.M. *Mulheres na elite política brasileira*. São Paulo/ Unesp/Konrad-Adenauer, 2002.

AVRITZER, L. "Conferências Nacionais: ampliando e redefinindo os padrões de participação social no Brasil". Rio de Janeiro: Ipea. 2012.

_____. "Um balanço da participação social no Brasil pós-constituição de 1988". In: AVRITZER, L. (org.). *Experiência democrática, sistema político e participação popular.* São Paulo: Fundação Perseu Abramo, 2013.

_____. *Cultura política, atores sociais e democratização*: uma crítica às teorias da transição para a democracia [Portal da ANPOCs].

BADIOU, A. *El despertar de la historia*. Madri: Clave, 2012.

BALLESTRIN, L. "América Latina e o giro decolonial". In: *Revista Brasileira de Ciência Política*, n. 11, mai.-ago./2013, p. 89-117. Brasília.

BARBOSA, A. "A (des)articulação do Movimento Estudantil (décadas de 80 e 90)". In: *Educação*: teoria e prática, vol. 10, n. 18/19, jan.-dez./2002, p. 5-14.

BASSANI, J. *Coletivos culturais*. São Paulo: Itaú Cultural, 2016 [Disponível em http://www.itaucultural.org.br/jorge-bassani-serie-coletivos-culturais – Acesso em 10/08/2018].

BECKER, H. "Notes on the Concept of Commitment". In: *The American Journal of Sociology*, vol. 66, n. 1, jul./1960, p. 32-40.

BOBBIO, N.; MATTEUCCI, H. & PASQUINO, G. *Dicionário de Política*. Brasília: UNB. 1991.

BÖHM, S.; DINERSTEIN, A.C. & SPICER, A. "(Im)possibilities of Autonomy Social: Social Movements in and Beyond Capital, the State and Development Steffen". In: *Studies*, 9 (1), 2010, p. 17-32.

BOITO JR., A. *Reforma e crise política no Brasil* – Os conflitos de classe nos governos do PT. Campinas/São Paulo: Unicamp/Unesp, 2018.

BOLTANSKI, L. *Diálogo Global, vol.* 7, mar./2017, p. 10.

BORJA, J. "A participação citadina". In: *Espaço e Debates*, n. 24, 1988. São Paulo: Cortez.

BOSCHI, R.R. *A arte da associação*: política de base e democracia no Brasil. Rio de Janeiro: Iuperj, 1987.

BOTTOMORE, T.H. & OUTHWAITE, W. (eds.). *The Blackwell Dictionary Twentieth-Century Social Thought*. Londres: Blackwell. 1993.

BOURDIEU, P. *O poder simbólico*. Rio de Janeiro: Bertrand/Difel, 1989.

_____. *Questões de sociologia*. Rio de Janeiro: Marco Zero, 1983.

_____. *A reprodução* – Elementos para uma teoria do sistema de ensino. Rio de Janeiro: Francisco Alves, 1982.

BRADY, H.; VERBA, Si. & SCHLOZMAN, K.L. "Beyond Ses: A Resource Model of Political Participation". In: *The American Political Science Review*, 89, 1995, p. 271-294.

BRASIL. "Lei 8.243, de 23/05/2014 – Institui a Política Nacional de Participação Social (PNPS) e o Sistema Nacional de Participação Social (SNPS) e dá outras providências". In; *Diário Oficial [da] República Federativa do Brasil*. Brasília: Poder Executivo, 26/05/2014 [Disponível em http://www.planalto.gov.br/ccivil_03/_ato2011-2014/2014/decreto/d8243.htm – Acesso em 30/08/2017].

BRENNER, A.K. "Jovens e militância política". In: CARRANO, P. & FÁVERO, O. (orgs.). *Narrativas juvenis e espaços públicos* – Olhares de pesquisa em educação, mídia e ciências sociais. Niterói: UFF, 2014, p. 31-54.

BRINGEL, B. "O futuro anterior – Continuidades e rupturas nos movimentos estudantis do Brasil". In: *Eccos* – Revista Científica, vol. 11, 2009, p. 97-121.

BUCCI, E. *A forma bruta dos protestos*: das manifestações de junho de 2013 à queda de Dilma Rousseff em 2016. São Paulo: Companhia das Letras, 2016.

BUTLER, J. *Bodies that matter*: on the discursive limits of sex. Nova York: Routledge, 1993.

CALDART, R. *Educação em movimento*. Petrópolis: Vozes. 1997.

CAMPOS, A.M.; MEDEIROS, J. & RIBEIRO, M.M. *Escolas de luta*. São Paulo: Veneta, 2016.

CAMPOS, M.M. "As lutas sociais e a educação". *Cadernos de Pesquisa*, n. 79, nov./1991. São Paulo.

CAMPOS, R.C. *A luta dos trabalhadores pela escola*. São Paulo: Loyola. 1989.

CANAVIEIRA, F.O. *A Educação Infantil no olho do furacão* – O movimento político e as contribuições da sociologia da infância. Campinas: FE/Unicamp, 2010 [Dissertação de metrado].

CARLOS, E. "Movimentos sociais e sistema político nas teorias dos movimentos sociais". In: *Intersecções*, vol. 17, n. 1, 2015, p. 15-53. Rio de Janeiro.

CARLOS, E.; DOWBOR, M. & ALBUQUERQUE, M.C. "Movimentos sociais e seus efeitos nas políticas públicas – Balanço do debate e proposições analíticas". In: *Civitas*, vol. 17, n. 2, mai.-ago./2017, p. 360-378. Porto Alegre.

CARMO, P.S. *Culturas da rebeldia* – A juventude em questão. 2. ed. São Paulo: Senac, 2003.

CARRANO, P.C.R. *Angra de tantos reis* – Práticas educativas e jovens na cidade. Niterói: Universidade Federal Fluminense, 1999 [Tese de doutorado].

CASTELLS, M. *Ruptura*. Rio de Janeiro. Zahar, 2018.

_____. *O poder da comunicação*. Rio de Janeiro: Paz e Terra, 2015.

_____. *Redes de indignação e esperança* – Movimentos sociais na era da internet. Rio de Janeiro: Zahar, 2013.

_____. *A galáxia da internet* – Reflexões sobre a internet, os negócios e a sociedade. Rio de Janeiro: Zahar, 2003.

_____. *The Rise of the Network Society*. Vol. III. Oxford: Blackwell, 1998.

_____. *The Rise of the Network Society*. Vol. II. Oxford: Blackell, 1997

_____. *The Rise of the Network Society* – The Information Age: Economy, Society and Culture. Vol. I. Oxford: Blackell, 1996.

CASTELLS, M.L. "La nueva estructura de la dependencia y los procesos políticos de cambio social en América Latina". In: PIZZORNO et al. *Participación y cambio social en la problemática contemporánea*. Buenos Aires: Siap, 1975, p. 141-173.

CASTORIADIS, C. & COHN-BENDIT, D. *Da ecologia à autonomia*. São Paulo: Brasiliense, 1981.

CASTRO, J.A.; AQUINO, L.M. & ANDRADE, C.C. (orgs.). *Juventude e políticas sociais no Brasil*. Brasília: Ipea, 2009.

CASTRO, M.G. "O conceito de gênero e as análises sobre mulher e trabalho: notas sobre impasses teóricos". In: *Caderno CRH*, n. 17, jul.-dez./1992. Salvador.

CASTRO, M.G. & ABRAMOVAY, M. *Quebrando mitos, juventude, participação e políticas* – Perfil, percepções e recomendações dos participantes da 1ª Conferência Nacional de Políticas Públicas de Juventude. Brasília: Ritla, 2009.

CATTANI, A.D. (org.) *Escolas ocupadas*. Porto Alegre: Cirkula, 2017.

CATTANI, D.B. *Educadores à meia luz* – Um estudo sobre a *Revista de Ensino* da Associação Beneficente do Professorado Público do Estado de São Paulo (1902-1919). São Paulo: Feusp, 1989 [Tese de doutorado].

CHEQUER, R. & BUTTERFIELD, C. *Vem Pra Rua* – A história do movimento popular que mobilizou o Brasil. São Paulo: Matrix, 2016.

CNPD. *Jovens acontecendo na trilha das políticas públicas*. Brasília: CNPD, 1998.

CODATO, A. "A nova direita brasileira – Uma análise da dinâmica partidária e eleitoral do campo conservador". In: CRUZ, S.V.; KAYSEL, A. & CODAS, G. (orgs.). *Direita, volver!* – O retorno da direita e o ciclo político brasileiro. São Paulo: Fundação Perseu Abramo, 2015, p. 115-143.

COELHO, C.N. *Os movimentos libertários em questão* – A política e a cultura nas memórias de Fernando Gabeira. Petrópolis: Vozes, 1987.

COELHO, V.S.P.; FERRAZ, A.; FANTI, F. & RIBEIRO, M. "Mobilização e participação: um jogo de soma zero? – Um estudo sobre as dinâmicas de conselhos de saúde da cidade de São Paulo". In: *Novos Estudos Cebrap*, n. 86, 2010.

COHN, G. "Tocqueville y la pasión bien comprendida". In: BORON, A. (org.). La filosofia política moderna: de Hobbes a Marx. Buenos Aires: Clacso/Eudeba, 2000, p. 247-267.

COHN, S. & PIMENTA, H. (orgs). *Maio de 68*. Belo Horizonte: Autêntica, 2008.

COHN-BENDIT, D. "Rebeldia Ltda". In: *Folha de S. Paulo* – Caderno Mais, 04/05/2008, p. 14.

_____. *Nós que amávamos tanto a revolução*. São Paulo: Brasiliense. 1988.

_____. *O grande bazar* – As revoltas de 1968. São Paulo: Brasiliense, 1988.

COLE, G.D.H. *Social Theory*. Londres: Methuen, 1920.

COLE, G.D.H. "The social theory". In: HIRST, P. *The pluralist theory of the state*. Nova York: Routledge, 1993, p. 51-108.

CONSELHO NACIONAL DE JUVENTUDE. *Política Nacional de Juventude*: diretrizes e perspectivas. Brasília: Fundação Friederic Ebert/Secretaria Nacional de Juventude/Secretaria Geral da Presidência da República, 2006.

COSTA, A. & BRUSCHINI, C. (orgs.). *Uma questão de gênero* – Rio de Janeiro/São Paulo: Rosa dos Tempos/Fundação Carlos Chagas, 1992.

COSTA, M.R. *Escolas da comunidade*. Recife: UFP, 2006 [Tese de doutorado].

COUTO, C.G. "A longa constituinte: reforma do Estado e fluidez institucional no Brasil". In: *Dados* – Revista de Ciências Sociais, vol. 41, n. 1, 1998. Rio de Janeiro.

DAGNINO, E. "Sociedade civil, participação e cidadania: De que estamos falando?" In: MATOS, D. (org.). *Políticas de cidadania y sociedade em tempos de globalización*. Caracas: Universidad Central de Venezuela, 2004.

DAHL, R. *Dilemmas of pluralist democracy*, Yale: Yale University Press, 1982.

DAHL, R.A. *Sobre a democracia*. Brasília: UnB, 2001.

DANET, N. & BARDEAU, F. *Anonymous*: Peuvent-ils changer le monde? Paris: FYP, 2011.

DAY, R.J.F. *Gramsci is dead*: anarchist currents in the newest social movements. Londres: Pluto, 2005.

DAYRELL, J. "A escola faz a juventude? – Reflexões em torno da socialização juvenil". In: *Educação e Sociedade*, vol. 28, 2007, p. 1.105-1.128 [Disponível em http//www.cedes.unicamp.br – Acesso em 20/12/2009].

_____. "A escola como espaço sociocultural". In: DAYRELL, J. (org.). *Múltiplos olhares sobre a educação e cultura*. Belo Horizonte: UFMG, 1996, p. 136-161.

DAYRELL, J.T. et al. "Juventude e escola". In: SPOSITO, M.P. *O estado da arte sobre juventude na pós-graduação brasileira* – Educação, Ciências Sociais e Serviço Social (1999-2006). Belo Horizonte: Argumentum, 2009.

DEBORD, G. *A sociedade do espetáculo*. São Paulo: Contraponto, 1995.

DEBRAY, R. *Mai 68 une contre-révolution réussie*. Paris: Mille et une Nuits, 2008.

_____. *Revolução na revolução*. São Paulo: Centro Editorial Latino-Americano, [s.d.].

DELANEY, K. *The New York Times/Folha de S. Paulo*, 13/02/2012, p. 1.

DELLA PORTA, D. *O movimento por uma nova globalização*. São Paulo: Loyola, 2006.

DIANI, M. "Networks and participation". In: SNOW, D.; SOULE, S. & KRIESI, H. *The Blackwell companion to social movements*. Oxford: Blackwell, 2004.

_____. "The concept of social movement". In: *Sociological Review*, n. 40, 1992.

DIANI, M. & BISON, I. "Organizações, coalizões e movimentos". In: ABERS, R. & BULOW, M. (orgs.). "Dossiê: movimentos sociais e ação coletiva". In: *Revista Brasileira de Ciência Política*, n. 3, jan.-jul./2010, p. 219-249. Brasília.

DIANI, M. & MacADAM, D. (orgs.). *Social movements and networks*: relational approaches collective actions. Oxford: Oxford University Press, 2003.

DI CINTIO, C. *Petit traité de désobéissance civile*. Paris: ResPublica, 2010.

DIÒGENES, G. "Imagem e cidade: trilhas juvenis". In: GUARESCHI, N.M.F. (org.) *Estratégias de invenção do presente* – A psicologia social no contemporâneo. Porto Alegre: EDIPUCRS, 2004.

DOIMO, A.M. *A vez e a voz do popular* – Movimentos sociais e participação política no Brasil pós-70. Rio de Janeiro: Relume-Dumará, 1995.

_____. *Movimento social urbano, Igreja e participação popular*. Petrópolis: Vozes, 1984.

DOMINGUES, J.M. & BRINGEL, B. (orgs.). *Dossiê:* as jornadas de junho em perspectiva global. Rio de Janeiro: Netsal/Iesp/Uerj, 2013.

DUPUIS-DÉRI, F. *Black Blocs*. São Paulo: Veneta, 2014.

DUSSEL, E. *A ética da libertação na idade da exclusão*. Petrópolis: Vozes, 2002.

EAGLEATON, T. *Depois da teoria*. Rio de Janeiro: Civilização Brasileira, 2005.

EDER, K. "Culture and Politics". In: HONNETH, A. et al. *Cultural Political Interventions in the Unfinished Project of Enlightenment*. Cambridge: MIT, 1992.

"Educação, cultura e ação comunitária". In: *Juventudes Urbanas*, n. 5, 1º sem./2008. São Paulo: Cenpec.

ELUF, L.N. *Crimes contra os costumes e assédio sexual*. São Paulo: Jurídica Brasileira, 1999.

EMIRBAYER, M. & GOODWIN, J. "Network Analysis, Culture, and the Problem of Agency". In: *American Journal of Sociology*, vol. 99, n. 6. 1994.

ESCOBAR, A. "Beyond the Third World: Imperial Globality, Global Coloniality and Anti-Globalization Social Movements". In: *Third World Quarterly*, 25 (1), 2004, p. 207-230.

ESCOBAR, A. & ALVAREZ, S. The *Making of Social Movements in Latin America*: Identity, Strategy, and Democracy. Nova York: Routledge, 1992.

EVERS, T. "De costas para o Estado, longe do parlamento". *In: Novos Estudos Cebrap*, vol. 2, n. 1, 1981.

FALCHETTI, C. "Da institucionalização da participação à emergência do autonomismo: tendências recentes da ação coletiva no Brasil. In: *Lasa* – Congress of the Latin American Studies Association. Lima, 29/04-01/05/2017.

FALS BORDA, O. *Historia doble de La costa – Retorno a la tierra*. Tomo IV. Bogotá: Carlos Valencia, 1986.

FANON, F. *Os condenados da terra*. Rio de Janeiro: Civilização Brasileira, 1968.

FAURE, C. *Mai 68*: jour et nuit. Paris: Gallimard, 1998.

FÁVERO, M.L. *A UNE em tempos do autoritarismo*. Rio de Janeiro: UFRJ, 1995.

FERNANDES, F. *Educação e sociedade no Brasil*. São Paulo: Dominus, 1965.

FIGUEIREDO, R. *Junho de 2013*: a sociedade enfrenta o Estado. São Paulo: Summus, 2014.

FILLIEULE, O. "Propositions pour une Analyse Processuelle de l'Engagement Individuel". In: *Revue Française de Science Politique*, 51 (1-2), 2001, p. 199-215.

FIORI, J.L. (org.). *Sobre a guerra*. Petrópolis: Vozes, 2018.

FITZGERALD, K. & RODGERS, D.M. "Radical Social Movement Organizations: A Theoretical Model". In: *Sociological Quarterly*, 41 (4), 2005, p. 573-592.

FONSÊCA, L.M. *Movimentos sociais na Amazônia* – Grandes projetos e o caso da Hidrelétrica de Belo Monte. Campinas: Unicamp, 2018 [Tese de doutorado].

FORACCHI. M.M. *A juventude na sociedade moderna*. 2. ed. São Paulo: Edusp, 2018 [1. ed. pela Ed. Pioneira, 1972].

_____. *O estudante e a transformação da sociedade brasileira*. 2. ed. São Paulo: Companhia Editora Nacional, 1977.

FOURNIER, B. & HUDON, R. *Jeunesse et la politique*. Paris: Harmattan, 1994.

FRASER, N. "Recognition without Ethics". In: *Theory, Culture and Society*, n. 18, 2001.

FRIAS FILHO, O. "V de Vinagre". In: *Folha de S. Paulo* – Ilustríssima, 18/06/2017, p. 2.

FUENTES, C. *Em 68*: Paris, Praga e México. São Paulo: Rocco, 2008.

FUNGERIK, A. & WRIGHT, O. "Experimentos em democracia deliberativa". In: *Sociologias*, n. 2, 1999, p. 100-143. Porto Alegre: UFRGS.

GABEIRA, F. & BENDICT, D.C. *Nós que amávamos tanto a revolução* – Diálogo Gabeira-Cohn-Bendict. Rio de Janeiro: Rocco, 1985.

GADOTTI, M. *Estado e sindicalismo docente no Brasil*: 20 anos de conflitos. São Paulo: Instituto Paulo Freire, 1999.

_____. *Sindicalismo e educação no Brasil*: a visão dos líderes sindicais. São Paulo: Instituto Paulo Freire, 1998.

GASPARI, É. *A ditadura derrotada*. São Paulo: Companhia das Letras, 2002.

GAUTHIER, M. & GUILHAUME, J.F. *Définir lajeunesse?* – D'un bout à l'autre du monde. Canadá: IQCR, 1999.

GAXIE, D. "Rétributions du militantisme et paradoxes de l'action collective". In: *Swiss Political Science Review*, 11 (1), 2005, p. 157-188.

_____. "Économie des parties et rétributions du militantisme". In: *Revue Française de Science Politique*, 27 (1), 1977, p. 123-154.

GAVENTA, J. "Finding the spaces for change". In: ÅLUND, A. & SCHIERUP, C.-U. *Making or unmaking a movement?* – Challenges for civic activism in the global governance of migration. Globalizations, 2006.

GENTILI, P. (org.). *Pedagogia da exclusão*. 3. ed. Petrópolis: Vozes, 1995.

GINDRE, G. "Internet e redes sociais como ferramentas de mobilização". In: *Oficina Redes Sociais e Mobilização*. Rio de Janeiro: Rede de Mobilizadores/Laboratório Herbert de Souza, Tecnologia e Cidadania, 2016.

GLUCKSMANN, A. & GLUCKSMANN, R. *Maio de 68. Explicado a Nicolas Sarkozy*. São Paulo/Rio de Janeiro: Record, 2008.

GOHN, M.G. *Manifestações e protestos no Brasil na atualidade*: correntes e contracorrentes. São Paulo: Cortez, 2017a.

_____. *Teorias dos movimentos sociais*: paradigmas clássicos e contemporâneos. 12. ed. São Paulo: Loyola, 2017b.

_____. *Educação não formal e cultura política*. 7. ed. São Paulo: Cortez, 2017c.

_____. *Movimentos sociais e educação*. 10. ed. São Paulo: Cortez, 2017d.

_____. "Gestão pública e os conselhos: revisitando a participação na esfera institucional – Dossiê: Políticas sociais na América Latina".

In: *Revista de Estudos e Pesquisas sobre as Américas*, vol. 10, n. 3, 2016a, p. 15-28. Brasília: Ceppac/UnB.

_____. *Conselhos gestores e participação sociopolítica*. 9. ed. São Paulo: Cortez, 2016b.

_____. *Manifestações de junho de 2013 no Brasil e praças dos indignados no mundo*. 2. ed. Petrópolis: Vozes, 2015.

_____. "Pluralidade da representação na América Latina". In: *Revista Sociedade e Estado*, vol. 29, n. 1, 2014a, p. 73-90. Brasília: UnB.

_____. *Novas teorias dos movimentos sociais*. 5. ed. São Paulo: Loyola, 2014b.

_____. *Educação não formal e o educador social*. 4. ed. São Paulo: Cortez, 2014c.

_____. *Sociologia dos movimentos sociais*. São Paulo: Cortez, 2013a.

_____. "Os jovens e as praças dos indignados: territórios de cidadania". In: *Revista Brasileira de Sociologia*, vol. 1, 2013b, p. 205-218.

_____. *Movimentos sociais e redes de mobilizações civis no Brasil contemporâneo*. 7. ed. Petrópolis: Vozes, 2013c.

_____. *Movimentos e lutas sociais na história do Brasil*. 8. ed. São Paulo: Loyola, 2013d.

_____. *O protagonismo da sociedade civil*. São Paulo: Cortez, 2005.

_____. "Orçamento público e participação popular". In: *Balanço das experiências de Orçamento Participativo nos Governos Locais* – Fórum Nacional de Participação Popular nas Administrações Municipais, 1999.

_____. Movimentos sociais e *lutas pela moradia em São Paulo*. São Paulo: Loyola, 1991.

_____. "Conselhos Populares e Participação Popular". In: *Serviço Social e Sociedade*, vol. IX, n. 26, 1990, p. 25-47. São Paulo: Cortez, 1990.

_____. *A força da periferia* – A luta das mulheres por creches em São Paulo. Petrópolis: Vozes, 1985.

_____. *Participação Popular e Estado*. São Paulo: USP, 1983 [Tese de doutorado].

_____. *Reivindicações populares urbanas*. São Paulo: Cortez, 1982.

GOMES, M.S.S. (2003). *O Movimento dos Professores no Estado de São Paulo*. São Paulo: Universidade Metodista [Dissertação de mestrado].

GONÇALVES, T. & ROMAGNOLI, L. (1979). *A volta da UNE*: de Ibiúna a Salvador. São Paulo: Alfa-Omega.

GOODWIN, J.; JASPER, J.M. & POLLETTA F. (orgs.). "Emotional dimensions of social movements". In: SNOW, D. A.; SOULE, S.A. & KRIESI, H. *The Blackwell Companion to Social Movements*. Malden: Blackwell, 2004, p. 413-432.

_____. *Passionate politics*: emotions and social movements. Chicago: The University of Chicago Press, 2001, p. 233-250.

GORZ. A. *Le socialisme dificile*. Paris: Du Seuil, 1967.

GRAMSCI, A. & BORDIGA, A. *Conselhos de fábrica*. São Paulo: Brasiliense, 1981.

GROPPO, L.A. "A condição juvenil e as revoltas dos subúrbios na França". In: *Revista Política & Sociedade*, vol. 5, n. 8, 2006, p. 89-122. Florianópolis: UFSC.

GROPPO, L.A.; ZAIDAN FILHO, M. & MACHADO, O.L. *Juventude e movimentos estudantis*: ontem e hoje. Vol. 1. Recife: UFP, 2008.

GUATTARI, F. *Revolução molecular* – Pulsações políticas do desejo. São Paulo: Brasiliense, 1981.

HABERMAS, J. *A inclusão do outro*. São Paulo: Loyola, 2002.

_____. *Direito e democracia*: entre facticidade e validade. Vol. I. Rio de Janeiro: Tempo Brasileiro, 1997a.

_____. *Direito e democracia*: entre facticidade e validade. Vol. II. Rio de Janeiro: Tempo Brasileiro, 1997b.

_____. *Teoría de la acción comunicativa*. Madri: Taurus, 1985.

HARDT, M. & NEGRI, A. *Multidão*. Rio de Janeiro: Record, 2005.

HELD, D. *Models of democracy*. Cambridge: Polity Press, 1995.

HESSEL, S. *Indignai-vos!* Lisboa: Objetiva, 2011.

HEVIA, R. & NUNES, I. "Crisis en la relación centralismo descentralización educacional en América Latina". In: *Sindicalismo docente, Estado y educación en América Latina*. Santiago de Chile: PIIE, 1989.

HOBSBAWM, E. *A era dos extremos*. São Paulo: Companhia das Letras, 1995.

HOLZMANN, L. & PADRÓS, E.S. (orgs.). *1968*: contestação e utopia. Porto Alegre: UFRGS, 2003.

HONNETH, A. *Luta por reconhecimento* – A gramática moral dos conflitos sociais. São Paulo: Ed. 34, 2003.

HOLANDA, H.B. & GONÇALVES, M.A. *Cultura e participação nos anos 60*. São Paulo: Brasiliense, 1982.

IANNI, O. "O jovem radical". In: BRITO, S. (org.). *Sociologia da juventude* – I: Da Europa de Marx à América Latina de hoje. Rio de Janeiro: Zahar, 1968, p. 225-242.

IBGE. *Participação político-social*, 1988. Rio de Janeiro: IBGE, 1990.

IVO, A.B.L. *Viver por um fio*: pobreza e políticas sociais. São Paulo: Annablume, 2008.

_____. *Metamorfoses da questão social*. Buenos Aires: Clacso, 2001

JANUÁRIO, A.; MELO, R.; LESSA, M.R.; TAVOLARI, B. & MEDEIROS, J. "As ocupações de escolas públicas em São Paulo (2015-2016)". *Novos Estudos Cebrap*, vol. 37, n. 2, ago./2018, p. 291-310.

JASPER, J.M. *Protesto*: uma introdução aos movimentos sociais. Rio de Janeiro: Zahar, 2016.

_____. "Emotions and social movements: twenty years of theory and research". In: *The Annual Review of Sociology*, vol. 37, 2011, p. 285-303. Palo. Alto.

_____. "The emotions of protest: affective and reactive emotions in and around social movements". *Sociological Forum*, vol. 13, n. 3, 1998, p. 397-424. Hoboken.

_____. *The art of moral protest*. Chicago: University of Chicago Press, 1997.

JOFFRIN, L. *Mai 1968*: une histoire du moviment. Paris: Du Seuil, 2008.

KLAUSEN, J.C. "Austrian economic arguments in Brazil's recent culture of backlash: Ludwig von Mises among the Brazilians". In: *Lasa Conference*. Lima, 2017.

KROPOTKIN, P. "Sobre o governo representativo ou parlamentarista". In: *Anarquismo e democracia burguesa*. São Paulo: Global, 1979.

KURLANSKY. *1968: O ano que abalou o mundo*. Rio de Janeiro: José Olímpio, 2005.

LATOUR, B. *Reagregando o social* – Uma introdução à teoria do ator-rede. Salvador: Edufba/Edusc, 2012.

LAVALLE, A. (org.). *O horizonte da política* – Questões emergentes e agendas de pesquisa. São Paulo: Unesp/Cebrap/CEM, 2012.

LAVALLE, A.G. "Participação: valor, utilidade, efeitos e causa". In: PIRES, R.R. (org.). *Efetividade nas Instituições Participativas no Brasil – Estratégias de avaliação*. Brasília: Ipea, 2011, p. 33-43.

LECCARDI, C. "Por um novo significado do futuro: mudança social, jovens e tempo". In: *Tempo Social*, vol. 17, n. 2, 2005, p. 35-57. São Paulo.

LEFORT, C. *Pensando o político* – Ensaios sobre democracia, revolução e liberdade. Rio de Janeiro: Paz e Terra, 1991.

LEVITSKY, S. & ZIBLATT, D. *Como morrem as democracias*. Rio de Janeiro: Zahar, 2018.

LIMA, P.F. *Violência contra a mulher* – O homicídio privilegiado e a violência doméstica. São Paulo: Atlas, 2013.

LOURO, G.L. "Mulheres na sala de aula". In: DEL PRIORI, M. (org). *História das mulheres no Brasil*. São Paulo: Contexto/Unesp, 1997, p. 443-481.

LÖWY, M. *Ecosocialismo*: la alternativa radical a la catastrofe ecologica capitalista. Buenos Aires: Herramienta/El Colectivo, 2011.

LUCHMANN, L.H.H. & BORBA, J. "Participação, desigualdades e novas institucionalidades: uma análise a partir de Instituições Participativas em Santa Catarina". In: *Ciências Sociais Unisinos*, 44, 2008, p. 58-68.

LUGLI, R.S.G. *Um estudo sobre o CPP (Centro do Professorado Paulista) e o movimento de organização dos professores*: 1964-1990. São Paulo: FE/USP, 1997 [Dissertação de mestrado].

MANNHEIM, K. *O fim da utopia*. Rio de Janeiro: Paz e Terra, 1969.

_____. "The problem of generations". In: KECSKEMETI, P. (org.). *Essays on the Sociology of Knowledge*. 10 vol. Londres: Routledge, 1952.

MARCUSE, H. *A ideologia da sociedade industrial.* Rio de Janeiro: Zahar, 1967.

MARINI, R.M. "Les mouvements étudiants en Amérique Latine". In: *Les Temps Modernes,* n. 291, out./1970. Paris.

MARTINS, J.S. *Do PT das lutas sociais ao PT do poder.* São Paulo: Contexto, 2016.

_____. *O cativeiro da terra.* São Paulo: Hucitec, 1986.

MARTINS, P.H. "O embaraço democrático e os desafios da participação". In: MARTINS, P.H.; MATOS, A. & FONTES, B. (orgs.). *Limites da democracia.* Recife: UFPE, 2008, p. 33-54.

MARTINS FILHO, J.R. *Movimento estudantil e ditadura militar:* 1964-1968. Campinas: Papirus, 1987.

MARSHALL, T.H. *Cidadania, classe social e status.* Rio de Janeiro: Labor, 1967.

MATOS, O. *1968:* as barricadas do desejo. São Paulo: Brasiliense, 1989.

McADAM, D.; McCARTHY, J. & ZALD, M. *Comparative perspectives on social movements* – Political opportunities, mobilizing structures, and cultural framings. United Kindgom: Cambridge University Press, 1996.

McADAM, D.; TARROW, S. & TILLY, C. *Dynamics of contention.* Cambridge: Cambridge University Press, 2001.

McCARTHY, J. & ZALD, M. "Resource mobilization and social movements: A partial theory". *American Journal of Sociology,* 1977, p. 1.212-1.241.

MEAD, G.H. *Espíritu, persona y sociedad*: desde el punto de vista del conducismo social. Buenos Aires: Paidós, 1976.

MELUCCI, A. "Juventude, tempo e movimentos sociais". In: *Revista Brasileira de Educação*, n. 5, mai.-ago/1997; n. 6, set.-dez./1997.

_____. *Challenging codes*: Collective action in the information age. United Kindgom: Cambridge University Press, 1996.

_____. "Um objetivo para os movimentos sociais?" In: *Lua Nova*, n. 17, jun./1989, p. 49-66. São Paulo.

_____. "The New social Movements: A Theoretical Approach". In: *Social Science Information*, n. 19, 1980, p. 199-226.

MIGNOLO, W.D. *Histórias locais, projetos globais*: colonialidade, saberes subalternos e pensamento liminar. Belo Horizonte: UFMG, 2003.

MILANI, C.R.S. "O princípio da participação social na gestão de políticas públicas locais: uma análise de experiências latino-americanas e europeias". In: *RAP – Revista de Administração Pública*, 42 (3), mai.-jun./2008, p. 551-579. Rio de Janeiro: FGV.

MILBRAITH, L. *Political participation*: how and why do people get involved in politics? Chicago: Rand McNally, 1965.

MILL, J.S. *An essay on government*. Cambridge: Cambridge University Press, 1937.

MISCHE, A. *Partisan Publics*: Communication and Contention Across Brazilian Youth Activist Networks. Princeton: Princeton University Press, 2008.

MORIN, E.; LEFORT, C. & COUDRAY, J.M. *Mai 1968*: la breche. Paris, Fayard, 1968.

MOTTA, A.B. "Dossiê: gênero, idade e gerações". In: *Caderno CRH*, vol. 17, n. 42, 2004. Salvador, UFBa.

MULLER, A. *O movimento estudantil na resistência à ditadura militar (1969-1979)*. Rio de Janeiro: Garamond, 2016.

MULLER, A. (org.). *1968 em movimento*. São Paulo: FGV, 2018.

MUNERATO, R.V.S. *Educação Infantil*: políticas públicas na década de 80. Bauru: Edusc, 2001.

NEGRI, A. & COCCO, G. *Global – Biopoder e luta em uma América Latina globalizada*. São Paulo: Record, 2005.

NOBRE, M. *Choque de democracia*: razões da revolta. São Paulo: Companhia das Letras, 2013.

_____. "Participação e deliberação na teoria democrática: uma introdução". In: SCHATTAN, V.; COELHO, P. & NOBRE, M. (org.). *Participação e deliberação – Teoria democrática e experiências institucionais no Brasil contemporâneo*. São Paulo: Ed. 34, 2004, p. 21-40.

NOGUEIRA, M.A. *Um estado para a sociedade*. São Paulo: Cortez, 2005.

NOVAES, R. #OcupaEscola: a renovação da participação juvenil". In: *Teoria e Debate*, vol. 148, 2016, p. 4.

_____. "Juventude e sociedade: jogos de espelhos – Sentimentos, percepções e demandas por direitos e políticas públicas". Apud: NOVAES, R.C.R.; RIBEIRO, E. & SOUZA, P.L. "Juventude e sociedade: jogos de espelhos, sentimentos, percepções e demandas". In: *Revista Especial*: ciência e vida, 01/10/2007, p. 6-11. São Paulo.

_____. "Juventude, percepções e comportamentos – E a religião faz diferença?" In: *Retratos da Juventude Brasileira*. São Paulo: Perseu Abramo, 2004.

NOVAES, R. & VANNUCHI, P. (org.). *Juventude e sociedade*. São Paulo: Fundação Perseu Abramo, 2004.

NUNES, D.G. *O Movimento Inter fóruns de Educação Infantil*: a construção de uma identidade cultural e política. Caxambu: 33ª Reunião Anual da ANPEd, 2010.

OLIVEIRA, F. *Os sentidos da democracia*: políticas do dissenso e hegemonia global. Petrópolis: Vozes, 1999.

OLIVEIRA, G.M. & DOWBOR, M. *As relações entre movimentos sociais e Estado pelo prisma da autonomia: uma revisão da bibliografia recente*. Caxambu: Anais do 42º Encontro Anual da ANPOCs, 22-26/10/2018, p. 1-19.

OLIVEIRA, L.M. "A iconografia como desdobramento da concepção de mundo da comunidade Maxakali". In: *Congresso e Simpósio Internacional*: Pedagogia Social. São Paulo: USP, 2006.

OLIVEIRA, W. "Posição de classe, redes sociais e carreiras militantes no estudo dos movimentos sociais". In: *Revista Brasileira de Ciência Política*, n. 3, 2010, p. 49-77.

OLSON, M. *A lógica da ação coletiva*: os benefícios públicos e uma teoria dos grupos sociais. São Paulo: Edusp. 1999.

ORTELLADO, P. "A negação de junho, quatro anos depois". In: *Folha UOL*, 13/06/2017 [Disponível em http://m.folha.uol.com.br/colunas/pablo-ortellado/2017/06/1892297].

_____. "Os protestos de junho entre o processo e o resultado". In: JUDENSNAIDER, E. et al. *Vinte centavos* – A luta contra o aumento. São Paulo: Veneta, 2013.

OSTROM, E. *Governing the commons* – The evolution of institutions for collective action. Cambridge: Cambridge University Press, 1990.

OWEN & FOURRIER. In: SICCA, P. *Storia della urbanística*: l'ottocento. Roma: G. Laterza/F. Spa, 1977.

PAES, B.T. & PIPANO, I. "Escolas de luta: cenas da política e educação". In: *ETD* – Educação Temática Digital, vol. 19, n. 1, jan-mar./2017, p. 3-25. Campinas.

PAGNI, P.Â.F.; CARVALHO, A.F. & GALLO, S. *O programa Escola Sem Partido e a destruição de uma das virtudes modernas da escola*. Campinas: Unicamp, 2016 [Doc.].

PAIS, J.M. "Jovens e cidadania". In: *Sociologia, Problemas e Práticas*, n. 49, 2005, p. 53-70.

PAIVA, A.R. (org.). *Direitos humanos em seus desafíos contemporáneos*. Rio de Janerio: Pallas/PUC-Rio, 2012.

PAOLI, M.C. "Os movimentos da universidade e a reapropriação das políticas do Estado". In: *Revista Desvios* – Dossiê Movimento Estudantil Hoje, n. 4, jul./1985, p. 58-91.

PATEMAN, C. *Participação e teoria democrática*. Rio de Janeiro: Paz e Terra, 1992.

PENTEADO, C.L.C. & OLIVEIRA, M.J. "Autodenominação 'coletivo': o que essa escolha pode nos informar". *Paper do 19º Congresso Brasileiro de Sociologia*. Florianópolis: SBS, 2019.

PEREIRA, C.; ROCHA, E. & PEREIRA, M. "Tempos de juventude: ontem e hoje – As representações do jovem na publicidade e no cinema". In: *Alceu*, vol. 10, n. 19, jul.-dez./2009, p. 5-15.

PERROT, M. *Mulheres públicas*. São Paulo: Unesp, 1998.

PIERO, A. *Programa jovem monitor cultural* – Repensando fronteiras entre Estado e sociedade. UFABC, 2019 [Dissertação de mestrado].

PINTO, C.J. "Movimentos sociais: espaços privilegiados da mulher enquanto sujeito político". In: COSTA, A. & BRUSCHINI, C. (orgs.). *Uma questão de gênero*. Rio de Janeiro/São Paulo: Rosa dos Tempos/Fundação Carlos Chagas, 1992, p. 127-150.

PIOLLI, E.; PEREIRA, L. & MESKO A.S.R. "A proposta de reorganização escolar do governo paulista e o movimento estudantil secundarista". In: *Crítica Educativa*, vol. 2, n. 1, jan.-jun./2016, p. 21-35. Sorocaba.

PIZZORNO, A. "Introducción al estudio de la participación política". In: PIZZORNO, A.; KAPLAN, M. & CASTELLS, M. *Participación y cambio social en la problemática contemporânea*. Buenos Aires: Siap-Planteos, 1975.

PLEYERS, G. *Alter-Globalization* – Becoming Actors in the Global Age. Cambridge: Polity, 2010.

POERNER, A.J. *O poder jovem* – História da participação política dos estudantes brasileiros. São Paulo: Centro de Memória da Juventude, 1995.

POLLETTA, F. *It was like a fever* – Storytelling in protest and politics. Chicago: University of Chicago Press, 2006.

PROUDHON, P. *Escritos*. Porto Alegre: LPM, 1981 [org. de D. Guérin].

PROUDHON, P.J. "A velha e a nova sociedade". In: *Anarquistas*. Porto Alegre: LPM, 1981.

QUIJANO, A. "Colonialidade do poder, eurocentrismo e América Latina". In: LANDER, E. (org.). *A colonialidade do saber* – Eurocentrismo e ciências sociais: perspectivas latino-americanas. Buenos Aires: Clacso, 2005 [Colección Sur Sur].

_____. "El laberinto de América Latina: ¿Hay otras salidas?" In: *Revista Osal*, vol. 5, n. 13, 2004. Buenos Aires, Clacso.

RAGO, L.M. *A aventura de contar-se*: feminismos, escrita de si e invenções da subjetividade. Campinas: Unicamp, 2013.

RANCIÈRE, J. *A partilha do sensível*: estética e política. São Paulo: Ed. 34, 2012.

REIS, F.W. "Deliberação, interesses e sociedade civil". In: SCHATTAN, V.; COELHO, P. & NOBRE, M. (orgs). *Participação e deliberação – Teoria democrática e experiências institucionais no Brasil contemporâneo*. São Paulo: Ed. 34, 2004, p. 63-92.

REIS FILHO, D.A. *1968: a paixão de uma utopia*. 2. ed. Rio de Janeiro: FGV, 1998.

RIDENTI, M. "A época de 1968: cultura e política". In: FICO, C. & ARAÚJO, M.P. *1968: 40 anos depois – História e memória*. Rio de Janeiro: 7 Letras, 2009, p. 81-90.

_____. *Em busca do povo brasileiro*. Rio de Janeiro: Record, 2000.

ROCHA, R.M. "Cenários e práticas comunicacionais emergentes na América Latina: reflexões sobre culturas juvenis, mídia e consumo". In: *Rumores – Revista on line de comunicação, linguagem e mídias*, n. 2, jul.-dez./2010. São Paulo: Escola de Comunicação e Artes da USP [Disponível em: http://www3.usp.br/rumores/atual.asp – Acesso em 17/04/2010].

ROGGERO, R. *Políticas sociais para a juventude*. São Paulo: Uninove, 2013.

ROMANELLI, O. *História da educação no Brasil:* 1930-1973. 10. ed. Petrópolis: Vozes, 1988.

ROSEMBERG, F.; CAMPOS, M.M.M. & HADDAD, L. *A rede de creches no município de São Paulo*. São Paulo: Fundação Carlos Chagas/Departamento de Pesquisas Educacionais, 1991.

ROUSSEAU, J.J. *The social contract*. Nova York: Penguin Books, 1968.

RUIZ, M.N. "Movimientos ciudadanos: micro fragmentaciones y nuevas configuraciones:. In: *Alas – Controversias y concurrencias latinoamericanas*, vol. 9, n. 14, jan.-jun./2017, p. 21-29.

SADER, E. *Quando novos personagens entraram em cena*. Rio de Janerio: Paz e Terra, 1988.

SAFFIOTI, H.I.B. "Conceituando gênero". In: *Gênero e Educação*. São Paulo: Coordenadoria Especial da Mulher/Secretaria Municipal de Educação, 2003, p. 53-65.

SAMIS, A. et al. *Maio de 68*: os anarquistas e a revolta da juventude. Rio de Janeiro: Imaginário/Faísca, 2008.

SANDER, R. *1968 – Quando a terra tremeu*. São Paulo: Vestígio, 2018.

SANFELICE, J.L. *Movimento Estudantil – A UNE na resistência ao golpe de 64*. São Paulo: Cortez, 1986.

SANTOS, B.S. & AVRITZER, L. *Democratizar a democracia – Os caminhos da democracia participativa*. Rio de Janeiro: Civilização Brasileira, 2002.

SANTOS, C.N. *Movimentos urbanos no Rio de Janeiro*. Rio de Janeiro: Zahar, 1981.

SANTOS, W.G. *A democracia impedida – O Brasil no século XXI*. Rio de Janeiro: FGV, 2017.

SARAIVA, L. *Não leve flores – Crônicas etnográficas junto ao Movimento Passe Livre-DF*. Rio de Janeiro: Papéis Selvagens, 2018.

SCALON, C. "Juventude, igualdade e protestos". In: *Revista Brasileira de Sociologia*, vol. 1, n. 2, jul.-dez./2013, p. 79-204.

SCHILLING, V. "1968 – A revolução inesperada". In: *Caderno de História – Memorial*, n. 47, 2008. Porto Alegre: Secretaria do Estado da Cultura do Rio Grande do Sul.

SEVERO, M.S. (2014). "Estatuto da Juventude no Brasil: avanços e retrocessos (2004-2013)". In: *Revista da Juventude no Brasil*, vol. 1, n. 1, 2014, p. 1-16 [Ed. esp.: Panorama das pesquisas em políticas de juventude].

SEMERARO, G. *A primavera dos anos 60*. São Paulo: Loyola. 1994.

SNOW, D. & BENFORD, R. "Framing Processes and Social Movements: An Overview and Assessment". *Annual Review of Sociology*, vol. 26, 2000, p. 611-639.

SILVA, A.O. "A participação de estudantes do Ensino Médio de escolas públicas da região de Caieiras em movimentos sociais". Campinas: FE/Unicamp, 2016 [Tese de doutorado].

SILVA, M.K. "#vemprarua: o ciclo de protestos de 2013 como expressão de um novo padrão de mobilização contestatória?" In: CATTANI, A.D. (org.). *#protestos*: análises das ciências sociais. Vol. 1. Porto Alegre: Tomo, 2014, p. 9-20.

SINGER, A. "Brasil, junho de 2013: classes e ideologias cruzadas". In: *Novos Estudos Cebrap*, n. 97, nov./2013, p. 23-40.

SINGER, P. "O milagre brasileiro". In: *Caderno Cebrap*, n. 6, 1973.

SIRVENT, M.T. *Educación de adultos*: investigación, participación, desafíos y contradicciones. 2. ed. Buenos Aires, Miño Dávila, 2008.

SOLANO, E. (org.). *O ódio como política* – A reinvenção das direitas no Brasil. São Paulo: Boitempo, 2018.

SOLANO, E.; MANSO, B.P. & NOVAES, W. *M@scAr@dos* – A verdadeira história dos adeptos da tática *Black Blocs*. São Paulo: Geração, 2014.

SOMMIER, I. "A violência revolucionária e a França rebelde". In: *O Estado de S. Paulo*, 13/05/18.

SOUSA, M.R. *Os caminhos da anarquia* – Uma reflexão sobre as alternativas libertárias em tempos sombrios. Lisboa: Letra Livre, 2011.

SOUZA, D.B.; SANTANA, M.A. & DELIUZ, N. *Trabalho e educação* – Centrais sindicais e reestruturação produtiva no Brasil. Rio de Janeiro: Quartet, 1999.

SOUZA, R. "Quando novos temas entram em cena – Movimentos sociais e a 'questão urbana' no ciclo de protesto de junho de 2013". In: *BIB* – Boletim Bibliográfico Brasileiro, n. 82, 2º sem./2016, p. 127-152. São Paulo [publicado em set./2017].

SOUZA, R.G. & SOUZA, C.A. IN: SOUTO, A.L.S.; PAZ, R.D.O. & MORONI, J.A. (orgs.). *Governança democrática no Brasil contemporâneo: Estado e sociedade na construção de políticas públicas* – Arquitetura da Participação no Brasil: avanços e desafios. Instituto Pólis/Inesc, 2011 [Relatório final].

SOUZA-LOBO, E. *A classe operária tem dois sexos*: trabalho, dominação e resistência. São Paulo: Brasiliense, 1991.

SPIVAK, G.C. "Estudios de la subalternidade". In: SPIVAK, G.C. et al. *Estudios postcoloniales* – Ensayos fundamentales. Madri: Queimadas, 2008.

SPÓSITO, M. "A sociabilidade juvenil e a rua – Novos conflitos e ação coletiva na cidade". In: *Tempo Social*, vol. 1-2, n. 5, 1994, p. 161-178. São Paulo: USP.

_____. *O povo vai à escola*. São Paulo: Loyola, 1985.

SPÓSITO, M. (org.). *O estado da arte sobre a juventude na pós-graduação brasileira*: Educação, Ciências Sociais e Serviço Social (1999-2006). Belo Horizonte: Argumentum, 2009.

SPÓSITO, M. & CARRANO, P.C. "Juventude e políticas públicas". In: *Revista Brasileira de Educação*, n. 24, set.-dez./2003.

SPOSITO, M.P. "Ação coletiva, jovens e engajamento militante". In: CARRANO, P. & FÁVERO, O. (orgs.). *Narrativas juvenis e espaços públicos* – Olhares de pesquisa em educação, mídia e ciências sociais. Niterói: UFF, 2014, p. 97-130.

STASSEN, J.-F. *Exclusion and participation*: can the excluded become able to participate? Belgium: Université de Liège, 1999.

SVAMPA, M. *Cambio de época* – Movimientos sociales y poder político. Buenos Aires: Clacso/SigloXXI, 2008.

SYRKIS, A. "Os paradoxos de 1968". In: GARCIA, M. & VIEIRA, A. (orgs.). *Rebeldes e contestadores* – 1968: Brasil, França e Alemanha. 2. ed. São Paulo: Fundação Perseu Abramo, 2008, p. 111-116.

_____. *Os carbonários*: memórias da guerrilha perdida. São Paulo: Global, 1994.

SZWAKO, J.E.L. "As dinâmicas conselhistas de conflito e distensão: percepções, tendências e riscos". In: *Governanca democratica no Brasil Contemporâneo: Estado e sociedade na construção de políticas públicas* – Arquitetura da Participação no Brasil: avanços e desafios [relatório final]. Brasília, Polis/Inesc, 2011.

TAPIA, L. "Movimientos sociales, movimientos societales y los no lugares de la política". In: *Cuadernos del Pensamiento Crítico Latinoamericano*, n. 11, 2009. Buenos Aires: Clacso.

TARROW, S. *New Transnational Activism*. Cambridge: Cambridge University Press, 2005.

_____. *Power in Movement*. Cambridge: Cambridge University Press, 1994.

TATAGIBA, L. "1984, 1992 e 2013: sobre ciclos de protestos e democracia no Brasil". In: *Política & Sociedade*, vol. 13, n. 28, 2014, p. 35-62.

TILLY, C. *Democracia*. Petrópolis, Vozes, 2013.

_____. "Movimentos sociais como política". In: *Revista Brasileira de Ciência Política*, n. 3, jan.-jul./2010, p. 133-160. Brasília.

_____. *Identities, Boundaries, and Social Ties*. Boulder, CO/Londres: Paradigm, 2005.

_____. *Social movements, 1768-2004*. Boulder: Paradigm, 2004.

_____. *Citizenship, identity and social history*. Cambridge: Cambridge University Press, 1995.

_____. *The Contentious French*. Cambridge: Harvard University Press, 1986.

_____. *From mobilization to revolution*. Michigan: University of Michigan, 1978.

TILLY, C. & TARROW, S. *Contentious Politics*. Boulder: Paradigm, 2007.

TILLY, C.; TARROW, S. & McADAM, D. *Dynamics of contention*. Cambridge: Cambridge University Press, 2001.

THOMPSON, E.P. *A miséria da teoria*. Rio de Janeiro: Zahar, 2004.

THOREAU, H.D. *A desobediência civil*. São Paulo: Cultrix, 1975.

TOLEDO, D. "O que o Movimento Passe Livre deixou de herança 4 anos após as Jornadas de Junho?" [Disponível em https://noticias.uol.com.br/cotidiano/ultimasnoticias/2017/07/03/o-que-o-movimento-passe-livre-deixou-de-heranca-4-anos-apos-as-jornadas-de-junho.htm].

TOMMASI, L.D. *Cultura e juventude*. Rio de Janeiro: Lumen Juris, 2017.

TOQUEVILLE, A. *Democracia na América*. São Paulo: Martins Fontes, 1998.

TOURAINE, A. *O mundo das mulheres*. Petrópolis: Vozes, 2007.

_____. *Um novo paradigma* – Para compreender o mundo hoje. Petrópolis: Vozes, 2006.

_____. *¿Podremos vivir juntos?* Buenos Aires: Fondo de Cultura Económica, 1997.

_____. *Quést-ce la democracie*. Paris: Seuil, 1994a.

_____. *Crítica à Modernidade*. Petrópolis, Vozes, 1994b.

VELASCO E CRUZ, S.C. "1968: movimento estudantil e crise na política brasileira". In: *Revista de Sociologia e Política*, n. 2, 1994, p. 37-55.

VIANA, C. *Os nós do "nós"* – Crise e perspectiva da ação coletiva docente em São Paulo. São Paulo: Xamã, 1999.

VICENTINI, P.P. *Um estudo sobre o CPP (Centro do Professorado Paulista)* – Profissão docente e organização do magistério (1930-1964). São Paulo: FE/USP, 1997 [Dissertação de mestrado].

VON BÜLOW, M. & BIDEGAIN, G. "It takes two to tango: students, political parties, and protest in Chile (2005-2013)". In: ALMEIDA, P. & ULATE, A.C. *Handbook of Social Movements Across Latin America*. Nova York: Springer, 2015, p. 179-194.

WALLERSTEIN, I. "Antisystemic Movements, Yesterday and Today". In: *Journal of World-Systems Research*, 20 (2), 2014, p. 158-172.

WALSH, C. "Desenvolvimento como bien vivir – Arranjos institucionais e laços (dês)coloniais". In: *Revista Nuevamérica*, n. 126, abr.-jun./2010, p. 27-31.

WEISSHAUPT, J.R. "A teoria da ação em Alain Touraine: alguns supostos e uma aplicação teórica". In: BRANT DE CARVALHO, M.C. (org.). *Teorias da ação em debate*. São Paulo: Cortez, 1993.

WILLIAMS, D. *Black Flags and Social Movements*: A Sociological Analysis of Movement Anarchism. Manchester University Press, 2017.

WOODCOCK, G. *Anarquismo*. Porto Alegre, LPM, 1983.

YOUNG, I.M. "Communication and the Other: Beyond Deliberative Democracy". In: BENHABID, S. *Democracy and Difference*: Contesting the Boundaries of the Political. Princeton: Princeton University Press, 1996, p. 120-256.

CULTURAL

Administração
Antropologia
Biografias
Comunicação
Dinâmicas e Jogos
Ecologia e Meio Ambiente
Educação e Pedagogia
Filosofia
História
Letras e Literatura
Obras de referência
Política
Psicologia
Saúde e Nutrição
Serviço Social e Trabalho
Sociologia

CATEQUÉTICO PASTORAL

Catequese
Geral
Crisma
Primeira Eucaristia

Pastoral
Geral
Sacramental
Familiar
Social
Ensino Religioso Escolar

TEOLÓGICO ESPIRITUAL

Biografias
Devocionários
Espiritualidade e Mística
Espiritualidade Mariana
Franciscanismo
Autoconhecimento
Liturgia
Obras de referência
Sagrada Escritura e Livros Apócrifos

Teologia
Bíblica
Histórica
Prática
Sistemática

VOZES NOBILIS

Uma linha editorial especial, com importantes autores, alto valor agregado e qualidade superior.

REVISTAS

Concilium
Estudos Bíblicos
Grande Sinal
REB (Revista Eclesiástica Brasileira)

VOZES DE BOLSO

Obras clássicas de Ciências Humanas em formato de bolso.

PRODUTOS SAZONAIS

Folhinha do Sagrado Coração de Jesus
Calendário de mesa do Sagrado Coração de Jesus
Agenda do Sagrado Coração de Jesus
Almanaque Santo Antônio
Agendinha
Diário Vozes
Meditações para o dia a dia
Encontro diário com Deus
Guia Litúrgico

CADASTRE-SE
www.vozes.com.br

EDITORA VOZES LTDA.
Rua Frei Luís, 100 – Centro – Cep 25689-900 – Petrópolis, RJ
Tel.: (24) 2233-9000 – Fax: (24) 2231-4676 – E-mail: vendas@vozes.com.br

UNIDADES NO BRASIL: Belo Horizonte, MG – Brasília, DF – Campinas, SP – Cuiabá, MT
Curitiba, PR – Fortaleza, CE – Goiânia, GO – Juiz de Fora, MG
Manaus, AM – Petrópolis, RJ – Porto Alegre, RS – Recife, PE – Rio de Janeiro, RJ
Salvador, BA – São Paulo, SP